THINKING IN BETS

对赌

信息不足时
如何做出高明决策

[美] 安妮·杜克（Annie Duke） 著
李光辉 译

中信出版集团·北京

图书在版编目（CIP）数据

对赌：信息不足时如何做出高明决策/（美）安妮·杜克著；李光辉译. -- 北京：中信出版社，2019.1（2025.10重印）

书名原文：Thinking in Bets:MAKING SMARTER DECISIONS WHEN YOU DON'T HAVE ALL THE FACTS

ISBN 978-7-5086-9649-2

Ⅰ.①对… Ⅱ.①安…②李… Ⅲ.①企业管理－管理决策 Ⅳ.①F272.1

中国版本图书馆CIP数据核字(2018)第231354号

THINKING IN BETS: MAKING SMARTER DECISIONS WHEN YOU DON'T HAVE ALL THE FACTS
Copyright © 2018 by Annie Duke
All rights reserved including the right of reproduction in whole or in part in any form.
This edition published by arrangement with Portfolio, an imprint of Penguin Publishing Group
Simplified Chinese translation copyright © 2018 by CITIC Press Corporation
ALL RIGHTS RESERVED
本书仅限中国大陆地区发行销售

对赌：信息不足时如何做出高明决策

著　者：[美]安妮·杜克
译　者：李光辉
出版发行：中信出版集团股份有限公司
　　　　（北京市朝阳区东三环北路27号嘉铭中心　邮编 100020）
承　印　者：嘉业印刷（天津）有限公司

开　本：880mm×1230mm　1/32　印　张：9.25　字　数：176千字
版　次：2019年1月第1版　印　次：2025年10月第18次印刷
京权图字：01-2018-6988
书　号：ISBN 978-7-5086-9649-2
定　价：59.00元

版权所有·侵权必究
如有印刷、装订问题，本公司负责调换。
服务热线：400-600-8099
投稿邮箱：author@citicpub.com

献给慷慨善良、才华横溢的

莱拉·格莱特曼（Lila Gleitman）
和亨利·格莱特曼（Henry Gleitman）伉俪

序 言

万维钢

我在"得到"《精英日课》（第2季）中用了四期的篇幅，给大家介绍了一本美国刚刚出版的新书，叫《对赌：信息不足时如何做出高明决策》，作者是安妮·杜克。非常高兴这本书由中信出版社引进出版。

杜克的学术专业是认知心理学，但她有一个更显眼的身份——职业扑克高手。她有20年的职业扑克比赛经验，在大赛中拿过好几个冠军，赢得的奖金超过400万美元。但这不是一本教你怎么打扑克的书。近年来，杜克从职业扑克圈淡出，转型给CEO（首席执行官）之类的大人物做演讲和培训，她教的是科学决策，这是本书的主要内容。

早在约翰·冯·诺依曼（John von Neumann）创立博弈论的时候，他首先想到的博弈就是扑克。一般人没有多少做决策的机会，人生大部分时间都是按照既定的路线走，不会时不时停下来想一想下一步应该怎么办。而正因为决策的次数少，人们不会对"决策"这件事做特别的训练，决策水平就较低，那么一旦遇到不熟悉的局面或者信息不充分的情况时就会不知所措。

"得克萨斯扑克"的规则很简单，就是五张牌比大小，它本质上是个决策游戏。下多大的注、亮哪些牌、要不要来个虚张声势、是否假装自己的牌很弱、跟还是不跟，你的每个决策都是钱。一场得克萨斯扑克通常要大家坐下来玩几个小时，平均每个小时要玩 30 把，也就是说一把平均只有两分钟——而你在这两分钟之内，有可能要做出 20 个决策。

根据规则，你每次决策最多只有 70 秒的思考时间。我们专栏以前讲过奇普·希思和丹·希思的《决断力》这本书，说的也是科学决策，但杜克更强调决策所面对的不确定性。人的大脑非常不善于处理不确定的信息。职业扑克选手要提高水平，就必须战胜头脑中各种认知偏误。

严肃对待决策的信念

我读这本书的感受是，这种决策能力是人的一个修炼。决策高手和普通人有气质和境界上的差异。贝叶斯定理也曾说过，科学决策的第一步是把你对事物的判断给"概率化"。你不能说"你觉得要下雨了"，你得说"你认为下雨的可能性是 65%"才行。

这个道理非常简单，但是你很可能做不到。当一般人说自己"相信"什么事情的时候，他通常不会考虑概率。他要么全信，要么全不信，而且非常容易全信。这个道理是，当人脑接收一个新信息的时候，总是先假设它是真的。这也是为什么谣言那么容易传播。如果你连审视一下真假的动力都没有，就更不用说决策了。

怎么克服这个心理呢？杜克说这就是博弈的好处。拿真金白银跟人打赌，就是"风险共担"（skin in the game），你自然会好好地审视一番。从这个意义上讲，博弈者是值得尊敬的。博弈，首先是严肃对待你的信念。

不以成败论高低

科学决策的下一个境界是把决策水平和运气分开。假设摆在你面前有两个选项：选A，成功率是65%；选B，成功率只有35%。科学的决策是坚决选A。如果你选了A之后却发现结果是B正确，你能说当初不该选A吗？扑克选手能做的是选赢钱概率大的选项。至于结果没成功，那只是运气问题。头脑清醒的人必须能区分决策和运气。

人们总是事后诸葛亮，认为如果结果不好，当初肯定可以有更好的决策——可是如果你经常打扑克，你就知道完全不是这么回事。扑克选手把这种情况叫作"结果导向"（resulting）。扑克要打很多把，你在乎的是一个能够以大概率赢钱的科学决策系统，而不是某一把的输赢。这就好像开赌场一样，你想要的是长期积累下来赢钱。如果因为这把输了就随意改动决策系统，这就是"结果导向"，就等于没系统。普通人关注结果，高手关注系统，这是科学决策的基本功。

杜克曾经担任过业余选手比赛的评论员。有一次她告诉现场观众，当前这个局面，A选手赢的概率是76%，B选手赢的概率是24%。结果最后B选手赢了。当时就有个观众说你预测错了。杜克回答说这不是预测错了,她已经说了B选手有24%的可能性会赢,现在B选手赢了,也不过就是概率为24%的事件发生了而已。

你必须能区分什么叫运气不好,什么叫决策错误。不能以成败论英雄,要注重决策水平的高低和决策过程的合理性,而不是最后的结果。很多人爱说自己"不在乎输赢"。大部分情况下这都是在说大话,他们根本不知道"不在乎输赢"是什么意思,他们可能只是想说自己的心理承受能力强而已。

学会复盘

杜克的哥哥是比杜克更厉害的一位职业扑克高手,杜克最初就是跟哥哥学的扑克。而杜克最佩服的一位职业高手叫菲尔·艾维(Phil Ivey),他被认为是现役扑克玩家中的世界第一,赢过超过千万美元奖金,但更厉害的是他的气质。艾维,已经达到了宠辱不惊的境界,他会在每次比赛之后找人跟自己复盘。有次艾维比赛正好赶上杜克的哥哥担任解说,那天晚上他赢了50万美元。艾维的庆祝方式就是拉上杜克的哥哥到一个餐馆,边吃饭边复盘。

艾维赢了,但是他把自己当天所有可能的错误都摆出来,听取杜克哥哥的意见。杜克在书中没有讲扑克打法的技术细节,但是她打了一个比方,在承认有运气的前提下,你的复盘应该是这样的:你要假设各种替代可能性。比方说你在大冬天开车,路过一个十字路口的时候,因为路上有冰,你的车失控了,导致一起交通事故。这件事当然有运气成分,但是如果你想从中吸取教训,乃至于提高驾驶水平,你应该这么复盘:你事先是否想到了路上可能有冰?明知是这样的天气,你是不是开得太快了?发现车开始打滑的时候,你的操控是否有问题:你方向盘是不是打错了,你是不是不应该猛踩刹车?小路容易结冰,大路应该已经都撒上盐了,你为什么当初不选择走大路?你家里有辆更适合冬天路况的车,你为什么不开那辆车?

这些可能性有的有用,有的没用,但是你一定要考虑得非常全面,并非常严肃地面对所有这些可能性,然后你会从中总结一两条经验教训。这些教训也不一定是对的,你这个总结本身也是赌——但既然是赌,那就要严肃对待。这也是为什么这本书叫《对赌》——不赌,你这个思维就不够严肃认真。提高技艺的具体操作原则其实很简单,无非就是从经验中获得有效反馈,跟我们常说的"刻意练习"是一样的道理。可是会这么做的人实在是太少了,这不是技术问题,而是心理问题。

克服自利性偏差

斯坦福大学的社会心理学家罗伯特·麦考恩(Robert MacCoun)有个有意思的观察:他发现在所有的交通事故记录中,75%的司机都指责是别人犯了错。如果事故至少涉及到两辆车,那么91%的司机都认为是对方犯错。而哪怕事故中只有一辆车,也有37%的司机能找到别人身上的原因。出了事儿都怪别人,这是人之常情。心理学家对此有个专门的名词,叫"自利性偏差"。有自利性偏差的人认为:如果我做这件事没做好,那肯定是因为不可控的、别人的或者意外的缘故;如果我做这件事成功了,那肯定是因为我水平高。

这种态度会使人自我感觉良好，但是不可能提高你的决策水平。人是不会从自己的失败中吸取教训的，因为他总能找到理由把失败归咎于别人。当然别人的失败有可能是你的成功之母，因为观察别人的失败，从中总结一个教训，完全不会伤害自己的自尊。不过这个方法对自利性偏差严重的患者来说也不容易，自利性偏差还包括，认为别人的成功都是因为运气，别人的失败则都是因为他这个人的水平本来就不行。

杜克说，自利性偏差是职业扑克选手最大的魔障。扑克是一种零和游戏，你赢就是我输，所以人们对自己和别人的输赢都有非常强烈的感觉。如果输赢涉及到很大的利益，你的感情可能会强烈到让你根本无法客观面对现实。可是如果不涉及大的利益，你就不会真的严肃对待输赢的教训。

人生就像一场场牌局，我们每个人都是参与者。在"变"和"不确定"成为常态的当下，我们在信息不充分的条件下，如何做出正确的重大决策，需要一定的智慧。愿每个人都在人生长期博弈中，出好每一张牌，成为胜者。

目 录

序 言 // I
前 言 为什么这不是一本关于打扑克的书 // 005

第一章 生活是扑克，不是象棋

皮特·卡罗尔和事后诸葛亮 // 001

以结果为导向的危害 // 004

快速或死亡：人类大脑不是为理性而构造的 // 008

两分钟警告 // 013

奇爱博士 // 016

扑克与象棋 // 018

一场致命的智斗 // 022

"我不确定"：充分利用不确定性 // 025

重新定义错误 // 030

第二章 赌一把？

得梅因三十天之赌 // 037

我们都经历过得梅因 // 041

所有的决策都是对赌 // 044

多数牌局都是在跟自己对赌 // 046

信念强则赢面大 // 048

所听即所得 // 050

他们观看了一场比赛 // 057

顽固的信念 // 061

聪明反被聪明误 // 064

赌一把 // 067

重新定义信心 // 070

第三章 在对赌中学习：应对不确定的未来

希腊人尼克以及从水晶酒吧学到的一些东西 // 077

结果即反馈 // 081

运气与技能：区分结果 // 085

回溯分析的困难：健康甜点现象 // 087

如果不是因为运气，每一次我都会赢 // 092

非此即彼的思维依旧顽固 // 097

人们在观察 // 100

从他人的结果中看自己 // 107

重塑习惯 // 110

"赌一把？"回归 // 116

来之不易 // 120

第四章　结伴制

也许问题在于你自己，想过没有 // 124

红药丸还是蓝药丸 // 127

团体生而不同 // 133

团体对注重准确性的奖励 // 138

"100 个白色城堡汉堡……和一大杯巧克力奶昔"：
　　责任性如何改善决策制定 // 141

团体让我们接触到各种各样的观点 // 144

联邦法官：主观倾向并不稀奇 // 148

社会心理学家：确定性倾向和异端学会 // 153

赌一把（科学的）？// 156

第五章　为了更好地决策而提出异议

向一位魔术师致敬 // 159

默顿式共有性：多多益善 // 162

普遍性：不轻易否定信息 // 167

无私利性：我们都有利益冲突，还很容易传染 // 171

有条理的怀疑性：真正的怀疑主义者提出论据并结交
　　朋友 // 176

与团体之外的世界进行沟通 // 179

第六章　心理时间旅行历险

马蒂·麦克弗莱偶遇马蒂·麦克弗莱 // 185

夜猫子杰瑞 // 189

做决策之后不要后悔 // 195

爆胎、行情指标和变焦镜头 // 198

嗯是的，但最近你给了我什么好处 // 203

倾斜 // 206

尤利西斯合约：利用时间旅行来预先承诺 // 209

决策脏话罐 // 213

侦察：规划未来 // 217

情景规划的实践 // 222

反向回顾：从一个积极的未来开始逆向思考 // 228

预先检查：从一个负面的未来开始逆向思考 // 231

树木学和事后偏见（或者，让电锯歇一歇）// 237

致　谢 // 243

注　释 // 251

参考书目和推荐阅读 // 265

前 言

为什么这不是一本关于打扑克的书

我 26 岁的时候，本以为自己的未来之路非常明确。我的父亲是新罕布什尔州一所预科名校的英语系主任，我在校园里长大，毕业于哥伦比亚大学，取得了英文和心理学两个学士学位。随后我就读于宾夕法尼亚大学研究生院，获得了国家科学基金会奖学金。在我取得硕士学位后，又接着完成了认知心理学的博士课程。

但就在博士论文即将完成的时候，我生了病，于是我休学后离开了宾夕法尼亚大学。在此期间我结了婚，移居到蒙大拿州的一个小镇上。很显然，奖学金并不足以维持这种穿州过县的成人生活，因此我需要钱。我的哥哥霍华德（Howard）是一名职业扑克玩家，他当时已经打入世界扑克系列赛（WSOP）

的决赛,他建议我去比林斯看看当地合法的扑克比赛。这个建议并不像听起来那么随意。我是在一个充满竞争、热衷博弈的家庭环境里长大的,霍华德带我去拉斯维加斯度过几次假,那里的消费是我无法用奖学金承担的。我看过他打牌,而且自己也玩过几把低风险的牌局。

很快我就爱上了扑克。吸引我的并不是拉斯维加斯的灯火辉煌,而是在比林斯的水晶酒吧地下室的牌桌上小试牛刀的兴奋快感。当时我的水平还有很多不足,但学习的过程令我无比兴奋。我打算在休假期间赚一点钱,继续我的学术之路,同时将打扑克作为我的业余爱好。

于是这个短暂的休假变成了一名扑克玩家此后20年职业生涯的起点。至2012年退役时,我总共赢得了一条世界扑克大赛手链、世界扑克系列赛冠军和NBC(美国全国广播公司)全国单挑扑克冠军赛冠军,以及400多万美元的比赛奖金。与此同时,霍华德也赢得了两条世界扑克大赛手链,两次上榜扑克经典大赛的名人堂榜单,两次获得世界扑克巡回大赛冠军,以及640多万美元的比赛奖金。

要说我偏离学术道路,似乎是有些轻描淡写。但我很快就意识到,与其说我放弃了学术,倒不如说我是更换了专业去研究人们是如何学习和做出决策的。玩一手扑克大约需要两分钟,在这一过程中,我可能会碰到多达20次的决策机会。每一手牌都有一个确切的结果:赢钱或输钱。每一手牌的结果都为你的决策提供了即时的反馈。但这是一种不太可靠的反馈，因为输赢仅仅是反映决策质量的一种模糊信号。赢钱可能是因为手气好，输钱则反之。因此，很难将全部的反馈用于参考学习。

那些须发斑白的蒙大拿农场主极有可能会在扑克桌上从容不迫地赢光我的钱，这种担忧迫使我去寻找切实可行的对策——要么解决这个学习难题，要么输个精光。在我的职业生涯之初，我很幸运地遇到了一些优秀的扑克玩家，向他们学到了如何处理打牌时的运气和不确定性，以及学习与决策之间的关系。

一段时间后，这些世界一流的扑克玩家教会了我打牌的本质：面对不确定的未来做决策。将决策视为对赌的启示使我能够在不确定的情况下找到学习的机会。我发现，将决策视为对赌使我避免了常见的决策陷阱，让我以更理性的方式从结果中学习，并尽可能地在此过程中不受情绪的左右。

2002年，因为我的朋友、超级扑克玩家埃里克·赛德尔（Erik Seidel）拒绝了邀请，某对冲基金经理便找到我，希望我能给一群交易员讲几句，分享一些可能适用于证券交易的扑克技巧。从那时起，我与多个行业的专业群体进行交流，审视自己从扑克中学到的方法，不断加以完善，并帮助他人将其应用于金融市场、战略规划、人力资源、法律和创业等方面的决策之中。

鼓舞人心的是，我们可以找到实用的方法来规避决策制定与执行之间的误差。本书承诺：对赌思维将会改善我们终生的决策力。它能使我们更好地区分结果质量与决策质量，发现"我不确定"这句话的作用，学习规划未来的策略，做更加主动的决策者，帮助寻求真相的同伴一起改善决策过程，让自己在未来决策中减少情绪化。

对赌思维并没有使我成为一个永远理性、毫无情绪的决策者。我也犯过（并且仍然在犯）很多错误。生而为人，错误、情绪、损失等都是不可避免的，但对赌思维方式使我在客观性、准确性和开放性方面不断进步。随着时间的推移，这种积累会对我们的生活产生重大的影响。

所以本书讲的不是玩扑克的技巧，而是扑克教给我的一些关于学习和决策的东西。对于任何想成为更好决策者的读者来说，我在那些烟雾缭绕的牌室中学到的实用方法都是非常好的策略。

对赌思维始于我认识到只有两件事在决定着我们的生活：我们的决策质量和运气。对赌思维就是学习并认识二者的区别。

第一章

生活是扑克，不是象棋

皮特·卡罗尔和事后诸葛亮

"超级碗"历史上最有争议的决定之一发生在2015年第49届超级碗赛事的最后几秒钟。在距离比赛结束还有26秒、双方比分差4分时，落后的西雅图海鹰队的二次10码（约9.1米）进攻正要冲过新英格兰爱国者的1码（约0.9米）线。此时大家都期待着海鹰队主教练皮特·卡罗尔（Pete Carroll）指示将球递传给跑卫马肖恩·林奇（Marshawn Lynch）。大家当然会有此期待，因为林奇距离球门是如此之近，并且他又是NFL（美国职业橄榄球大联盟）最好的跑卫之一。

谁知，卡罗尔竟然示意四分卫拉塞尔·威尔逊（Russell Wilson）抛传。然后新英格兰队截获了这个球，并赢得了超级碗的奖杯。次日，各种残酷的标题挤满了各大媒体的头条。

- 《今日美国》(USA Today)：究竟为什么西雅图海鹰队要采用美国职业橄榄球大联盟历史上最糟糕的战术决策？
- 《华盛顿邮报》(Washington Post)："超级碗历史上最糟糕的战术决策"，将永远刷新人们对海鹰队和爱国者队的认知。
- 福克斯体育网（FoxSports.com）：超级碗历史上最愚蠢的决策可能预示着西雅图海鹰队的末日。
- 《西雅图时报》(Seattle Times)：超级碗历史上最糟糕的决策导致海鹰队饮恨败北。
- 《纽约客》(New Yorker)：一名教练在超级碗中的惨烈失误。

虽然几乎所有的业内权威人士都认为此事件中的失误是无可争辩的，但一些来自外界的声音却认为，在当时的情况下做出这样的战术决策即便不出彩，至少也是合情合理的。538博客（FiveThirtyEight.com）的本杰明·莫里斯（Benjamin Morris）和《斯莱特》(Slate)电子杂志的布莱恩·伯克（Brian Burke）的分析很有说服力。他们认为，出于计时管理和对比赛终场的考虑，卡罗尔做出抛传的决定完全是有理由的。他们还指出，被截获是一个可能性相当低的结果。（本赛季中球员在对手的1码线上共试图抛传66次，其中0次被截获。在过去的

第一章
生活是扑克，不是象棋

十五个赛季中，相同情况下的拦截率约为2%。）

这些少数的不同意见丝毫没有削弱针对皮特·卡罗尔那雪崩式的吐槽。无论读者是否认可这些冷门的分析结果，大多数人都不愿意认可卡罗尔的深思熟虑，以及他因为任何考量而做出的这一决定。如此一来就产生了一个问题：为什么那么多人如此坚信这是皮特·卡罗尔的巨大失误？

我们可以用四个字来回答：成王败寇。

设想一下，如果威尔逊完成了这个抛传，球队以触地得分赢得了比赛的胜利，那么这些报道的标题会不会变成"英明决断"、"海鹰队完美突袭折冠超级碗"或"卡罗尔智挫贝利奇克（Belichick，新英格兰队主教练）"？或者反过来再设想一下，如果传球未成功，而海鹰队在第三或第四轮10码进攻时冲锋得分（或未得分），那么新闻头条将会针对后来这些场景进行评价，而皮特·卡罗尔在第二轮10码进攻时做出的战术决策将会被人们忽略。

但卡罗尔的运气实在是很糟糕。他决定着战术口令的决策质量，却未能把握决策的结果。他之所以承受着人们的责难，完全是因为他的决策未能转化为好的结果。他下达了一个极有可能以触地得分而赢得比赛胜利，或者制造一个不完整抛传（这会给海鹰队两次额外的机会将球传给马肖恩·林奇）的战术口令。这是一个高质量的决策，却产生了糟糕的结果。

皮特·卡罗尔是人们倾向于将决策质量等同于其结果质量

003

的受害者。对于此种情况,扑克玩家会用一个词来形容:结果导向。当我刚开始玩扑克时,有经验的玩家让我警惕以结果为导向的危险,告诫我不能仅仅因为眼前的几手牌没有打好就要去改变策略,要抵制这种诱惑。

皮特·卡罗尔明白,这些批评者都犯了以结果为导向的错误。超级碗结束之后的第四天,他在《今日秀》(Today)现身时承认:"这是有史以来因战术口令而导致的最糟糕的结果。"他又补充说:"如果我们抓住了机会,这就会是一个很棒的战术,或者会是一个还说得过去的战术,那样也就不会有人惦记这件事了。"

为什么我们在区分运气和技能方面如此糟糕?为什么无法掌控结果的意识令人如此不安?为什么我们把结果和先前的决策如此紧密地联系起来?无论是在分析别人的决策还是在制定和审查我们自己生活中的决策时,如何才能避免陷入事后诸葛亮之类的误区之中?

以结果为导向的危害

现在我们花一点时间,先回想一下去年你做过的最佳决策是什么,再想一想最差决策是什么。

我敢打赌,你的最佳决策带来了一个好结果,而最差决策导致了一个坏结果。

第一章
生活是扑克，不是象棋

对我来说，这是很有把握的对赌，因为以结果为导向并不仅仅是别人的问题，而是绝大多数人的共同问题。事后诸葛亮是比较显眼的目标，作家和为大众提供即时分析的博主们也很容易引人注目。但是，正如我从自己打扑克的经验中发现的那样，以结果为导向是一种折磨着我们所有人的常规思维模式。在结果和决策质量之间建立过于紧密的联系会影响我们的日常决策，并可能造成广泛的灾难性后果。

在向管理者提供咨询服务时，我有时会以这样的方式开始。我要求小组成员在第一次会面时简要介绍一下他们各自在过去一年中做过的最佳和最差决策。在此过程中我遇到的每一个人都只想到他们的最佳和最差结果，而不是最佳和最差决策。

在一次针对 CEO 和企业主的咨询会谈中，有一名 CEO 认为自己做得最糟糕的决定是解雇了公司的总经理。这位 CEO 解释说："自从解雇他以来，我们一直没能找到合适的继任者，试了两个人选也都不太理想。销售量正在下降，现在公司的情况相对不乐观。目前我们还没有遇到一名应聘者能够像他那样优秀。"

这听起来像是个灾难性的结果，但让我好奇并想要一探究竟的是，为什么这位 CEO 认为解雇总经理的决定是如此糟糕（除非这个决定本身是错误的）。

他解释了该决策的制定过程，以及做出解雇总经理这一决定的理由。"通过对直接竞争对手和同等规模企业的观察，得出的结论是：我们的效益不如它们。我们认为公司本不应该在业绩和发展方面落后于这些企业，那么问题可能出现在领导层。"

我询问了这个过程是否包括通过与这位总经理合作来了解其技能差距，以及就他可以如何改善这一问题进行沟通。事实上，公司的确与他一同明确了他的技能差距。CEO还请来一位高管教练来帮助他提升已知的主要短板——领导能力。

另外，在尝试通过高管培训来改善业绩失败之后，公司又考虑将总经理的职责分离出一部分来交给另一位管理者，好让这位总经理专注于自己的强项业务。但公司最终否决了这一想法，因为他们认为这将损害总经理的信心，而员工们也很可能会认为这是一种对总经理不信任的表现。再者，将原本完全可以由一个人承担的工作拆分给两个人做会给公司增添不必要的财务负担。

最后，这位CEO提供了一些背景资料，介绍了公司从外部雇用高层人员的经验，以及对可用人才的理解。他似乎有充分的理由认为他们可以找到更合适的总经理人选。

我问了在场的所有人员："有谁认为这是一个糟糕的决定？"毫不奇怪，每个人都认为这家公司经历了一个深思熟虑的过程，并根据他们当时所了解的情况做出了合理的决定。

这听起来像是一个糟糕的结果，但这并不能说明它是一个错误的决定。结果和决策质量之间不完美的关联使这位CEO陷入了困境，并对其公司的后续决策造成了极其不利的影响。他

第一章
生活是扑克，不是象棋

认为这是个失误的决策，仅仅是因为该决策没有带来一个成功的结果。很显然，这个决策导致的结果让他感到非常痛苦和懊恼。他非常明确地表示：他认为自己本应该知道解雇总经理的决策可能会带来糟糕的后果。他解雇总经理的决策行为反映出他犯了一个观念性的错误。他不仅以结果为导向，而且无法抵制随之而来的事后偏见。这种偏见是在结果出现之后认为自己对某种不可避免的结果早有"先见之明"的一种倾向。当我们说"我早应该知道会发生这种事"或者"我本应该想到会是这样"时，我们正在屈从于这种"事后诸葛亮式"的偏误。

这些观念是由结果和决策之间的联系过于紧密而产生的。这是我们评估以往决定的习惯做法。就像针对皮特·卡罗尔在超级碗决赛中的战术口令而产生的铺天盖地的指责一样，这位CEO犯了以结果为导向的错误。他忽略了自己（和公司）的谨慎分析，只关注了糟糕的结果。这个决定未能产生理想的结果，于是他将此结果视为不可避免的后果，而非概率事件。

综上所述，我从未遇到任何人曾因为糟糕的决策而得到了意外的好结果，也从未听说任何理由充分的好决策却导致了坏结果的例子。即便在很容易就能找到无可争辩的例子来证明决策与结果之间并无直接关联的情况下，我们也总是将结果与决策联系起来。没有一个清醒的人会认为酒后驾驶并安全返家反映了一个良好的决定或优秀的驾驶技术。根据类似这种幸运的结果去改变未来的决定是十分危险的，而且也是闻所未闻的（除非这是你在喝醉的情况下得出的结论，显然，这是自欺欺人）。

然而，这正是这位 CEO 身上发生的事情。他根据结果的质量而不是决策过程的质量重新评定了他的行为——他认为"自己在醉酒时更适合开车"。

快速或死亡：人类大脑不是为理性而构造的

对于熟悉行为经济学的人来说，皮特·卡罗尔的批评者们和上述这位 CEO 表现出的不合理性应该不会让人感到意外。由于许多杰出的心理学家、经济学家、认知研究学者和神经系统科学家的工作，出现了很多优秀的书籍可以解释为什么人类在决策过程中会受到某些非理性因素的困扰（如欲了解此类书籍详情，详见"参考书目和推荐阅读"部分）。此处仅提供个人总结。

首先，人类大脑的进化是为了创造确定性和秩序。了解到运气在我们的生活中发挥着重要的作用使人感到不安。我们意识到运气的存在，但抗拒竭尽全力而得不到满意结果的想法。我们喜欢把世界想象成一个有秩序的地方，一个随机性没有肆虐成灾，可以预见所有结果的地方。进化赋予了我们这种看待世界的方式，在混乱中创造秩序是我们生存的必要条件。

当我们的祖先在大草原上听到窸窣声后看到狮子跳了出来，

第一章
生活是扑克，不是象棋

就把"窸窣声"和"狮子"联系了起来，这种关联可以作为此后的救命常识。可以毫不夸张地说，人类的生存依赖于发现可预测的联系。科普作家、历史学家和怀疑论者迈克尔·谢尔默（Michael Shermer）在《轻信的大脑》（The Believing Brain）一书中解释了为什么人类有史（以及史前）以来一直在寻找各种关联，哪怕这些关联是有疑问或者是错误的。那种把窸窣声当作狮子即将出现的错误被称为第一型误差（type I error）或伪阳性误差（false positive）。较之第一型误差，会导致毁灭性后果的是第二型误差（type II error）或伪阴性误差（false negative）。伪阴性误差可以是致命的——如果总是把窸窣声当作风声的话，我们的祖先早就葬身狮口了，因而也就不会有我们的存在了。

一直以来，寻求确定性是人类赖以生存的手段，但在一个不确定的环境里，它却可能会对我们的决策造成严重的破坏。当我们从结果入手反向调查事件原因时，很容易掉进各种认知的陷阱，比如将事物的任何相关性都认为是因果关系，或者采用单方论证来确认我们偏爱的做法。我们倾向于将方钉强行楔入圆孔，以维持我们认为结果与决策之间有着紧密关系的幻觉。

不同的大脑功能在竞相控制着我们的决定。诺贝尔奖获得者、心理学教授丹尼尔·卡尼曼（Daniel Kahneman）在其2011年的畅销书《思考，快与慢》（Thinking, Fast and Slow）中普及了"系统1"和"系统2"这两个标签。他将系统1描述为"快速思维"，这是在你驾驶汽车遇到突发事件时猛踩刹车的原因。它包含了反射、本能、直觉、冲动和自动处理。系统2被称为"慢速思维"，它是我们如何选择、集中，以及消耗精力的体现。卡尼曼解释了系统1和系统2如何区分和主导我们的决策，但是当它们发生冲突时就会上演恶作剧。

我特别喜欢心理学家加里·马库斯（Gary Marcus）青睐的两个描述性标签："反射思维"（reflexive mind）和"审慎思维"（deliberative mind）。他在2008年出版的《克鲁格：人类思维的盲目进化》（Kluge：The Haphazard Evolution of the Human Mind）一书中写道："我们的思维可以分为两个流，一个是快速、自动且基本无意识的；另一个是缓慢、刻意和审慎的。"第一个系统，即"反射系统——无论是否在我们意识的作用下，都在快速并自动地运作着"。第二个系统，"审慎系统……对现实情况进行了一番谨慎仔细的斟酌"。

这两个系统之间的差异并不仅仅在于标签。自动处理起源于大脑进化较早的部分，包括小脑、基底神经节和杏仁核。而审慎思维则运作于前额皮层之外。

加州理工学院行为经济学教授、博弈论和神经科学交叉领域的权威发言人和研究员科林·凯莫勒（Colin Camerer）向我介绍说，人们认为审慎思维可以用于更多的决策工作，实际上这是一种愚蠢的想象。"这薄薄的前额皮层是人类独有的，位于我们的大脑之上。让如此纤薄的皮层来处理更多任务是不切实际的。"我们每天做出的大部分决定都不是由它来控制的,也无法从这个独特的、纤薄的前额皮层中获取更多。因为"它已经超负荷了",凯莫勒告诉我。

这就是我们的大脑,它在短时间内不会有很大的变化。[①]做出更理性的决策不仅仅是意志力的问题,也不在于有意识地使用审慎思维来处理更多的决定。我们的审慎容量早已饱和。所以当我们意识到问题出现时,才会无法像搬箱子时伤了后背却可以依靠腿部肌肉那样将负担转移至大脑的其他部位。

对人类的生存和发展而言,无论是审慎思维还是反射思维,都是不可或缺的。尽管在实现某种理想等重大决策方面需要调动审慎思维,但在达成目标的过程中我们执行的大部分决策都出自反射思维。自动处理系统中内置的快捷反应方式让我们不再置身于茫茫大草原中,在辨认着窸窣声的来源时被野兽吞噬。这些快捷方式使我们得以生存,并通过执行成千上万的例行决定来过上正常的生活。

我们需要做决策的快捷方式,但它们来之不易。许多决策失误源于对反射系统的快速反应和快速完成工作的压力。没有人会在早晨醒来时无缘无故地说:"我要封闭自我,不要理睬其他人。"但如果我们正专注于工作时,有无所事事的同事过来闲聊呢?在遵循礼貌习惯的同时,我们的大脑已经通过肢体语

[①] 严格来说,人类大脑始终处于进化的过程中,只不过由于速度缓慢而不足以在有生之年使我们获益更多。

言和简短的回应来示意他们走开。我们不会对此加以深思熟虑，这只不过是自然反应而已。但如果他们过来是为了分享一些有用的信息呢？我们已经忽视并打断了他们，所以即便在听到他们提供的与已知情况不同的信息时，我们也同样会倾向于不加理会。

我们绝大多数的日常行为都属于自动处理的过程。从抓握铅笔到闪避车祸，我们极少会自我审视这一系列的行为习惯和默认的处理方式。我们面临的挑战并不是如何改变我们大脑的运作方式，而是在现有的思维局限内如何更好地运用大脑。仅仅意识到我们的非理性行为并想要改变是不够的，正如你所知的那样，死死地盯着视错觉并不会使其消失。丹尼尔·卡尼曼使用了著名的缪勒－莱尔（Müller-Lyer）视错觉图来说明这一点（见图1.1）。

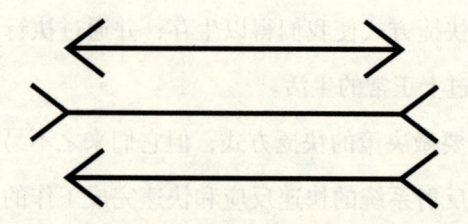

图 1.1 缪勒－莱尔视错觉图 a

这三条线中的哪一条最长？大脑向我们发出了第二条线最长的信号，但添加了测距虚线后就很容易看出它们的长度其实是相同的（见图1.2）。

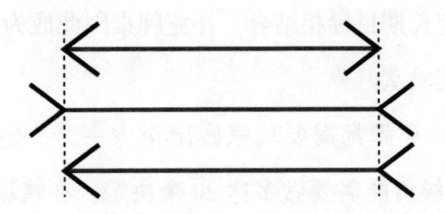

图 1.2　缪勒-莱尔视错觉图 b

我们可以通过测量来确认这三条线的长度相同，但无法抹去视错觉的影响。

我们可以做的是寻找实用的解决方法，比如随身携带一把尺子，并在适当的时候用它来检验大脑处理后眼睛所见信息的准确性。事实证明，扑克是一项非常好的益智游戏，在其中我们可以找到切实可行的策略来使我们的决策更好地被执行，并与我们的目标相匹配。了解扑克玩家如何思考，可以帮助我们应对诸多决策挑战带来的困扰，无论是在工作场合，还是在应对金融问题或人际关系中，或是在针对抛传是不是出色的战术策略的判断中。

两分钟警告

我们的目标是让反射思维去执行审慎思维的最佳意图。扑克玩家并不需要知晓基本的科学原理就可以理解和协调这两个系统的难度。他们必须在高度压缩的时间框架内对多项具有重大财务后果的问题进行决策，其结果取决于在决策过程中是否将反射思维与长期目标相结合。扑克牌桌因此成为一间独特的、研究决策的实验室。

每一手扑克牌都需要玩家做出至少一个决定（弃牌或打牌），有些时候可能需要做多达20个决定。在赌场牌室的扑克游戏中，玩家每小时可以打完大约30手牌。玩一手牌平均需要大约两分钟的时间，其中包括两手牌之间荷官收牌、洗牌和发牌的时间。牌局通常会持续几个小时，每一手牌都包含着众多决策。这意味着一名扑克玩家在每一场牌局中都会做出数百项决策，而且这些决定都是以惊人的速度诞生的。

严格的游戏规则是不允许玩家放慢游戏进程来进行深思熟虑的，哪怕是在面临有巨大财务后果的决策时也是不被允许的。如果一名玩家需要额外的时间来思考，另一名玩家可以给他"读秒"。这位需要斟酌的玩家可以获得最多70秒的额外时间来做出决策。这是扑克时间中的一个永恒规则。

每一手牌（自然也包括其中的每一项决策）都会带来最直接的财务后果。在锦标赛或一些高风险的牌局中，每一项决策的价值可能要高于一套三室住宅的均价，而选手必须在比"考虑如何点菜"更短时间内来做出这些决策。即使在风险较低的牌局中，每一项决策都可能会让选手输掉他在赌桌上的大部分或全部资本。因此，扑克玩家必须精通即时决策的能力，否则他们将无法在此种职业中生存。这意味着选手需要想方设法在牌局预期的时间限制内执行（已事先慎重考虑）最佳意图。依靠扑克谋生的选手需要在审慎和反射两个系统之间进行斟酌。最好的选手必须能够找到方法来协调一些无法解决的冲突。

另外，一旦比赛结束，选手必须从大量混乱的决策和结果信息中吸取经验和教训，将运气与技能分离，将信号与干扰分离，并严防以结果为导向的意识。尤其在类似的高压场景以各种不同形式重现时，这种学习方式是精进牌艺的唯一方法。

相较来说，解决"如何执行"的问题比在扑克博弈中具有取得胜利的天赋更为重要。如果选手不懂得如何执行，世界上的所有才能聚集在一处也无法发挥作用。应避免常见的决策陷阱，以理性的方式从结果中学习，并尽可能地将情绪问题控制在决策过程之外。如果未能解决"执行力的问题"，即使是一些天赋异禀的选手，也只能在运气最好的时候赚得盆满钵满，而在其他多数时候都一败涂地。能经受住时间考验的扑克玩家具有多种才能，但他们乐意分享的是在面对局限性威胁时的执行能力。

我们都努力执行着我们的最佳意图。扑克玩家在经历同样挣扎的同时还面临着来自时间的压力、无法掌握的不确定性和直接的财务后果等额外挑战。这使得扑克游戏成为一个新的克服执行力问题的绝佳途径。通过扑克牌来理解决策的价值，已经在很长一段时间里得到了学术界的认可。学术界也早已经认可了扑克游戏在帮助人们解决决策问题时所发挥的关键作用。

奇爱博士

科学家通常很难变得家喻户晓。因此，大多数人没有听说过约翰·冯·诺依曼的名字也不足为奇。

这是一个令人感到不忿的事情，冯·诺依曼是我心目中的英雄，而且对于所有决心成为更好决策者的人来说，他也应该是一名英雄。作为科学思想史上最伟大的人物之一，他为决策学的发展做出了巨大的贡献，而这些贡献仅仅是他短暂生命中的次要成就（并非巧合的是，他也是一名扑克玩家）。

在几乎所有的数学分支学科中做了20年的贡献后，他在生命中的最后10年成就了以下创举：在曼哈顿计划中发挥了关键作用，开创了氢弹物理学，研发了第一批计算机，在第二次世界大战末期计算出轰炸机路线规划和目标选择的最佳方式，并创造了"相互保证毁灭"（Mutually Assured Destruction，MAD）的概念，这是"冷战"期间主要的地缘政治生存原则。即便是到了1955年，52岁的冯·诺依曼被确诊为癌症患者，他仍然就职于一所成立较早的监督原子研究和开发的民间机构。尽管饱受病痛折磨，但只要身体允许，他都会坚持坐轮椅参加会议。

虽然在科学界取得了诸多骄人的成就，但冯·诺依曼在流行文化中的形象却类似斯坦利·库布里克（Stanley Kubrick）的末日喜剧主角之一——奇爱博士（Dr. Strange-Love），一位口音很重、穿着皱巴巴的衣服、坐着轮椅的天才，他提出使用

"相互保证毁灭"的策略,却因为一位精神失常的将军私自调遣了轰炸机(一个可能会触发美国和苏联所有的核武器自动发射的行为)而未能成功。

除了上述所有的成就外,约翰·冯·诺依曼还是博弈论之父。在完成曼哈顿计划的日常工作之余,他与奥斯卡·莫根施特恩(Oskar Morgenstern)合著了《博弈论与经济行为》(*Theory of Games and Economic Behavior*)一书,该书于1944年出版。这本书被波士顿公共图书馆列为"20世纪最有影响力的100本书籍"之一。威廉·庞德斯通(William Poundstone)是《囚徒的困境》(*Prisoner's Dilemma*)这部广受欢迎的博弈论著作的作者,他将《博弈论与经济行为》称为"20世纪最具影响力和最有必要阅读的书籍之一"。该书60周年纪念版的前言中介绍了它是如何在出版之初就被奉为经典的。在最负盛名的学术期刊中,对该书最初的评论都是优雅的赞誉,例如"20世纪上半叶的主要科学成就之一"和"再多10部这样的著作,即可确保经济学的进步"。

至少有11位与博弈论及其决策影响有关的诺贝尔经济学奖得主可以证实博弈论变革了经济学,包括约翰·纳什(John Nash,冯·诺依曼的学生),他的生平故事被记录在奥斯卡获奖影片《美丽心灵》(*A Beautiful Mind*)中。博弈论在经济学领域以外具有广泛的应用,如行为科学(包括心理学和社会学),以及政治学、生物医学研究、商业和其他众多领域。

经济学家罗杰·梅尔森（Roger Myerson，博弈论的诺贝尔奖获得者之一）将博弈论简洁地定义为"研究智能理性决策者之间的冲突与合作的数学模型"，博弈论是我们大部分决策研究的现实基础，以应对不断变化的环境、隐藏的信息、机遇和多人参与决策等挑战。这听起来是不是有些熟悉？

幸运的是，除此之外无须知道更多博弈论的概念来理解它与决策的关联。本书的重点在于说明约翰·冯·诺依曼以简易的扑克游戏为基础创立了博弈论。

扑克与象棋

在英国广播公司（BBC）的纪录片《人类的攀升》（The Ascent of Man）中，科学家雅各布·布伦诺斯基（Jacob Bronowski）讲述了冯·诺依曼在伦敦乘坐出租车时是如何描述博弈论的。作为一名象棋爱好者，布伦诺斯基请冯·诺依曼阐明概念："你的意思是，博弈论是类似象棋这种游戏的理论？"

布伦诺斯基转述了冯·诺依曼的回答："'不，不是的，'他说，'象棋不是博弈。象棋是一种定义明确的计算形式。你可能无法算出确切答案，但从理论上来说，一定会有解决的方案，即在任何局势下都存在着一套正确的下法。可是，真正的博弈完全是另一回事。'他又说，'真实的生活也不是象棋中那样的。真实的生活里面有虚张声势，有欺诈策略，也会去掂量对方将如何看待自己的意图。这就是我的博弈理论'。"

我们在日常生活中做出的决策，无论是关于商业、储蓄、消费、健康、生活方式、养育子女，还是人际关系的决策，都相当符合冯·诺依曼对"真正的博弈"的定义。它们涉及不确定性、风险和偶尔的欺诈，这些都是扑克游戏的主要元素。如果我们把现实生活决定当作象棋中的决定，麻烦就会随之而来。

象棋中没有隐藏的信息，可依靠的运气成分也是微乎其微。所有棋子及其变化都显现在棋盘上，双方棋手可一目了然。棋子不会随机出现或从棋盘上消失，也不会被偶然地从一个位置移动到另一个位置。掷骰子之后，如果点数对你不利，你的"象"也不会从棋盘上被取下。你在象棋中的失败一定是因为没有采取或没有想到更好的走法。理论上你可以回顾走过的每一步并弄清楚你犯的错误。如果一名棋手比另一名棋手的水平高出很多，那么几乎不可避免的，水平高者将会百战百胜（就算不是完胜，至少也会是平局）。只有在极少数情况下会出现低级别棋手击败加里·卡斯帕罗夫（Garry Kasparov）、鲍比·费舍尔（Bobby Fischer）或马格纳斯·卡尔森（Magnus Carlsen）等大师的结果，那都是因为这些高级别的棋手出现了明显的、客观的失误，才会给对手创造了占据优势的机会。

尽管有其战略复杂性，但象棋并不是一个很好的人生决策模型。我们大部分的人生决策都涉及隐藏信息，而且受到运气的影响更大。这就造成了一个在象棋中不存在的挑战：识别我们所做决定的相关作用，以及运气对结果的影响。

相比之下，扑克是一种信息不完整的游戏，是一种充满不确定性的限时决策游戏（并非巧合的是，这与博弈论的定义非常接近）。在扑克中，有价值的信息都被隐藏了起来，任何结果的实现都存在运气的成分。即使你在每一个关键时刻都做出了最好的决定也仍然可能会输掉一手牌，因为你不知道会抓到什么新牌，也不知道对手会亮出什么牌。当游戏结束，你试图从结果中学习的时候会发现，想要将你的决策质量与运气的影响区分开来是件很困难的事情。

在象棋中，结果与决策质量的关联更为紧密。而在扑克中，更常见的是因为运气好而获胜以及因为运气差而失败。如果生活和象棋一样，你每一次闯红灯几乎都会发生事故（或者至少收到一张罚单）；如果生活和象棋一样，每一次皮特·卡罗尔下达类似抛传的口令都会赢得超级碗冠军。

但生活与扑克更为相似。在解雇公司总经理的过程中，尽管你做出了最明智、最谨慎的决策，但结果仍然可能会十分糟糕。可能你闯了红灯，却安全地通过了路口；也可能你完全遵守了交通规则，结果却发生了事故。一个人可以在五分钟内学会扑克规则，与一流玩家对赌一手（或几手）并获胜。但这种实力悬殊巨大的新手战胜高手的情况在象棋中绝对不会发生。

信息的不完整不仅对瞬间决策提出了挑战，而且也干扰了

第一章
生活是扑克，不是象棋

我们对过往决策的学习。想象一下，作为一名扑克玩家，在对手没有亮牌的情况下如何才能弄清楚自己的这一手牌打得是否正确？如果在我下注之后，对手弃牌而结束这一手，我所知道的仅仅是我赢得了筹码而已。我打得很差吗？是因为运气而赢的吗？还是说我打得很好？

如果希望在任何游戏中，以及生活的各个方面都能有所改善，我们必须从决策的结果中吸取经验和教训。我们的生活质量是决策质量和运气的总和。在象棋中，运气的影响是极其有限的，所以人们很容易将结果作为决策质量来解读。这样就更加紧密地将棋手与理性相关联。棋手的失误可以通过对手的表现直接体现出来，棋局结束后还可以将错误加以分析。棋局对弈中总有一个理论上正确的走法。如果你输了，那么除了低劣的决策质量之外，你很难将自己的失败归咎于任何其他原因。几乎没有棋手会说"我在那局棋中被坑惨了"，或者"我打得非常好，只是手气太糟了"（扑克锦标赛间隙在走廊散步时会听到很多这样的话）。

这就是象棋，但现实生活并非如此。现实生活更像扑克，所有这些不确定因素都给了我们欺骗自己和曲解信息的空间。对于一些我们从未发现的错误，扑克给我们保留了余地。因为一旦赢了牌我们就不会再去追究自己的错误；在所有决策正确但仍然输牌时，扑克也允许我们将失败的结果当作决策失误的证明。以结果为导向、基于少数几次结果的好坏来评价决策是相当合理的象棋学习策略，但在扑克游戏或现实生活中是行不通的。

冯·诺依曼和莫根施特恩都明白我们的世界是不轻易揭示客观真理的。这就是他们将博弈论和扑克游戏相关联的原因。想要做出更好的决策，我们首先要了解一点：不确定性会造成很多麻烦。

一场致命的智斗

电影《公主新娘》（*The Princess Bride*）中著名的场景之一是恐怖海盗罗伯茨［Roberts，也是痴迷于爱情的维斯特雷（Westley）］追上了绑架巴特卡普（Buttercup）公主的幕后黑手维齐尼（Vizzini）。此时的海盗已经在武力对抗中击败了巨人费兹克（Fezzik）和剑客埃尼戈·蒙托亚（Inigo Montoya），他提议要与维齐尼进行一场生与死的智力较量。这一场景充分诠释了在信息不全情况下做出决策的危险。海盗掏出一包毒药，拿起两个酒杯，并背对着敌人把药倒进其中一个酒杯里，然后将一杯酒放在自己面前，另一杯放在对方面前。一旦维齐尼选择了其中一杯，双方都要举杯同饮，"饮完酒后就能发现谁是胜者，谁是败者"。

"这也太小儿科了吧，"维齐尼嘲笑道，"我要做的仅仅是通过我所了解的你以及你的思维方式来进行推断。你是那种会

第一章
生活是扑克，不是象棋

把毒药倒入自己酒杯还是敌人酒杯的人？"他列举了一大堆令人眼花缭乱的原因来说明为什么毒药不会（或必定）在一只或另一只杯子里。他激昂地解释了聪明和对聪明的预期、毒药的起源（澳大利亚的罪恶之地）、不可信和对不可信的预期，以及与维斯特雷在决斗中战胜巨人和剑客的相关推断。

维齐尼在解释上述问题时转移了维斯特雷的注意力、调换了杯子，并宣布他们应该选择各自面前的酒。维齐尼看着维斯特雷先喝才安心地喝下自己杯中的酒。

维齐尼纵声狂笑，"你犯了一个典型的错误。其中最著名的一句是'永远不要卷入亚洲的陆地战争'，但还有一句鲜为人知的是：'绝对不要与西西里岛人赌命，因为死亡就在眼前。'"

随着戛然而止的狂笑，维齐尼倒在了一旁，暴毙。巴特卡普说："我还以为毒药在你的杯子里呢。"

维斯特雷告诉她："两只酒杯里都有毒。我花了两年的时间才获得对这种毒药的免疫力。"

和所有人一样，维齐尼并没有掌握全部信息。他认为自己是一个无与伦比的天才："这么说吧。你有没有听说过柏拉图（Plato）、亚里士多德（Aristotle）和苏格拉底（Socrates）？他们都是蠢材。"但是，和所有人一样，他低估了未知信息的数量和影响。

假设有人说："我掷币时连续掷出了四次正面。这种情况发生的可能性有多大？"

这听上去是一个很容易回答的问题。抛出正面的概率是 50 对 50，我们可以确定，经过四次翻转后全部掷出正面的概率是 6.25%（$0.50 \times 0.50 \times 0.50 \times 0.50$）。

这种思路和维齐尼的错误如出一辙。问题在于，我们是在不了解该枚硬币和抛币者的情况下得出的结论。这是一枚双面、三面还是四面的硬币？如果是双面硬币，那双面都是正面（人头）吗？即便是看似正常的双面硬币（正面和反面），它是否经过了特殊的加重处理来实现在多数情况下都会正面落地的目的？掷币者是不是可以控制硬币如何落地的魔术师？在这些信息都不完整的情况下，我们却像是已经研究了硬币并且掌握了全部情况一样草率地得出了结论。我们从来没有想过两个酒杯都被下了毒（如果能够评价自己的死亡，维齐尼可能会使用"不可思议"一词）。

但如果此人掷币一万次，这就为我们提供了足够的样本量，能对硬币是否被动了手脚做出一个基本的判断，而仅仅四次是远远不够的。

在寻找人生课堂时我们也会犯同样的错误。生活太短暂，以至人们来不及从自身的零碎经验中收集足够的信息来审视如何提升决策质量。如果我们买了一栋房子，把它稍加修缮，并在 3 年后以买入价的 150% 将其售出。这意味着什么，我们精于买卖房产还是善于修缮房屋？可以这么认为，但这也可能意味着市场出现了极大的上升趋势，在这种情况下购买几乎所有的资产都可以赚到同样多的钱。或者购买同一栋房子并且不加以修缮也可能会获得相同（甚至更多）的利润。在2007年—2009年间，许多成功的炒房者不得不去面对这些可能性。

所以如果有人问你四次掷币的结果意味着什么，正确的答案是："我不确定。"

"我不确定"：充分利用不确定性

正如人们在以结果为导向和事后偏见方面存在问题一样，当仅仅根据结果来评估决策质量时，我们的预期决策就会出现镜像问题。在任何的决策制定中都只有一次掷币的机会，这给我们带来了巨大的压力，使我们认为在行动之前必须有足够的把握。这种确定必然会忽略未知信息和运气对结果的影响。

著名的小说家和电影剧本作家威廉·高德曼［William Goldman，代表作品包括《公主新娘》《危情十日》(*Misery*) 和《虎豹小霸王》(*Butch Cassidy and the Sundance Kid*)］回顾了他与事业巅峰时期的罗伯特·雷德福（Robert Redford）、史蒂夫·麦奎因（Steve McQueen）、达斯汀·霍夫曼（Dustin Hoffman）和保罗·纽曼（Paul Newman）等演员共事的经历。成为一名"电影明星"意味着什么？他引用了一位演员在谈及自己理想的银幕角色类型时说的一句话："我不想成为一名'学'者，我想成为'知'者。"

人们不愿意说"我不知道"或"我不确定",认为这些表达是含糊的、无益的,甚至是回避的表现。但是坦然接受"我不确定"是成为更好决策者的至关重要的一步。我们必须学会如何与"未知"和平共处。

接受"我不确定"是很困难的。学校教育告诉我们,说"我不知道"是一件丢人的事情。在学校里,"不知道"被认为是失败的学习结果。如果在考试中写下"我不知道"作为答案,该答案将会被标记为错误。

承认我们对某事的无知总会被不当地冠以恶名。当然,我们鼓励知识的获取,但获取知识的第一步应该是明确哪些东西是我们不知道的。神经科学家斯图亚特·法尔斯坦(Stuart Firestein)在他的《无知如何驱动科学》(*Ignorance: How It Drives Science*)一书中认可了意识到自身知识局限性的益处[读者可以通过他的 TED(技术、娱乐、设计)演讲"无知的追求"(The Pursuit of Ignorance)来继续了解此书]。法尔斯坦在书中和演讲中都指出,在科学中,"我不知道"并不是失败,而是迈向启迪的必要步骤。他引用了物理学家詹姆斯·克拉克·麦克斯韦(James Clerk Maxwell)的名言来支持这一观点:"完全自知的无知是每一次科学进步的序幕。"我想补充一句,它也是历史上所有英明决策的前奏。

好的决策之所以好并不是因为它产生了好的结果。好的决策来自好的过程,而这个过程必定包括了准确表达我们自身知识状态的尝试。这种知识状态同样也是某种"我不确定"的表现形式。

"我不确定"并不意味着没有客观事实。事实上,法尔斯坦的观点是,承认不确定性是我们接近客观事实这一目标的首要步骤。要做到这一点,我们需要停止像看待肮脏字眼似的看待诸如"我不知道"和"我不确定"的表达。

如果我们将"我不知道"的定义从负面框架(像"我毫无头绪"或"我对此一无所知"这类给人感觉缺乏能力或信心的表达)转移到比较中立的框架会怎样,虽然我们可能对一些事情的发生概率有所了解,但仍然无法确定在特定情况下会发生什么,这就是事实。如果我们接受事实,"我不确定"的说法就不会显得那么糟糕。

优秀的扑克玩家和英明的决策者之间的共同之处就是他们都接受这样一个事实:我们的世界是无常的和不可预知的。他们清楚,自己几乎不可能确切地知道某件事情将会如何发生。他们接受这种不确定性,并试图弄清这种不确定的程度,而不是专注于如何才能确定。他们根据不同结果的发生概率来做出最佳判断。这些判断的准确性将取决于他们拥有多少信息,以及他们是否具有丰富的判断经验。这是所有对赌的基本要素之一。

可以肯定的是,与新手相比,经验丰富的扑克玩家在分析一手牌的输赢概率时可以做出更好的判断。有经验的选手更了解数学，并且能够更好地根据对手的行为来缩小他们的底牌范围。他们也更善于判断对手将会如何使用这些牌。所以，丰富的经验使选手得以缩小可能性的范围，然而，没有任何经验可以让扑克玩家预知某一手牌的结果。在任何领域都是如此。在判断不同策略成功的可能性并在此基础上选择策略时，老练的审判律师要强于新入行的律师。与熟悉的对手进行谈判便可以更好地判断应该采用何种策略。在任何领域中，专家都会比菜鸟拥有更大的优势。但无论是老将还是新手都无法确定下一次翻牌的结果。老将的优势是他们有更好的判断力。

有些时候，即使我们做出了最佳选择也无法提升成功的可能性。一名审判律师在处理艰难的案件时更有可能会选择失败而不是成功的策略。在这种情况下，律师的目标是明确各种可行的策略、判断出每一种不乐观方案的成功概率，并从中选出最好的一种以便最大限度地为客户提升结果质量。这在任何企业都不外乎如此。创业公司成功的可能性非常低，但它们仍然尽力寻找制胜的最佳策略。即使没有任何战略能为公司带来成功，这种努力仍然是值得的，因为一旦成功，随之而来的将会是巨大的回报。

有很多原因可以解释为什么接受不确定性并给它一个热烈的拥抱会帮助我们成为更好的决策者。这里提供两个例子。首先，"我不确定"仅仅代表一种对世界更准确的描述；其次，当我们接受了自己对某事物无法确定的时候，就不容易陷入黑白思维的陷阱。

想象一下,你站到一台传统的医用体重秤上。它有两根加重杆,一根重量刻度间隔为 50 磅(约 22.68 千克),另一根为 1 磅(约 0.45 千克)。这允许用户的体重测量精确到磅。如果你的医生采用的体重秤只有一根加重杆,杆上只有两个重量刻度,一个 50 磅,另一个 500 磅(约 226.80 千克)。这意味着这台体重秤无法测量任何介于两者之间的重量,这会出现什么结果呢?你的体重结果只会显示 50 磅或 500 磅。这种情况下如果你还愿意听取医生的建议,那我只能祝你好运了:你不是病态肥胖就是体重过轻。很显然,使用如此糟糕的模型来确定体重是不现实的。

这同样适用于我们所有的决策。如果错误地将世界歪曲为非此即彼的极端,不存在中间灰色地带,那么我们做出正确选择的能力将会受到严重的影响。这种影响涉及我们应该如何分配资源、做出何种决定以及采取何种行动等方面的抉择。

避免出现以上极端情况的秘诀就是,坦然地接受我们生活在一个不确定的世界中这样一个事实,这并不是什么大不了的事情。随着我们对人类大脑的运作方式有了更多的了解,我们认识到自己对世界的感知并不客观,但我们仍然应该将勇于尝试作为目标。

重新定义错误

出席慈善扑克锦标赛时,我经常会以荷官的身份参与牌局,并在决赛中提供实况评论。这些决赛牌桌的气氛相当有趣也非常喧闹。熬过了漫漫长夜的每一位参与者现在可以放松一下。牌桌通常会围着一大群人,包括选手的朋友和家人,他们会为选手们喝彩欢呼(或者戏谑地喝着倒彩)。如果他们喝了酒,即便是喝醉了,每个人也都玩得很开心。

当选手将所有筹码推入彩池时,这一手牌的下注就结束。押上全部筹码后选手们亮出底牌,以便在我分发余牌之前每个人都可以看到牌面。这对观众来说很有趣,因为他们可以看到每位选手在这一手牌中所处的位置,增添了比赛的观赏性。根据亮出的底牌,我可以判断出每位选手在每一手牌中的胜算,以及整场牌局中每位选手的赢牌概率。

在一次慈善锦标赛中,我告诉观众,一名选手的胜算为76%,另一名选手为24%。我分发的最后一张牌让仅有24%获胜概率的那位选手变成了赢家。在欢呼声和惋惜声中有一名观众叫道:"安妮,你算错了!"

本着和这位观众同样的心理,我解释说我没有算错。"我说了,他的胜算是24%,而不是0。你需要清楚这24%意味着什么!"

几手牌之后,发生了几乎相同的事情。两名选手在把所有的筹码都推入了彩池后亮出了底牌。一名选手的获胜概率为18%,

另一名为82%。再一次地，下注完成后，手中的牌较差的选手因为获得了一张幸运牌而赢得了彩池。

这次，人群中的那位观众再次叫道："看，胜算只有18%的选手赢了！"就在那一刻，他改变了对错误的定义。当我们以发生概率为依据做出决定却得出相反的结果时，并不意味着我们是错误的，仅仅说明在一系列可预期的未来中发生了不可控制的意外。

看看你能在多短的时间内开始重新定义错误。一旦我们开始这样思考，就很容易抵制类似"我早就知道会这样"或"我要是早知道就好了"等急于评价结果的诱惑，更好的决策和更多的自我同情也会随之而来。

广大公众常常会对概率性思维下的"成功"与"失败"进行非黑即白的判断。2016年7月，英国通过公投决定脱欧（这一事件被称为"Brexit"），这一结果令人大跌眼镜。投注站为脱欧设置了较高的赔率，但这并不意味着投注站认为留欧会赢。博彩公司的目标是确保投注双方的赌注数额相等，无论哪一方输赢，它们都可以从中赚取相同收益。它们的目标是不承担任何结果的风险，并根据风险程度来调整赔率。博彩公司的赔率反映了市场的观点，本质上也反映了人们共同的对何为公平的最佳判断。

即便是一些经验丰富的专业人士也因此而变得以结果为导向。他们在脱欧结果产生之后声称是博彩公司犯了错误。一家瑞士银行的首席策略分析师告诉《华尔街日报》(Wall Street Journal)说："博彩公司竟然出现了这么大的失误。"美国著名的律师和教授艾伦·德肖维茨（Alan Dershowitz）也犯了同样的错误。他曾在 2016 年 9 月声称希拉里·克林顿（Hillary Clinton）与唐纳德·特朗普（Donald Trump）竞选的情况过于复杂，以至于无法对选举结果做出任何预测："想一想英国的脱欧公投。几乎所有的民意调查结果（包括投票后的民意调查结果）都是错误的。金融市场搞错了，博彩公司也搞错了。"

就像我的观众一样，德肖维茨没有抓住重点。任何介于 0 和 100% 之间的预测都不可能是错误的，因为最具可能性的未来尚未展现。一名选手以 24% 的概率赢得了慈善锦标赛的冠军，但这并不能说明之前的概率预测不准确。胜算低的选手也有获胜的时候。指责赔率制定者或赔率本身就是认为任何结果的产生都是必然，任何没有预料到结果的人都是错误的。

唐纳德·特朗普赢得了大选之后也发生了同样的事情。有关错误民意调查的抗议声势浩大。538 博客的创始人内特·西尔弗（Nate Silver）也因此而招致了很多批评，但他从来没有断言希拉里一定会当选。根据对投票数据的汇总和权衡，他在大选前一周预测特朗普的胜算为 30%～40%（希拉里与特朗普的胜算比在 2 比 1 和 3 比 2 之间）。发生概率为 30%～40% 的事件是经常发生的大概率事件。

作为一名扑克选手，我在锦标赛生涯中打过数不胜数的胜

第一章
生活是扑克，不是象棋

算比为 2 比 1 的牌局。很多这类的牌局对我来说都是胜负在此一举。如果输了这一手，我就会退出赛事。如果赢了，我就会赢得一个巨大的彩池，甚至是整个锦标赛。我深知在 60 比 40 和 70 比 30 的胜算比中有优势的一方失败（当然，反之亦然）的可能性有多大。当人们抱怨内特·西尔弗因为倾向于希拉里·克林顿而做出了糟糕的预测时，我想，"那些人没有经历过在一个对子上押下所有筹码，却输给了对方的顺子这种情况"。也可能是，他们一辈子都在经历类似的事情，却并没有意识到那就是 30% 或 40% 胜算的感觉。

决策是对未来的赌注，某一次的结果不能作为衡量决策是否正确的依据。如果我们事先考虑替代方案和概率并相应地分配我们的资源，就像那位 CEO 和皮特·卡罗尔所做的那样，那么即使产生了糟糕的结果也不能说明我们的决定是错误的。对我来说，在最好的起手牌（一对 A）上下了重注却输给对手，之后再花很多时间去否定打这一手牌的决策是极其荒谬的，那就是以结果为导向。

当我们概率性地思考问题时，就不太可能单纯地将不好的结果归咎于决策失误，因为我们明白，好的决策也可能受运气和/或信息不完整（以及样本量为一）的影响而产生坏的结果。

也许我们的最好决策是出自一组平平无奇的选项，每一个选项的成功概率都很渺茫。

也许我们把赌注押在一个概率极小但回报会远远超出风险

成本的机会上，但这一次机会并没有降临。

也许我们根据已知信息做出了最佳选择，但一些决定性的信息被隐藏了起来，我们无法得知。

也许我们选择了一条成功概率极高的道路，只可惜运气不好。

也许还有其他会产生较好结果的选择；也许我们的选择不好不坏，只是介于两者之间而已。第二佳的选择并不是错误的选择。根据定义，它比第三和第四佳的选择更加正确（或更少错误）。这就像医生办公室里的体重秤一样，除了可以用它来测量肥胖症和厌食症（体重过轻）这两种极端情况外，还有更多的选择。对于我们的大部分决策而言，在明确的"对"和"错"之间还有着很大的余地。

当脱离这种非黑即白的思维模式时，我们便处于两种极端之间的灰色地带。此时，做出更好的决策不再关乎对与错，而在于如何在此灰色区域内进行校准和调整。

在事先知道确切数据的情况下，重新定义错误是最容易的。在慈善锦标赛决赛牌桌上选手亮牌的例子中，或者当我拿到赢面最大的起手牌并押上所有筹码时，牌局中就不存在隐藏信息。这时我们就可以做出精确的计算。如果我们的计算结果准确无误，并且根据此计算结果进行合理的资源分配（下注），我们就可以更加心安理得地表示："没能赢牌并不说明我的决策失误，我也不应该因此而改变我的策略。"当概率非常确定时，我们会更倾向于对运气的影响进行合理的解释。这一点和国际

第一章
生活是扑克，不是象棋

象棋相似。

毫无疑问，如果在运气的影响之外再加入隐藏信息的作用，这会让定义错误变得很困难。如果不看到硬币的实际样子，我们会更倾向于将结果作为判断决策对错的唯一标准，很可能会说："我早就告诉过你了！"或"我应该早就知道的！"这些都是毫无同情心的说法。

重新定义错误可以让我们脱离由于得到不好的结果而带来的一切痛苦，但这也意味着我们必须重新定义"正确"。如果坏结果并不意味着我们是错误的，那么好结果同样也不能说明我们是正确的。我们是否在情感上成功地转变了这种观念？

正确的感觉真的很好。"我是对的""我早就知道""我告诉过你"——这些都是我们会说的话，而且说这些话会带给我们很不错的感觉。我们是否应该放弃"正确"的良好感觉来摆脱"错误"的痛苦？答案是：是的。

首先，我们的世界是一个充满随机性的地方。运气的影响使我们不可能精确地预测事情将会如何发展，而所有隐藏的信息也都会给我们的决策增加难度。如果不改变观念，我们将不得不面对很多错误的发生。这是必然的结果。

在扑克中可以学到这个教训。一名优秀的扑克玩家与牌桌上其他玩家相比具有较大优势，也做出了更好的战略决策，但他在8小时的比赛中仍会有40%以上的失败概率。这可是很大的错误比例，而这种情况又不仅仅局限于扑克。

即使是最成功的创业公司投资者,也遭遇过很多次的失败。NASA(美国国家航空航天局)的宇航员计划和NBC的实习项目的录取名额非常有限,却吸引了成千上万的申请者。应征者的成功概率非常渺小,却未必是因为他们做错了任何事情。如果你只想得到积极的结果,那就不要去谈恋爱或者与任何人约会。如果我们想通过结果来衡量自己的对错,这个世界会给我们很多的机会去自怨自怜。当心这个陷阱!

其次,正确让人感觉良好,但错误伤害更深。我们从丹尼尔·卡尼曼和阿莫斯·特沃斯基(Amos Tversky)关于损失规避(预期理论的一部分,卡尼曼因此赢得了2002年的诺贝尔经济学奖)的研究中得知:总的来说,如果胜利令人喜悦,那么失败就会令人加倍痛苦。因此,在21点(纸牌游戏)中赢得100美元的开心感觉对我们来说与输掉50美元的失落感觉持平。因为正确的感觉像胜利,而错误的感觉像失败,这意味着在情感上我们需要两个好结果来平衡一个坏结果。那为什么不选择一种波澜不惊的平稳生活,特别是当损失比胜利对我们造成的影响更大的时候?

你是否已经做好准备要像优秀的决策者那样敞开心胸来坦然接受不确定性?你是否已经做好准备去接受对错误的重新定义,同时认识到你总是在猜测并且根据猜测结果来进行资源分配?一旦适应了这种调整,认识到你一直都在对赌,好处就会随之而来。

第二章

赌一把？

得梅因三十天之赌

在20世纪90年代，特立独行的约翰·汉尼根（John Hennigan）凭着机智和技巧在扑克牌桌和台球赛场上纵横了几年之后，从费城搬到了拉斯维加斯。非凡的技艺和敢于接受任何赌约的魄力为他赢得了"世界约翰尼"（Johnny World）的称号，这一称号早他一步先抵达了拉斯维加斯。他的天赋经受了时间的考验：他是高风险比赛中一位传奇的成功玩家，在重大扑克锦标赛中赢得了四条世界扑克大赛手链，一次世界扑克巡回大赛冠军，以及超过650万美元的奖金。

拉斯维加斯对约翰来说简直就是天堂。他从一开始就与这座城市保持了一致的节奏：白天睡觉，夜晚和一些喜欢冒险、观念接近的对手打扑克、打台球，在酒吧和餐厅等场合度过。他很快就结识了一群志趣相投的职业玩家，其中很多来自东海岸。

尽管拉斯维加斯看似是一个理想的地方，约翰对这种生活方式却有着爱恨交织的感情。以打牌为生给人一种能够自由安排时间的诱惑力，但是一旦具体到了每小时的净利润，你就会感到无法自拔。虽然你随时都可以"自由地"选择玩或不玩，但你总会感觉自己有上场的必要。更糟糕的是，最好的游戏都是在夜间进行的，所以你就得适应不见天日的夜班。你的生活节奏与世界上其他地方不同，你的工作场所不仅暗无天日，而且烟雾缭绕，你甚至无法看到窗外的景色。约翰对此非常敏感。

某个夜晚，在一场高风险扑克比赛间隙，选手们在谈话时提到了艾奥瓦州首府得梅因。约翰从未去过得梅因，对中西部也比较陌生，交谈中他不禁对得梅因的生活产生了遐想——一种对他而言越来越陌生的"正常"生活：一觉睡到天亮，享受太阳下的生活。这种想法招来了一些善意的玩笑，因为牌桌上的其他玩家很难想象，一个像约翰这样的"夜行瘾者"如何能适应一个与拉斯维加斯截然相反的地方："那地方无牌可赌。""那里的酒吧很早就打烊了。""你会讨厌那个地方的。"随着夜晚时间的流逝，选手们的讨论变成了约翰是否能够生活在那样一个陌生的地方。

第二章 赌一把？

扑克玩家经常遇到这种将假设的谈话变成博弈的情况。你下注多少赌约翰会离开扑克牌桌，搭乘飞机并移居得梅因？如果他接受了赌约，那他需要在那里住多久？

约翰和其他人商定，以在得梅因居住一个月为期——这是一份真正的承诺，但不是永久的流放。看到他似乎愿意离开这场牌局并前往1 500英里（约2 414千米）之外的一个陌生的地方时，其他玩家给他增添了一个残酷的条件：他的活动范围只限于得梅因的某一条街道上，这条街道上只有一家酒店、一家餐厅和一间酒吧，而且所有营业场所在晚上10点都会准时停业。无论处于任何地方，这种强制的闲散对任何人来说都是一个挑战。而对于像约翰这样年轻、单身、热爱高风险博弈的人而言，这简直可以说是酷刑。约翰说，如果他们能够做出一些小小的让步，他就会接受这样的挑战：他希望可以在附近的高尔夫球场练习打球。

在商定条件之后，接下来需要讨论赌注的大小。其他玩家需要一个足够诱人的数字来吸引约翰接受赌约，但又不至于大到即使他非常憎恶也仍然会坚持逗留在艾奥瓦州的程度。作为拉斯维加斯最成功的现金牌桌玩家之一，在得梅因住一个月可能会让约翰损失六位数的进账。另外，如果条件过于宽松，他们又担心约翰能够熬过种种的不适和无聊。

最后确定的赌注为30 000美元。

约翰考虑了两种截然不同又互相排斥的选项：接受或拒绝

赌约。每个选项都伴随着新的风险和新的潜在回报。如果接受了赌约，他可能会赢得或输掉 30 000 美元（又或者他拒绝了赌约，而在扑克牌桌上赢得或输掉更多金钱）。如果他利用这一个月的时间来提高自己在有高额奖金高尔夫比赛中的赢球概率，那么赌局结束后他同样可以通过打球来赢钱。他可以进一步提升自己敢于接受任何赌约和无所不能的声誉，这对职业玩家来说是一种绝佳的资本。他还必须考虑其他或许重要却不易量化的事情。他会有多么喜欢那里的生活节奏？他如何看待自己离开牌桌去休假一个月？他在体验传统的时间安排时会更放松吗？以一个月无法打牌赢钱为代价去休假是否值得？还有那些存在的种种其他未知之数，比如他可能会在艾奥瓦州的那条街上邂逅他的一生至爱。他必须权衡一切以及离开拉斯维加斯的机会成本——在这一个月里因为没有赢钱机会而少赚的钱，不能享受打牌的夜晚，甚至还可能会错过出现在梦幻（Mirage）酒店（拉斯维加斯的一家博彩度假酒店）的一生至爱。

约翰·汉尼根真的去了得梅因。

一名热衷高风险博弈的职业玩家离开拉斯维加斯的夜间生活去戒赌一个月究竟会是祝福还是诅咒？

仅仅过了两天约翰就意识到这是一个诅咒。他在得梅因的酒店房间里给赌局另一方的一个朋友打电话，试图通过谈判来解决问题。正如商业诉讼中的当事人经常在审判前达成和解一样，在对赌的世界中，通过谈判来达成一致也很常见。约翰这通电话的有趣之处在于，他希望对方支付给他 15 000 美元来结束这场赌局，以免对方会颜面无光地输掉全部赌注。他辩称，既然他已经来了得梅因，就说明他完全有能力坐等收取全额赌注。

对方当然不会相信这种鬼话。毕竟这才刚过两天约翰就提出了这个建议。这是一个非常强烈的信号，预示着他们不仅很有可能赢得赌注，还有可能会得到额外的收益——在约翰备受煎熬的同时再加以刺激，那简直是其乐无穷。

结果在短短的几天内，约翰就同意以支付 15 000 美元为代价来退出赌局并返回拉斯维加斯。约翰以相当壮观的方式证明了别处的芳草总是更绿。

我们都经历过得梅因

于是，约翰·汉尼根与得梅因故事的笑点——"两天后，他恳求着要结束赌局"——成了博弈界的趣谈。然而，这一笑点模糊了对迁居进行底层分析的普遍性。约翰决定去得梅因和其他人决定迁居或择业的唯一真正区别是，他和对手玩家都明确表示了这是一场关于什么（财务、情感或其他方面）最能改善他们生活质量的对赌。

约翰考虑了两种截然不同又互相排斥的可能：接受赌约并在得梅因生活一个月，或者拒绝赌约并继续留在拉斯维加斯。

我们每个人在考虑是否要为新工作而迁居时都会面临同样的抉择，赚取新工作所承诺的报酬，或是选择维持现状。新工作的报酬与我们目前工作相比如何？除了金钱，还有很多东西值得我们重视。我们可能会为了在一个更好的地方定居而宁愿少赚一些钱。新工作是否能提供更好的独立于短期薪资报酬的职业前景和预期收益？我们将要从事的工作在薪酬、福利、社会保障、工作环境和工作性质方面都有什么区别？离开熟悉的城市、同事和朋友去一个陌生的地方，我们放弃了什么？

我们必须像约翰·汉尼根那样去盘点接受赌约的潜在利弊。是否能赢得30 000美元的不确定性并不会使他的决定与其他职业或搬迁决定有所不同。每天都有人在更换工作，而很多工作的相当一部分的收入是无法确定的。在许多企业中，薪酬包括奖金、股票期权或绩效薪酬。尽管大多数人在接受一份工作时不必考虑失去30 000美元的问题，但无论我们承认与否，每一项决策都伴随着风险。即使有固定的薪水仍然是没有"保证"的。我们可能会被解雇，可能因为厌恶工作而辞职（就像约翰·汉尼根退出牌局那样），公司也可能会倒闭。当我们找到一份工作，尤其是承诺丰厚报酬的工作，你可能需要以牺牲陪伴家人的时间或影响家庭关系为代价来投入工作。这即便不是失败，也是代价高昂的妥协。

此外，每当我们做出了一种选择（无论是接受新工作还是去得梅因生活一个月），我们同时也拒绝了所有其他的选项。所

第二章
赌一把？

有这些被拒绝选项都是通向预期的未来之路，它们可能会比我们选择的道路更好或更差。我们放弃的任何选择都包含了潜在的机会成本。

同样，那些下注 30 000 美元来赌约翰不能在得梅因居住一个月的玩家也和企业雇主一样，考虑到了提供工作机会或投资打造诱人的工作环境等因素。在与约翰下注时，这些扑克玩家必须平衡各方面的因素：条件必须足够好以吸引对方接受赌约，但又不能太好以至于让己方输掉 30 000 美元。

与上述人们的意图相似，企业雇主也不想让员工辞职，他们制定了薪酬体系来诱使员工接受待遇并继续工作。他们必须在提供具有吸引力的薪酬福利与制定过高待遇从而损害自身盈利之间找到一个平衡点。雇主还希望员工忠于职守，在长时间高效率工作的同时还能保持积极的工作热情。雇主可能会选择在工作场所内提供托儿服务。这有可能会起到鼓励一些员工加班的作用，或者吓跑潜在的新员工，因为这意味着他们可能需要为了工作而牺牲一些个人生活。虽然提供带薪休假会使工作更具有吸引力，但会鼓励员工远离工作，这与提供免费餐饮和健身设施的性质完全不同。

雇用员工如同一场博弈，并不是零风险的选择。把赌注押在错误的雇员身上可能会使企业损失惨重（解雇总经理的 CEO 可以证实这一点）。企业的招聘成本可能会很高，每一份工作机会也都伴随着相应的机会成本。每一个工作机会只能提供给一

043

个人。你也许无须支付雇用伯尼·麦道夫（Bernie Madoff）的费用，但你也可能失去了聘请比尔·盖茨（Bill Gates）的机会。

约翰·汉尼根的故事听起来之所以不同寻常是因为它以讨论得梅因开始，并以其中一位讨论者为了践行赌约在第二天就赶赴得梅因而结束。事情的确是这么发生的，因为在对赌时你需要确定赌注大小，并以实际行动来支持自己的信念。对我而言，这个看似疯狂的故事的讽刺性在于，其中的底层分析实际上是非常合乎逻辑的：对选项、后果和概率的不同看法。

通过将决策视为对赌，扑克玩家明确地认识到他们正在权衡不同的预期选项，每个选项都是利益和风险并存。他们也认识到对赌中并没有简单的答案。总有一些未知或无法得知的事情。本书承诺，如果我们遵从扑克玩家的做法，明确地将每一次的决策都视为对赌，那么就能做出更好的决策以及对将要阻碍我们获得利益的非理性因素进行预测（并采取预防措施）。

所有的决策都是对赌

我们对博弈的传统认知非常狭窄：赌场、体育赛事、彩票、针对某些事件的发生概率与他人的打赌。而"赌"（bet）的定义要广泛得多。《韦氏在线词典》（*Merriam-Webster's Online Dictionary*）将"赌"定义为"通过考虑可能发生的事情而做出的选择"，"冒着失去（某物）的风险去尝试做或实现某事"和

"基于相信某事会发生或真实发生的事而做出决定"。关于赌的定义,我注重更广泛的、经常被忽视的方面:选择、概率、风险、决策、信念。从这条定义中我们可以看出,下注并不是只发生在赌场中或与其他人打赌时。

无论距离扑克牌桌或赌场有多远,我们所有的决策都是博弈。我们习以为常地在各种选择中做出决定,将资源置于风险之中,评估不同结果的可能性,并考虑什么才是我们重视的。每一项决定都需要我们采取一些行动,这从根本上使我们无法再对其他选项采取行动。在某事上选择不下注本身就是一种博弈。选择去看电影意味着我们选择了不用这两个小时的时间来做任何其他事情。如果我们接受了一份新工作,那我们同时也选择了放弃所有其他选项:不再继续目前的工作,不再试图通过谈判来提高现有工作待遇,不再获得或接受其他机会,不再继续选择变更职业,当然也不再继续休假。选择任何一条路径都是有机会成本的。

决策的投注要素——选择、概率、风险等,在某些情况下会表现得更明显。投资显然是一种博弈。关于股票的决定(买入、不买、卖出、持有,当然还有深奥的投资期权)涉及如何对财务资源进行最佳利用。我们无法控制的不完整信息和因素使我们所有的投资选择都充满了不确定性。我们进行自我评估,明确我们认为能够最大化投资资金的方案,并开始执行。同样,决定不投资或不出售股票也是一种博弈。弃牌、让牌(或过牌、看牌）、跟注、下注和加注，这些都是我在打扑克牌时经常会做出的决策。

尽管我们不认为育儿选择是一种"博弈"，但它的确是。我们希望将孩子培养成为快乐的、富有生产力的成年人，再让他们踏入社会。无论何时我们做出育儿选择（关于纪律、营养、学校、育儿理念，居住地的选择等）都是在"博弈"。我们认为这些选择将实现我们为孩子设计的未来，并且它们要优于我们可能会做出的任何其他选择。因为有限资源的限制，我们必须分配我们的时间、金钱和注意力。

工作和搬迁决定是博弈，销售谈判和商业合同是博弈，买房子是博弈，订购鸡肉而不是牛排也是博弈，所有选择都是在博弈。

多数牌局都是在跟自己对赌

对博弈中的零和性质的恐惧是将决策当作博弈的原因之一；而与其他人（或赌场）进行对赌的盈亏是平衡的。一人赢钱，另一人就必然输钱，二人的净利之和为零。博弈包括但不限于上述情况。

在做大部分决策时，我们并不是在与另一个人对赌。确切地说，我们是在与所有我们放弃选择的各种预期版本的自我进行对赌。我们时常在预期选项中进行抉择：选择看电影、去打保龄球，还是待在家里？又或者是选择接受一份位于得梅因的工作、维持现有工作，还是享受一段时间的休假？我们做出的任何选择都是在赌一个预期的结果。我们相信，我们的选择将会成就更好的自我。确定一个决策时要考虑的首要问题是它的回报（以金钱、时间、快乐、健康或者是决策时我们重视的东西来衡量）是否会大于我们放弃的其他选项。

你是否曾在做出决定之后有过刹那的后悔："我就知道应该选择另一个的！"在这种情况下，你的另一种说法是："怎么样，我早就告诉过你吧！"

当皮特·卡罗尔在二次 10 码进攻中下达抛传命令时，他并不需要来自内心的质疑声音，因为有海鹰队球迷的集体呼声，"你让威尔逊抛传完全是对结果的错误判断"。

如何才能确定我们做出了最正确的决策呢？如果另一种选择会给我们带来更多的快乐、满足或金钱呢？很可惜，答案是：我们无法确定。因为有一些我们无法左右的事物（运气）在影响着结果。我们想象的结果仅仅是一些尚未发生的可能性。我们只能根据我们已知和未知的情况以及对结果的设想做出最佳判断。如果我们从未在得梅因居住过，我们怎么可能确定是否会喜欢它？决策时，我们在一系列可能和不确定的结果中选出一种来赌上我们珍视的东西（如快乐、成功、满足感、金钱、时间、声誉等），这就是风险所在。

扑克玩家生活在一个风险明确的世界里。他们不会因为不确定因素而乱了阵脚,因为他们在决策时总是最先考虑这些问题。忽略决策中的风险和不确定性可能会使我们在短期内感觉良好,但这可能会给我们造成巨大的决策质量成本。如果能够更好地面对不确定性,我们就可以更准确地看待和适应这个世界。

信念强则赢面大

"火鸡风波"(Turkeys Away)是经典情景喜剧《辛辛那提的 WKRP》(WKRP in Cincinnati)中的一集,讲述了人到中年的广播电台经理卡尔森先生(Mr. Carlson)试图证明自己可以为摇滚电台成功举办推广活动的故事。他派资深新闻记者莱斯·奈斯曼(Les Nessman)到当地的购物中心对即将开始的火鸡赠送活动进行现场报道。

电台的音乐主持人约翰尼·费佛(Johnny Fever)将音乐节目切换到了奈斯曼的直播节目"人在现场"(man on the scene)。奈斯曼开始播音,他先描述了头顶上的一架直升机。接着,有东西从直升机里跳了出来。"还没看到有降落伞张开……所以不可能是跳伞者。我无法分辨是什么——喔,天哪!那是火鸡!……有一只火鸡砸中了路边的一辆汽车,还砸破了挡风玻璃!这简直糟糕致极!……火鸡像潮湿的水泥袋一样砸在地面上!"奈斯曼也不得不在随后的骚乱中逃跑。他回到工作室,解释了卡尔森先生如何试图先降落直升机再释放火鸡,但不承想火鸡竟然发起了一场暴动。

卡尔森进入工作室,衣冠不整还沾满了羽毛。"上帝可以做证,我原本以为火鸡是会飞的。"

人们总是基于自己对世界的信念来下注。在超级碗决赛中,当位于爱国者队1码线位置时,皮特·卡罗尔的抛传决定也是基于他的信念驱动——他对四分卫拉塞尔·威尔逊完成抛传、传球被截获以及遭遇抱摔(或达阵抵抗)等可能性的信念。他对于所有这些场景都有着翔实的数据和丰富的经验。当时他必须根据他对爱国者队的防守以及对方教练贝利奇克会如何在球门线上布防的判断在这一特殊情况下做出决策。然后,他根据这些信念下达了最好的战术口令。他把筹码押在了抛传上。

因为解雇总经理而陷入困境的CEO也是根据自己的信念而做出的决策。支撑该决策的一系列信念有:公司与竞争对手在业绩方面的比较,总经理的行为是否有利于公司业绩,改善总经理表现的可能性,二人分担总经理工作的成本和利益,以及找到替代人选的可能性。他在解雇总经理的决策上押了赌注。

约翰·汉尼根的信念是自己能够适应得梅因的生活。我们的信念驱动着我们下注:哪些品牌的汽车能够更好地保值?很期待的一部电影得到了很多差评,那些评论者是否真的懂行?

如果允许员工在家工作，他们的表现会怎样？

一个根本的好消息是：生活技能的一部分来自学习如何更好地校准我们的信念，利用经验和信息更加客观地更新我们的信念以便更加准确地反映世界。我们的信念越准确，我们的下注就会越稳定。当我们的思维模式可能导致我们误入歧途时，无论我们的信仰如何，制定与这些思维模式协同工作（有时围绕其工作）的策略也同样需要技巧。有效的策略可以使人更加开明、更加客观；让我们的信念更加准确、决策和行为更加理性，也会在决策过程中对自己更加富有同情心。

但是，我们必须从一些坏消息开始起步。正如卡尔森先生在《辛辛那提的 WKRP》中经历的那样，我们的信念与结果之间可能存在着巨大的落差。

所听即所得

在专业会议上讲话时，我偶尔会通过向听众提问来引出信念形成的话题："谁知道如何预测一个人是否会谢顶？"这时会有听众举起手来，他会说："通过观察这个人的外祖父。"然后大家都会表示同意。此时我会继续提问："有没有人知道如何用人类的时间来计算狗的年龄？"我几乎可以根据一些观众的唇语读出答案："乘以 7。"

其实，这两个被广泛接受的信念都是不准确的。如果你在网上搜索"常见的错误观念",那么刚才的谢顶说法就会出现在大多数搜索结果的前列。正如《每日医疗日报》(*Medical Daily*)在 2015 年的一篇文章中解释的那样,"脱发的关键基因在于你从母亲那里得到的 X 染色体",但"它并不是起决定作用的唯一遗传因素,因为与拥有正常头发的父亲相比,谢顶父亲的儿子将来也会谢顶的概率在持续增长……科学家还说,如果家族中有谢顶的亲戚都可能预示着你也将会面临同样的命运"。

至于狗与人的年龄比例,那只是一个广为流传但毫无根据的说法,然而自 13 世纪以来却通过不断重复而深入人心。我们从哪里得到这些信念?为什么尽管有违科学和逻辑,它们仍然得以流传至今?

人们是以一种随意的方式形成信念的。我们相信的形形色色的所有事情都是基于我们听到的但并未加以验证的一切说法。

以下为我们设想的人类形成抽象信念的方式:

(1)我们听到某个说法;

(2)我们对它进行考虑并加以验证,确定其真实性;

(3)然后我们形成了一个信念。

但事实证明,我们是以这种方式形成抽象信念的:

(1)我们听到一个说法;

(2)我们相信它是真的;

(3)后来,仅仅是偶尔,在我们有时间或意向的时候才会对它加以思考并加以验证,以确定其真实性。

哈佛大学心理学教授丹尼尔·吉尔伯特（Daniel Gilbert）因其《哈佛幸福课》（*Stumbling on Happiness*）一书以及在保德信金融集团（Prudential Financial）的广告片中担任主演而闻名，同时他还从事信念形成领域的一些开创性工作。在1991年的一篇论文中，他概括了几个世纪以来针对该问题的哲学和科学研究成果，他总结道："来自大量研究文献的发现汇聚在一个观点上：人类是易轻信的生物，他们很容易相信，却很难产生怀疑。事实上，人们太容易相信，这也许是不可避免的，这种相信更像是非理性的理解，而不是理性的评估。"

两年后，吉尔伯特和同事们通过一系列实验证实了相信我们所听到和读到的一切是人类默认的选择。即使一些说法被确切地证实为虚假信息，我们仍然可能将其加工为真实信息。在这些实验中，受试者会阅读关于刑事被告或大学生的一系列陈述。这些陈述用颜色编码以区分真伪。在时间压力下，由于轻微的注意力分散而加重认知负荷的受试者在回忆陈述的真伪时犯了更多的错误。但这些错误并不是随机的。受试者在依赖于那些标记为"虚假"的陈述时不太可能会相应地忽略那些标记为"真实"的陈述。令人诧异的是，他们的错误都非常一致：在任何形式的压力下，无论标记如何显示，他们把所有的陈述都推断为真实的。这表明了人类默认的设置是相信我们所听到的一切都是真实的。

这就是为什么我们会相信谢顶是来自外祖父的遗传这一说

第二章
赌一把？

法。直到写这本书的时候我才去查证它的真实性。如果你也相信这个说法，你是否也曾加以验证？当我问听众这个问题时，他们通常会回答说这只是他们听到的说法，但不知道这说法的来源。尽管如此，他们仍然非常确信这是事实。这应该足以证明我们形成信念的方式是多么愚蠢。

与很多非理性行为一样，观念的形成受到了向效率而非准确性进化的推动。抽象信念的形成（即直接经验之外的、通过语言传达获知的信念）可能是少数人独有的事物之一，在人类进化的时间范围内它的出现相对较晚。在语言出现之前，我们的祖先只能通过对他们周围物质世界的直接经历来形成新的信念。对于来自直接感官体验的感性信念，我们有理由认为自己的感官没有说谎。毕竟，眼见为实。好比你看到前面有一棵树，还去质疑这棵树是否存在，这就是浪费认知能量。事实上，质疑你看到或听到的事物也可能会让你葬身狮口。考虑到生存的关键技能，第一型误差（伪阳性误差）的成本要低于第二型误差（伪阴性误差）。换句话说，宁可谨慎过度也要确保安全至上，特别是在推测草丛中的窸窣声是不是狮子时。我们不会对那些通过亲身经历而获得的信念产生高度怀疑，尤其当我们的生命受到威胁的时候。

随着语言这一复杂交流工具的发展，人类获得了对自己未曾亲身经历的事情形成信念的能力。正如吉尔伯特指出的那样，"大自然的造物并非从零开始；相反，由于根深蒂固地习惯于权宜之计,她极少会创造一种优秀的新机制去替代一种可以勉强运行的旧机制"。在这种情况下,我们现有的系统包括:(1)经历某事,(2)相信它是真实的,(3)并且几乎不会在随后的时间里对它提出质疑。我们可能有更多的理由去质疑这种泛滥的二手信息,但我们的旧机制仍然在发挥着作用。(这是对大量调查研究和文献资料的简单总结。如欲了解相关概述,我强烈推荐丹尼尔·吉尔伯特的《哈佛幸福课》、加里·马库斯的《克鲁格:人类思维的盲目进化》和丹尼尔·卡尼曼的《思考,快与慢》。"参考书目和推荐阅读"中列出了以上图书信息。)

谷歌搜索结果将会显示,许多我们通常持有的信念是不真实的。我们只是没想到或没来得及去搜索这些东西。[请留意,前方剧透:(1)阿布纳·道布尔迪(Abner Doubleday)与棒球游戏的发明毫不相干;(2)我们已经利用了大脑的所有部分,10%这个数字是用来推销自我提升的书籍的,神经成像和脑损伤研究已经驳斥了这种谎言;(3)在埃利斯岛(Ellis Island),移民们的姓名没有在强迫或其他任何方式下被美国化。]

一些无关紧要的日常信念显然是错误的,但这似乎也没什么大不了的。大概人们也不会使用可笑的狗龄计算器来为他们的宠物做医疗决定,兽医才是这方面的专家。但这是人类信念形成的一般过程,它在一些可能会产生重大后果的方面发挥着重要作用。

在扑克中,这种信念形成过程会让玩家输掉很多钱。玩家

第二章
赌一把？

在得克萨斯扑克中最先学到的事情之一就是一份两张起手牌的组合列表，根据自己的牌桌位置和上家的行为来决定打牌还是弃牌。[①] 在得克萨斯扑克发展初期的20世纪60年代，一些老练的玩家发明了点数连续且花色相同（如梅花6和梅花7）的迷惑性玩法。在扑克速记中，这些点数连续、花色相同的牌被称为"同花连牌"。

同花连牌具有构成强大的、伪装的顺子或同花牌的魅力。老练的玩家可能会在非常有限的情况下才会选择打这样类型的牌，如以较小的损失弃牌；局面不利时的成功诈唬；或者在局面良好时，利用惯例的强势起手牌给对手玩家设套从而在随后的投注圈中赢得最大利益。

不幸的是，这些年来"同花连牌少输多赢"的说法在忽略了必要专业知识的微妙发挥或需要在特定场景中才能赢牌的情况下得到了普及。我在给扑克牌研讨班上课时，大多数学生都坚信同花连牌在几乎任何情况下都是好的起手牌。我问为什么，他们说"每个人都知道啊"或者"我整天在电视上看到选手们利用同花连牌大赚一笔"。但是被提问者中没有任何一个人考虑

---

① 得克萨斯扑克从每名玩家拿到两张牌开始，牌面向下。在第一轮下注后发放的其他牌都是公共牌，牌面向上。如果在下注圈结束后还剩下两名或两名以上的玩家，则通过两张底牌与公共牌组合而获得的最高点数来确定赢家。当玩家做出他们的首轮投注决定时，还将迎来三轮投注和五张公共牌。即便还有多张公共牌尚未分发，手握两张强大的组合底牌本身就是显著的优势。当然，最好的起手牌是两个A，最差的是不同花色的一张7和一张2。

过同花连牌的损益问题。"去试试,"我会说,"然后告诉我结果。"结果,这些给我反馈的学生玩家发现他们在持有同花连牌的时候一样会输得很惨。

同样的信念形成过程让数亿人因为相信低脂饮食的优点而赌上了他们的生活品质和寿命。在部分由食糖行业秘密资助的研究成果引导下,美国在一代人的时间内减少了四分之一来自脂肪的热量摄入,取而代之的是碳水化合物。美国政府修改了"膳食金字塔"(food pyramid),加入了6~11份碳水化合物的摄入量,并建议公众减少少量脂肪摄入量。该政策鼓励(热烈追随的)食品行业改用淀粉和糖来生产"减脂"食品。哈佛医学院教授、波士顿儿童医院医生大卫·路德维格(David Ludwig)在《美国医学会杂志》(Journal of the American Medical Association)上总结了用碳水化合物代替脂肪的成本:"与预测相反,总卡路里摄入量大幅增加;肥胖症的患病率为此前的三倍;2型糖尿病的发病率呈多倍增长;尽管采用了更多的预防性药物和手术治疗程序,数十年来持续减少的心血管疾病已趋于停滞并可能出现逆转。"

低脂饮食变成我们饮食习惯的同花连牌。

即便把听到的信息都默认为是"真实的",如果善于根据新信息来更新我们的信念,那么这种随意的信念形成过程就会导致较少的问题。可惜事实并非如此。在多数情况下我们对听到的信息并未加以审核就形成了信念,即使在获知了清晰正确的信息后仍然继续相信这些错误的信念。1994年，霍琳·约翰逊（Hollyn Johnson）和科琳·赛弗特（Colleen Seifert）在《实验心理学杂志》（Journal of Experimental Psychology）上报告了一系列实验的结果。在这些实验中，受试者根据要求阅读几则有关仓库火灾的消息。内容提到大火是在一个装有油漆罐和高压气瓶的储物间附近被点燃的，于是（不出所料地）这一线索使受试者将火灾起因与这些可燃物联系起来。读完五条消息之后，受试者收到一条更正消息说储物间里空无一物，但他们在回答问题时仍然指责燃烧的涂料释放了有毒烟雾，并指出将易燃物堆放在附近的过失。（对于任何一个认识到若新闻报道出现了事实性错误，即使撤回也无济于事的人来说，出现这种实验结果并不奇怪。）

寻求真理，渴望了解真理，无论其与我们现有信念是否一致，这并不是人类天生的处理信息的方式。我们也许会认为自己是开明的，并且能够根据新的信息更新我们的信念，但研究结论却与此截然相反。我们并非调整信念以适应新的信息，而且习惯于改变对信息的理解以适应我们的信念。

他们观看了一场比赛

在大学橄榄球赛季即将结束时，所有人的目光都聚焦在一场激烈的竞争中。幸运儿是打出了22连胜的主场球队，他们即将迎来第二个连续夺冠的赛季。最受关注的场上球员自然要数进攻明星迪克·卡兹梅尔（Dick Kazmaier）了。作为该校历史上最优秀的运动员之一，他登上了《时代周刊》（Time）的封面，还是全美最佳球员和季后赛等荣誉的热门人选。然而，客场球员丝毫没有要安安静静地等待失败的打算。虽然他们在本赛季中的表现普普通通，但有着努力拼搏的良好声誉。如果被他们实现了颠覆，这将会是一场令人措手不及的视觉盛宴。

欢迎来到1951年11月23日普林斯顿大学的帕尔默体育场。这是著名的达特茅斯对普林斯顿的比赛现场：这是历史性竞争的一部分，是常春藤联盟体育时代的结束，也是一项开创性科学实验的主题。

先说比赛。普林斯顿以13比0获胜。结果本身并没有疑问，但这却是一场肮脏、暴力、充斥着犯规和惩罚的比赛。达特茅斯受罚70码（约64米），普林斯顿25码（约23米）。一位摔倒的普林斯顿球员被踢中了肋骨。一名达特茅斯球员摔断了腿，另一名同样也是腿部受伤。卡兹梅尔在第二场中因为脑震荡和鼻梁断裂而退出比赛。[他后来在决赛中返场，赢得比赛后被队友举起来放在了肩膀上。几个月后，他成为常春藤联盟中最后一位赢得海斯曼杯（Heisman Trophy）的球员。]

因为对赛后两所大学校报上凶残的社论感到惊讶，达特茅斯的阿尔伯特·哈斯托夫（Albert Hastorf）和普林斯顿的哈德利·坎特里尔（Hadley Cantril）这两位心理学教授认为这是一

第二章
赌一把？

次机会，可以用来研究信念如何从根本上改变我们处理共同经历的方式。他们收集了新闻报道，找来了比赛录像播放给各自学校的学生们看，并让他们完成了一份针对双方球队犯规的计数和定性的问卷调查。1954年的一篇名为"他们观看了一场比赛"（They Saw a Game）的论文，其实也可以叫作"他们观看了两场比赛"（They Saw Two Games），因为根据双方的问卷结果，两所高校的学生们观看的似乎不是同一场比赛。

哈斯托夫和坎特里尔从当地报纸上的生动的报道和社论中收集了与此相关的逸事证据。《普林斯顿日报》（Daily Princetonian）说："两队都有过失，但达特茅斯必须承担主要责任。"《普林斯顿校友周刊》（Princeton Alumni Weekly）指责了达特茅斯队在比赛中那一记终结了卡兹梅尔大学球队生涯的重击，以及在一名普林斯顿球员倒地的情况下还踢踹其肋骨的恶行。与此同时，《达特茅斯报》（Dartmouth）的社论认为普林斯顿主教练查理·考德威尔（Charley Caldwell）应该负有重要责任。在"普林斯顿偶像"受伤之后，"考德威尔向他的球员灌输了落后的'你打我一拳我就要给你一脚'的态度，他的教导成果突出"。这篇社论还提到了第三场中腿部受伤的两名达特茅斯球员。接下来一期的《达特茅斯报》列出了普林斯顿曾经使用类似"集中攻势"对付过的对手明星球员名单。

当研究人员向学生播放比赛录像并要求他们填写问卷时，他们看到的内容也出现了同样的意见分歧。普林斯顿大学学生认为达特茅斯球员明目张胆犯规的次数相当于普林斯顿的两倍，轻微犯规次数更是达到了三倍之多。而达特茅斯大学学生认为双方犯规次数相同。哈斯托夫和坎特里尔总结说："对于某事件的发生，我们并不是单纯地对其做出'反应'……我们的行为总是与我们先入为主的观念保持一致。"我们的信念影响着我们处理所有新事物的方式，"无论此'事'是球赛、总统候选人、共产主义还是菠菜"。

耶鲁大学法律与心理学教授丹·卡汉（Dan Kahan）是一位权威的偏见推理研究员和分析师，他在2012年《斯坦福法律评论》（Stanford Law Review）中与四名同事共同发表了一篇名为"他们看到了抗议"（They Saw a Protest）的论文（该标题意在向早先哈斯托夫和坎特里尔的实验致敬）。这项研究强调了我们的信念推动着我们处理信息的方式这一观点。

在这项研究中，两组受试者观看了警方遏制政治示威活动的录像。一组人被告知这次抗议是在堕胎诊所外发生的，目的是抗议合法流产。另一组被告知抗议发生在大学就业安置机构，军方正在进行面试，而抗议者正在对当时针对公开同性恋士兵的禁令进行示威活动。两组人观看的是相同的视频，且视频经过了仔细编辑来避免暴露实际抗议的主题。研究人员在收集了受试者世界观的相关信息后，让他们根据视频内容来谈谈事实和结论。

这项试验结果与近60年前哈斯托夫和坎特里尔的发现高

度一致:"受试者都观看了相同的内容。但是他们看到的——是为了说服而热心地表达不同意见还是意图干涉他人自由的人身威胁——取决于抗议者的立场与受试者自身文化价值的一致性。"无论是一场球赛、抗议或其他任何事情,这些既有的信念影响着我们体验世界的方式。由于这些信念不是以规范有序的方式形成的,它们将会以种种恶作剧的形式来影响我们的决策。

顽固的信念

信念形成和更新的缺陷可能会快速增长。信念一旦确立,就很难去除。它开启了自己的生活,引导我们去关注和寻找肯定它的证据,让我们极少去质疑这些证据的有效性,还让我们去忽视或尽力诋毁与其对立的信息。这种非理性的、循环的信息处理模式被称为动机性推理。我们处理新信息的方式受到既有信念的驱使,并不断自我强化。已经得到强化的信念继续影响我们处理新信息的方式,如此循环。

在一场扑克锦标赛的休息期间,一名选手过来问我如何评价他的一手同花连牌。我没有留意这手牌,于是他给了我一个非常简短的描述,讲他是如何神不知鬼不觉地打出梅花6和梅花7以便在倒数第二张牌上拿到顺子(flush),但是他的运气太糟了,对手玩家靠着最后一张牌凑成了一个满堂红(full house)。

在我们的休息时间只剩下一两分钟时,我问了一个我自认为是最相关的问题:"为什么你要先打梅花6和梅花7?"(我预计一个简短的解释就能说明他在决定这种牌的打法以及判断选择是否明智时的多种考虑,如牌桌位置、彩池大小、筹码大小、对手的打法以及对手们如何看待他的打法等。)

他恼怒地回答道:"这不是问题的关键!"动机性推理告诉我们,对于任何人来说这都不是问题的关键。

让人们相信某事并不是一件很有难度的事情。一旦我们相信了某事,对这一信念的维护就会影响我们处理与之相关的新信息的方式。这或许并不像"假新闻"和虚假信息的兴起那样明显。"假新闻"是为了金融或政治利益而刻意虚构的故事,其概念已有数百年的历史。"假新闻"的实践者包括奥尔森·威尔斯(Orson Welles)、约瑟夫·普利策(Joseph Pulitzer)和威廉·伦道夫·赫斯特(William Randolph Hearst)等传奇人物。虚假信息与"假新闻"的区别在于其内容具有一定的真实性,用以点缀特定的叙述。"假新闻"能够奏效是因为持有与其内容一致信念的人通常不会对证据产生怀疑。虚假信息则更加强大,因为其中可被证实的部分事实使人认为这是经过审核的信息,如此一来就增强了信息的传播力度。

"假新闻"的意图并不是改变人们的想法。我们知道,信念一旦形成是很难改变的。"假新闻"的作用是巩固目标受众的既有信念并加以放大。互联网是动机性推理的游乐场,它向我

第二章 赌一把？

们提供了比以往任何时候都更加多元化的信息来源和意见看法，但我们仍然倾向于能够证实我们信念的、与我们观点一致的信息来源。在各种各样的选择中，我们总是倾向于选择我们最喜欢的。

更糟糕的是，许多社交媒体网站都会根据互联网体验来向我们展示更多我们已经喜欢的内容。作者伊利·帕里泽（Eli Pariser）在其2011年的《过滤气泡》（*The Filter Bubble*）一书中提出"过滤气泡"这一概念，用以描述像谷歌（Google）和脸书（Facebook）这样的公司是如何通过使用算法在我们已经选择的方向上来继续推动我们前进的。通过收集我们的搜索历史、浏览记录和我们与他人沟通的类似数据来总结我们的偏好，并且有针对性地向我们推送大标题信息和相关链接。互联网给了我们难以想象的来获取各种各样观点的便利，这实际上是加速了我们朝向某个确定性气泡的靠拢。不管政治倾向如何，所有人都无法幸免。

最受欢迎的网站一直在帮我们进行动机性推理。[1]

即使直接面对有力驳斥我们信念的事实，我们也不会让这些事实碍手碍脚。正如丹尼尔·卡尼曼指出的那样，我们只是希望拥有良好的自我感觉，并能感觉到关于我们的生活故事的叙述是积极乐观的，然而错误并不符合该叙述。如果我们将信

---

[1] 公平地说，在2016年总统大选之后，脸书和其他一些网站一样，都在试图解决这个问题。

念看作要么100%正确要么100%错误,那么在面对可能与我们的信念相抵触的新信息时,我们只有两个选择:(1)彻底进行从100%正确到100%错误的思想转变;(2)对新信息进行忽略或抹黑。错误总是让人感觉非常不好,所以我们倾向于选择方案二。与我们观点不同的信息是对我们自我叙述的攻击。我们倾向于努力消除这种威胁。另外,当新信息与我们信念一致时,我们将会很轻松地接受它。

由于总是基于自己的信念来进行决策或下注,我们形成信念的方式以及缺乏转变信念方面的变通都会带来严重的后果。我们生活中的每一次下注都取决于我们的信念:我们认为谁会成为最好的总统,我们是否会喜欢得梅因的生活,我们是否认为低脂肪的饮食会使我们更加健康,又或者我们是否认为火鸡会飞。

聪明反被聪明误

普遍的看法是,越聪明的人越不容易受到虚假新闻或虚假信息的影响。毕竟,聪明人更有可能会对信息来源进行分析和有效的评估,"聪明"的表现之一是善于处理信息,以及对意见的质量和来源的可信度进行分析。因此,直觉上来说,聪明的人更应该有能力发现动机性推理,并且应该拥有更多的信息资源来与之抗衡。

第二章 赌一把?

令人惊讶的是,聪明可以恶化这种偏见。我们来看一个不同的直观框架:越聪明的人越善于构建支持自我信念的叙述,以及将数据合理化、框架化以适合自己的论点或观点。毕竟,政治环境下"旋转房间"(spin room)中的人通常都很聪明,这是有原因的。

2012年,心理学家理查德·韦斯特(Richard West)、拉塞尔·梅泽夫(Russell Meserve)和基思·斯坦诺维奇(Keith Stanovich)测试了盲点偏见——这是人们善于发现他人的偏见推理,却对自己的偏见视而不见的一种非理性。总体而言,他们的研究支持了多种类型认知偏差,没错,我们在对自我偏见的认识中都存在着盲点。令人惊讶的是,一个人越聪明他的盲点偏见就越大。研究人员通过对受试者进行了七种认知偏差测试后发现,认知能力对偏见盲点没有丝毫的减弱作用。而且,那些意识到自己偏见的人并不能更好地克服它们。事实上,在这七项测试中的六项结果显示,"认知能力更好的参与者表现出了更大的偏见盲点"。(着重强调。)他们重复该测试,并得出相同的结果。

丹·卡汉在动机性推理方面的研究也表明,与多数人相比,聪明人在应对偏见方面并没有更多优势——他们甚至更容易受到影响。他和几位同事研究了主观信念是否驱动着出自客观数据的结论这一问题。当受试者被要求分析实验性皮肤护理的复杂数据("中性"话题)时,他们解释数据并得出结论的能力如预期般依赖于他们的计算能力(数学能力),而不是他们对护肤霜的看法（因为他们对这个话题确实没有看法）。算术好的受试者在分析护肤品影响皮疹发生率的数据方面表现得更好。（数据是虚构的，而且半数受试者得出了相反的测试结果，因此答案的正误取决于数据的使用而不是皮肤护理的实际效果。）

然后研究人员仍保留了相同的数据，但使用"隐藏持械禁令"取代"皮肤护理"，用"犯罪"替换"皮疹"，受试者对这些话题的既有看法影响他们对这组完全相同数据的分析。作为"民主党人"或"自由主义者"的受试者都以支持其政治信仰的方式对数据进行了解读（枪械管制减少犯罪率）。而"共和党人"或"保守主义者"的受试者们则以支持他们的反对信念（枪械管制增加犯罪率）为目的对相同的数据进行了解读。

基本上，这与我们对动机性推理的理解相符。然而令人惊讶的却是卡汉对于具有不同数学技能和持有相同政治信仰的受试者的发现。与信仰相同但算术较差的受试者比较，算术较好的人（无论赞成还是反对持械）在解释这种情感性话题的数据方面会犯更多错误。"这种两极分化的现象 …… 在算术水平较高的受试者中不仅没有减少，反而增加了。"

事实证明，一个人的算术越好，他就越善于利用这些数字以符合并支持他的信念。

不幸的是，这就是人类进化的方式。即便我们的目标是寻求真理，我们也能自然而然地保护我们的信念。聪明才智以及对我们自身不理性的清醒认识并不能帮助我们避免偏见性推理。

就像盯着视错觉图时一样，不管我们如何聪明过人，也无法让我们的思维以不同的方式工作。正如我们无法将映入眼帘的错觉撤销，智力或意志力本身也不能使我们抵制动机性推理。

到目前为止，本章内容主要是关于坏消息的。我们是基于自己的信念来下注的。在信念形成之前我们并不对其进行仔细的审查，而是固执地拒绝更新我们的信念。而且，在刚才所有的坏消息之后，聪明才智在这方面并无益处——而且可能让事情变得更糟。

下面我们开始讲好的消息。

赌一把

想象你与朋友进行一场关于电影《公民凯恩》(Citizen Kane)的对话。这部有史以来最好的影片首次使用了一系列新的拍摄手法，该片导演也借此为故事叙述做出了杰出贡献。"很显然，这片子赢得了奥斯卡最佳影片奖"，你热情地说，毫无疑问地认为这是该片应得的最高奖项之一。

然后你的朋友说："要不咱们打个赌？"

你忽然变得不那么确定。挑战来得很突然，让你不知所措，使你对自己刚才相当确定的信念产生了犹豫和质疑。当有人信心满满地认为我们的信念有着某种偏差并要与我们打赌时，这自然而然地会迫使我们对自己的信念进行审查以及对我们已知的证据进行清点。

- 我是如何知道这些信息的？
- 我是从哪里获得这些信息的？
- 我是从谁那里得到这些信息的？
- 这些信息来源的质量如何？
- 我对这些来源的信任程度如何？
- 这些信息是什么时候更新的？
- 我所知的信息中有多少是与此相关的？
- 还有什么我相信的其他事情最终被证明是假的？
- 还有什么似是而非的其他选项？
- 我对挑战我信念的人有什么了解？
- 他们对我的观点的可信度有何看法？
- 什么是他们知道而我不知道的？
- 他们的专业水平如何？
- 我忽略了什么？

记住我们形成抽象信念的顺序：

（1）我们听到一个说法；

（2）我们相信它是真的；

（3）后来，仅仅是偶尔，在我们有时间或意向的时候才会对它加以思考并加以验证，以确定其真实性。

第二章
赌一把？

"赌一把"的挑战引发了我们较少进行的第三个步骤。被问及我们是否愿意在自己的信念上押注会使我们更有可能以一种较为客观的方式来判断我们的已知信息，让我们能以更加坦诚的态度来审视我们对信念的确信程度，并使我们更加乐于对信念进行更新和调整。我们的思维越客观，我们的信念就会变得越准确。从长远来看，赢得赌注的人都持有更为准确的信念。

当然，在大多数情况下，提出赌约的人实际上并不打算投入任何资金。他们只是想表明一种看法——一个有效的观点：也许我们夸大了结论，或者我们在没有包含相关说明的情况下做出了陈述。与大多数人不同，扑克玩家的周围总有一些可能会提出赌约的人，而且他们是认真的。

接下来，有人因为 30 000 美元的赌注而前往得梅因。

遗憾的是，扑克玩家与所有其他人在社会契约方面有着巨大的差异，因为有人问"想不想打个赌"可能会带来很多好处。提出赌约的同时也公开了风险，明确了那些不明确的（以及经常被忽略的）方面。我们越能认识到我们是在对我们的信念（以快乐、关注、健康、金钱、时间或其他有限资源）下注，就越可能会调节我们的表述，并随着对自身信念的固有风险的承认而越来越接近事实。

期待扑克牌桌之外的人互相挑战，赌谁的观点是对的，这是不切实际的（即使在牌桌上，这种情况一般也只会发生在非常熟悉的玩家之间）。可以想象，如果你见到谁都问"要不要赌一把？"，那么你不仅很难交到朋友，还会失去你现有的朋友。但这并不意味着我们在考虑自己的决策时无法改变自己的框架，我们完全可以训练自己通过"要不要赌一把"的视角来观察世界。

一旦我们开始这样做，我们将更有可能认识到：事情总是存在一定程度的不确定性；我们通常不如自己想象中那么确定；实际上没有什么事情是非黑即白的，或者要么是0要么是100%那么绝对。这是一个非常好的生活理念。

重新定义信心

没有多少事情是确定的。塞缪尔·阿贝斯曼（Samuel Arbesman）的《事实的半衰期》（The Half-Life of Facts）是一本关于已知的所有事实是如何被修正或逆转的一本优秀读物。我们一直处于永久的学习状态之中，在这种状态下任何早先的事实都有可能变成过时的信息。他提供的众多例子之一是关于晚白垩纪时期的一种腔棘鱼的灭绝。一场大规模灭绝事件（如巨大流星撞击地球、一系列的火山喷发或永久性气候变化）结束了白垩纪时期。恐龙、腔棘鱼和许多其他物种也随之灭绝。然而，在20世纪30年代末以及50年代中期，腔棘鱼被发现仍有存活，而且活得很好。物种灭绝后的再生是很常见的事情。阿贝斯曼引用了昆士兰大学的两位生物学家的研究成果——一份过去500年中宣布灭绝的187种哺乳动物的名单。其中三分之一以上的物种被发现仍有存活。

即便是科学事实也可能存在有效期，而信念形成和更新的方式远比科学事实的确立要随意得多，因此我们最明智的做法是去严格审查我们的信念。我们不必只要有人向我们发起赌约就开始审查自己的信念。我们可以像博弈者那样进行意图明确的独立思考，尽管没有实际对手，我们一样可以把过程当作一场真正的牌局来对待。

如果我们能够较少考虑是否对自己的信念有信心，而多考虑对自己有多大信心，我们就会成为更好的沟通者和决策者。与其将信心视为两个极端（"我有信心"或"我没有信心"），不如表现出自信，这将使我们对两个极端之间所有的灰色地带都能有所掌控。

我们表达的信念（向他人表达或作为内心决策对话的一部分向我们自己表达）通常不是量化的。那么在表达我们所相信的信息之外，如果再将我们对信息正确性的信心程度按照0~10的等级来评分呢？0意味着我们确信一个信念是不正确的，而10则说明我们确信该信念是正确的。0~10的比例可以直接转换成百分比。如果你认为信念比例为3，那代表你有30%的把握认为该信念是正确的，9则意味着你有90%的把握。因此我们不应该告诉自己《公民凯恩》赢得了奥斯卡最佳影片奖"，而应该说

"我记得《公民凯恩》是赢得了奥斯卡最佳影片奖的,但我只有六成把握可以确定",或者"我有六成把握确信《公民凯恩》赢得了奥斯卡最佳影片奖"。这说明根据你的确信程度,《公民凯恩》没有赢得奥斯卡最佳影片奖的可能性有40%。强迫自己表达对某一信念的确信程度会使我们明白该信念的概率本质,即我们所相信的事物几乎从不会100%或0准确,而是介于两者之间。

类似地,这个数字可以反映几种不同的不确定性。"我有六成把握确信《公民凯恩》赢得了最佳影片奖"这一说法表现出我们对这个过去事件的了解并不完整。"我有六成把握确信来自芝加哥的航班会晚点"则混合了我们获得的不完整的信息和预测未来中固有的不确定性(如天气原因或者不可预见的机械问题)。

我们也可以通过考虑合理选项的数量并宣布这个范围来表达我们的信心。例如,想表达对猫王死亡年龄的信念,我可能会说:"40~47岁之间。"我知道他去世的时候是40多岁,而且我记得他是40出头,所以对我来说这是一个合理选项的范围。我们对某个话题了解越多,获得的信息质量就越好,于是也就能给出范围更小的合理选项(当涉及预测时,如果运气成分较少,结果的合理范围也会更小)。反之,我们对某个话题的了解越少或者涉及的运气成分越多,给出合理选项的范围就越大。

我们可以宣称我们的确信程度,无论我们是在考虑一个特定的事实还是一组事实("恐龙是群居动物"),无论是一个预测("我认为在其他星球上有生命的存在"),还是某种设想:如果做了某些决定我们的未来会如何("如果我搬到得梅因,我就会比现在活得更开心"或者"我认为解雇总经理对公司更有利")。这些都是不同种类的信念。

将不确定性纳入我们对自己信念的思考方式中会带来许多好处。通过表达我们对自己所相信事物的确信程度,我们的思考方法就转变为考虑我们如何看待世界。承认不确定性是衡量和缩小不确定选项范围的第一步。将不确定性纳入我们对所相信的事物的思考方式中会使人思想开放,使人以更加客观的态度来面对与自身信念不一致的信息。我们不太可能屈服于有动机的推理,因为稍微调整确定性的程度要比从"正确"直接反转到"错误"给人的感觉更好。当发现新的证据时,说"本来我赌的是58%的概率,但现在我赌46%"是相当不同的叙述方式。听起来要比"我本来认为我是对的,谁知道我错了"的说法给人的感觉要好得多。与不得不全盘推翻之前的判断相比较,根据新信息来调整信念并不会危及我们作为知识渊博、受过良好教育的聪明人的形象。这使我们避免将与自己信念不一致的信息视为威胁,视为必须抵御的东西,从而能够更好地寻求真相。

当致力于调整信念时,我们对自己不会特别苛刻。在信念的表达中纳入选项的百分比或范围意味着我们的个人叙述不再取决于错误或正确,而是取决于如何很好地纳入新信息来调整我们对信念的准确估计。发现有证据否定我们所相信的事物并不是错误,唯一的错误在于我们没有尽可能客观地利用这些证据来改进和完善自己的信念。

将对自己信念的不确定性告知他人有助于使我们成为更可靠的沟通者。我们认为如果没有表现出百分之百的信心，其他人就会不那么看重我们的意见。实际情况正好相反。如果一个人认为自己的某一信念绝对正确，而另一些人则表示"我相信它是正确的，但我只有八成的把握"，你更有可能会相信谁呢？信心表达为低于100%的这一情况表明了一种试图接近真相的态度，以及已经慎重考虑到了信息的数量和质量，并具有一定程度的自知之明。一个具有审慎思维和自我认知的人显然更加可信。

表达我们的自信程度也是在邀请人们成为我们的合作者。如上所述，扑克牌桌是一个玩家们随时可以因为对某事有不同意见而展开对赌的场所，那是一种环境认可的行为，但那却不是大多数人的生活现状。在牌桌之外，当我们宣称某事的真实性为100%时，其他人可能会因为以下两个原因而不愿意提供可以补充我们信念的相关的新信息。首先，他们可能会害怕出错，担心来自他人或自己的评价，所以不会说出来。其次，即使他们对自己信息的质量很有信心，他们也可能担心那会使我们感到难堪或被评价。表示自己只有"八成确定"说明我们并不确定，我们借此可以敞开心胸欢迎别人提供补充信息。他们会意识到他们可以提供信息，而不必通过明言或暗示"你错了"的方式来面对我们。承认我们的不确定是请求他人帮助我们完善信念的邀请，由于我们更善于搜集相关信息，随着时间的推

第二章
赌一把？

移，我们的信念会变得更加准确。

以这种方式表达信念也可以更好地为听众服务。我们都知道人的默认倾向是不加以仔细审查地相信听到的信息。如果我们告诉听众其实我们对自己所言并不是百分之百的确定，那么在我们的信念感染之下他们就不太可能会走开。向听众表示我们对某一信念的不确定意味着这一信念需要经过进一步审查，也就是说第三个步骤仍在进行中。

当科学家发布实验结果时，他们会与社区其他成员分享他们收集和分析数据的方法、数据本身以及他们对该数据的信心。这使其他人可以对他们提供信息的质量进行评估，并在发表前通过同行评审来进行内容的系统化。结果的置信度是通过两个 p 值、人们期望得到实际观察结果的概率（类似于说明你的置信度为从 0～10 的评分）以及置信区间（类似于说明合理选项的范围）来表示的。科学家通过将不确定性的表达制度化来邀请他们的社区成员分享相关信息，并对结果和解释进行测试以及提出质疑。反馈的信息会确认、否认或完善已发表的假设。其目标是推进知识而不是肯定我们已经相信的东西。这就是为什么科学发展可以如此迅速。[1]

---

[1] 关于科学家表示不确定性以及他们如何努力避免非黑即白的极端，大名鼎鼎的物理学家理查德·费曼（Richard Feynman）进行了以下概括："科学陈述无关乎真实或虚假，而是关于已知不同程度的确定性……每一个科学概念都位于天平的某个刻度位置，却不是非此即彼的绝对虚假或绝对真实。"[详见费曼的短篇作品集《发现的乐趣》(*The Pleasure of Finding Things Out*)。]

通过在与他人分享信念时传达自己的不确定性，我们是在邀请生活中的人像对待科学家一样对待我们。这快速地推进了我们的信念，因为我们极少会错失获取新信息的机会——那些有助于校准已有信念的信息。

承认决策是基于我们信念的下注，适应不确定性，重新定义是非，这是全面实现良好决策不可或缺的途径。但我并不指望你在听到所有这些概念之后就会明白如何才能最有效地利用它们。一些模式在我们的思想中太过于根深蒂固，如果想克服它们，我们需要做的远远不止是发现问题和用正确的观点来克服阻碍我们的非理性那么简单。到目前为止，我个人的经验是先确定目标，找准了方向之后，对赌思维是实现更好决策的正确方法。

第三章

在对赌中学习：应对不确定的未来

希腊人尼克以及从水晶酒吧学到的一些东西

刚开始玩扑克时，我住在蒙大拿州的哥伦布镇，镇上的人口只有1 200人。周围最近的扑克游戏在40英里（约64.3千米）以外，比林斯市中心的一间叫水晶酒吧的地下室里。每天我都开车往返80英里（约128.7千米），下午早些时候赶过去，一直玩到晚上再回家。

牌桌上到处可见的是老影片中一成不变的蒙大拿人物形象：在农闲季节出来消磨时间的农场主和农民们叼着烟卷，烟雾缭绕着他们的牛仔帽檐，在地下室里弥漫着。那是1992年，但看着这个场景和须发斑白的本地人，人们很容易会把这当成1952年。

唯一让人感觉约翰·韦恩（John Wayne）[①]不会随时溜达进来的原因是桌上的一些看似格格不入的人，其中包括我（一个正在逃避宾夕法尼亚大学论文答辩的女人，也是几十年来年龄最小的扑克玩家）和一个叫作"希腊人尼克"（Nick the Greek）的玩家。

如果你的名字叫尼克，来自希腊，而且你还打牌，他们就会称呼你为希腊人尼克。哪怕你的体重超过350磅（约159千克），他们也一样会给你起名为"小不点儿"［没错，当时有一个叫"小不点儿"的人，真名叫埃尔伍德（Elwood），是牌桌上的常客］。希腊人尼克是街对面连锁酒店的总经理，从希腊调动工作过来。他在比林斯是个无足轻重的小人物，每天下午都会雷打不动地放下工作过来玩上几个小时。

希腊人尼克形成了一套不同寻常的信念来引导他在打牌时的决策。我知道这一点是因为他曾经非常细致地向我和其他玩家讲述了这些信念，还使用了具体的牌局结果来强调他的观点。他执着于相对普遍的观点，比如意外元素在扑克中的重要性（别让人轻易猜中你的行为、玩法多样化之类的东西）。然后，他使用了更极端的例子来试图说明问题。他认为，起手牌两张A——牌桌上能拿到的最好的两张牌——其实是最差的牌，因为每个人都可以预料到这一点。

"他们总是以为你拿到了两张A。所以拿到那样的牌你就

[①] 约翰·韦恩是美国的一名演员，一直主演西部片，是一位西部牛仔明星。——编者注

完了。"

根据这样的逻辑,他解释说,最好的两张起手牌是最弱的两张牌:一张 7 和一张不同花色的 2。这是几乎任何玩家都想避免拿到的两张牌。

"我猜你肯定没有想到吧",他会在说话的同时亮出那手牌并赢得了彩池。而且因为他总是一张 7 一张 2 地打,偶尔运气好也会赢牌。我还记得有时候在第一圈下注时他就扔掉了一对 A,牌面朝上。(他时常向我们演示和讲述他的这种做法,这无疑危及了他的伎俩。鉴于他有这样一套根深蒂固的信念,他并没有认为自己的做法会有任何不妥。)

很显然,希腊人尼克很少赢牌,却从未改变过自己的策略。他经常在失败的时候责怪自己的运气不好,却从不怨天尤人。他是一个友善的家伙、令人愉快的玩家,也是完美的扑克对手。我计算着每天到达的时间,以便在他下午上场时和他一起打牌。

有一天,希腊人尼克没来打牌。我问其他人他去了哪里,一位玩家小声告诉我说(尽管似乎牌桌上的每个人都已经知道了):"哦,他被送回去了。"

"送回去?"

"是的,回希腊了。他被驱逐出境了。"

我不知道希腊人尼克被驱逐是不是因为他那古怪的扑克信念,但我对此表示怀疑。其他人推测他要么破产了,或者偷了酒店的钱,要么就是因为他每天占用上班时间过来打牌而失去了工作签证。

我能肯定的是，希腊人尼克因为他的错误信念而输了很多钱，或者更准确地说，因为他忽视了许多针对他的失败决策的反馈而输了很多钱。他最终落得身无分文是因为他没有辨认出那些曾经出现在眼前的学习机会。

如果希腊人尼克是唯一拒绝从对赌结果中学习的人，那么也许他只会成为本书的一个脚注——一个滑稽故事，讲的是一个始终坚持自己策略的特立独行的家伙，即便该策略导致了一次又一次的失败。尽管这是极端的个例，但可以肯定的是，希腊人尼克的情况并非独一无二。这对我来说是一个难题。我和所有的心理学学生一样都曾经学过，当你获得了大量与决策和行动密切相关的反馈时，学习就开始了。如果对以上叙述只取字面意思，扑克就是一个理想的学习环境。你下注后立即就能得到对手的回应，然后赢牌或者输牌（真金白银的输赢），所有这一切都是在几分钟之内完成的。

那么，为什么打牌多年的希腊人尼克竟然无法从错误中吸取教训？为什么像我这样的新手却能在牌桌上赢到手软？答案是，虽然经验是成为专家的必要条件，但仅仅依靠经验是不够的。

经验可以成为一位高效的老师，但是，只有一小部分学生会留心倾听老师的话。从经验中学习的人可以改善、进步，并且（带有一些运气成分）成为各自领域的专家和领导者。一路走来，我接触过一些卓越的扑克玩家，采用他们的学习习惯使我获益匪浅。我们都可以从这些切实可行的策略中受益，从而成为更好的决策者。对赌思维可以帮助我们实现这一目标。

但在涉及解决方案之前，我们先了解问题。是什么阻碍了我们从经验中学习？我们都明确地希望能实现我们的长期目标，而从决策结果中吸取教训是实现长期目标的必要途径。那么究竟是什么原因在系统地阻碍着我们的成功？

结果即反馈

我们不能仅仅指望通过"吸收"经验来学习。正如小说家和哲学家阿道司·赫胥黎（Aldous Huxley）所言："经验不在于一个人经历了什么，而在于他如何有效利用他的经历。"获得经验和成为专家之间有着很大的差异。这种差异在于能否识别决策结果何时会带来学习机会，以及学习内容是什么。

无论是下注两美元赌马还是告诉孩子想吃就吃，你做出的任何决定都是在赌一个可能实现的最美好的未来。我们所赌的未来是以一系列结果的形式展现在我们面前的。我们决定熬夜看完足球比赛，结果就是闹钟都没能叫醒我们，我们疲惫不堪地醒来，然后上班迟到并且受到了老板的训斥。或者我们熬了夜，但随之而来的是各种其他结果，包括准时醒来并及早开始工作。无论未来以何种结果展现，在我们决定熬夜看球赛时，我们赌的是看球会让我们更加快乐。我们决定迁居去得梅因，在那里我们找到了梦寐以求的工作，遇到了我们的一生所爱，并且开始练习瑜伽。或者，像约翰·汉尼根一样，我们去了那里，但还没过两天就开始厌恶，最后不得不以支付 15 000 美元为代价来终止赌局。我们决定解雇总经理或者下令传球，执行决策的结果也在不断地展开。对此可以做以下表示：

赌某种未来

信念→下注→（一系列结果）

在未来展现出一系列结果的同时，我们正面临另一个决定：为什么事情会以这种方式发生？

判断结果中的哪些东西是我们应该学习的，（如果有）把它变成我们的另一次下注。当结果对我们有利时，弄清楚它们主要是来自运气还是我们的决策预期是一项能够引起重大后果的投注。如果我们可以确定是我们的决策驱动了结果，那么我们可以将得到的数据反馈到信念的形成和更新中，并创建一个学习循环：

学习循环一

信念→下注→结果→二次下注

我们有机会在未来展现的方式中通过学习来改善我们今后的信念和决策。从经验中得到的证据越多，我们对信念和选择的不确定性就越少。积极使用结果来检验我们的信念和投注会使反馈回路完整，从而减少不确定性。这是关系到我们如何学习的一大难点。

第三章
在对赌中学习：应对不确定的未来

理想的情况下，当我们从经验中不断学习时，我们的信念和投注会随着时间的推移而改善；理想的情况下，我们获得的信息越多，我们就越能做出关于未来的明智的投注决策；理想的情况下，从经验中学习可以让我们更好地评估任何既定决策结果的可能性，从而使我们对未来的预测更加准确。正如读者可能已经猜到的那样，关于如何处理经验，我们并不是总会遇到"理想的情况"。

如果生活更像象棋而不是扑克，那也许我们就能以更理想的方式进行学习。由于不确定性的减少，结果质量和决策质量之间的联系会更加清晰。挑战在于任何单一的结果都可能由于多种原因而发生。不断发展的未来是一个大数据转储，我们必须对其进行分类和解释。世界不会帮我们把结果与原因联系起来。

如果患者因为咳嗽去看医生，医生必须从这一症状（某种可能疾病的后果）出发，从多种可能的病因中确定引发患者咳嗽的原因。是病毒？细菌？癌症？或是精神紊乱引起的？由于咳嗽的症状大致相同，所以无论是由癌症还是由病毒引起的，想要追溯病因都不是一件容易的事情。风险性也很高，因为误诊有可能会导致患者死亡。这就是为什么医生需要有多年经验才能为患者提供正确的诊断。

当未来对我们咳嗽的时候，同样也很难确定原因。

想象一下，来自一家公司的两名销售人员给同一位客户打电话推销产品。今年一月，乔（Joe）从这位客户手中拿到1 000

美元的订单。八月，简（Jane）从这位客户那里获得了10 000美元的订单。这是怎么回事？因为简是一个更优秀的销售人员？因为该公司在二月更新了产品线？还是因为某个低价竞争对手在四月破产？又或者是其他被忽视的种种原因导致了两人销售结果的差异？很难弄明白究竟是怎么回事，因为我们无法穿越时空回到过去并做一次将乔和简调换位置的试验。公司对这一结果进行区分的方式会影响员工培训、产品定价和产品开发的决策。

这个问题对于扑克玩家来说是头等大事。大多数的扑克牌局的结束都伴随着大量的不完整信息。比如一个玩家下注，如果没有人跟注，下注者就会赢得彩池，在这种情况下没有人需要透露他们的底牌。在这样的一手牌结束后，玩家们会猜测他们为什么会赢牌或输牌。是不是因为赢牌者的手气更好？还是因为输牌者放弃了最好的一手牌？如果选择的是其他比赛，赢得这一手牌的玩家是否能赚到更多的钱？如果他们选择以不同的方式表现这一手牌，那么输牌者是否可以让优胜者放弃？在思索这些问题时，没有人知道他们的对手实际持有什么牌，也没有人知道其他人在面对一系列不同的投注决策时会做出什么反应。扑克玩家如何根据经验来调整玩法决定了他们将来的决策结果。如何填补所有这些信息空白是他们能否在比赛中取得进步的一项至关重要的投注。

我们善于识别我们所追求的"更＿＿＿"（更好、更聪明、更富有、更健康等）的目标。但是，由于在目标实现过程中做那些小决策时遇到了困难，我们未能实现我们的"更＿＿＿"的目标。我们在何时以及如何完成反馈循环的投注是执行决策的一部分，包括所有那些鉴别学习机会的即时决定。为了实现长期目标，我们必须提高自己的理解力，并弄清楚不断发展的未来何时会教给我们一些东西，以及反馈循环何时结束。

做好这件事的第一步是认识到：有的时候事情的发生是因为另一种形式的不确定——运气。

运气与技能：区分结果

我们生活方式的变化受两件事情的影响：技能和运气。就本次讨论而言，我们做决策后产生的任何结果都属于技能。如果再次做出同样的决定会产生相同的结果，或者如果改变决定可能会导致不同的结果，那么该决定带来的结果是由于技能。我们决策的质量是影响事情发展的主要因素。但是，因为一些我们无法控制的因素（如其他人的行为、天气或基因）而导致的某一结果就属于运气的原因。如果我们的决策对事情的发展没有起到很大的作用，那么运气就是影响结果的主要因素。[1]

---

[1] 如果不详细叙述什么是运气和技能（以及什么是它们的组合），就无法对结果和学习进行详细的讨论。如果希望更加全面地了解技能与运气之间的差异，我推荐迈克尔·莫布森（Michael Mauboussin）的《实力、运气与成功：斯坦福大学经济思维课》(*The Success Equation*：*Untangling Skill and Luck in Business, Sports, and Investing*) 以及"参考书目和推荐阅读"中引用的其他资料。

无论是第一次打高尔夫球的新手还是罗里·麦克罗伊（Rory McIlroy，一名职业高尔夫球手），在挥杆开球后，球落地的位置就是技能和运气的结果。高尔夫球员直接控制的可影响结果的技术因素包括球杆选择、准备姿势以及详尽的挥杆技能。运气因素则包括突然刮来的一阵大风、挥杆时被人叫唤名字、球落在草皮上还是击中喷水头、球手的年龄、球手的基因以及他们在击球之前获得（或未获得）的机会。

类似减肥这样的结果有可能是改变饮食或增加锻炼（技能）造成的，也可能是由于我们新陈代谢的突然变化或饥饿（运气）的作用。我们遭遇车祸可能是因为闯了红灯（技能），也可能是因为其他车辆闯了红灯（运气）。一名学生在考试中表现欠佳可能是因为他没有学习（技能），也可能是因为老师心情不好给他扣了分（运气）。我输了牌可能是因为做了糟糕的决策以及使用了很差的技术，也可能是因为对手玩家的手气好。

通过技能获得的结果彰显了我们的能力。而通过运气获得的结果却不在我们的掌握之中。对于任何结果，我们都面临着一个初步的分拣决策：该决策赌的是"运气"的还是"技能"的结果？希腊人尼克正是在这一点上犯了错误。

下面可以将学习循环做如下更新：

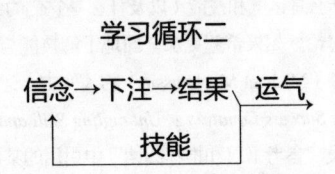

学习循环二

信念→下注→结果 ↘ 运气
      ↑_____↓
         技能

第三章
在对赌中学习：应对不确定的未来

设想一下，在跑垒手已上垒的情况下，作为一名外野手的你正在持球狂奔。此时外野手必须立即做出一个投球决定：击中截球手，或者扔在跑垒手身后，或者抛向前进中的跑垒手。外野手在截球后如何投掷就是一次博弈。

我们对如何"投掷"也在进行类似的下注：投向"技能"（在我们的控制范围之内）或"运气"（在我们控制范围之外）。如果顺利，最初对结果的区分可以让我们把注意力集中在那些我们能够从中学到东西的经验（技能）上，而忽略那些我们不能从中获益的经验（运气）上。做到了这一点，再凭借经验，我们就可以更加接近我们追求的任何"更____"的目标：更好、更聪明、更健康、更快乐、更富有等。

但是要做到这一点很难。在无法获得完整信息的情况下，我们很难判断事情为何会以某种方式发生。由于模棱两可的原因，将结果归为运气还是技能的下注在实际操作中并非易事。

回溯分析的困难：健康甜点现象

在20世纪90年代，数百万人紧跟健康甜点（SnackWell）的时代潮流。纳贝斯克（Nabisco）食品公司将恶魔蛋糕推广成主导产品，以利用一个（在今天看来）声名狼藉的信念，即使人发胖的不是糖，而是脂肪。当时，用较少脂肪制成的食物被认为更健康。在美国政府的倡导下，食品公司用糖替代了脂肪作为食品的调味成分。健康甜点食品使用了绿色包装，这是一种与"低脂肪"相关联的颜色，可以给人一种如菠菜般"健康"的感觉。

对于所有试图减肥或想做出更健康的零食选择的人来说，健康甜点是一个美味的"天赐之物"。健康甜点的消费者将自己的健康赌注押在这些甜点上，用它们来替代其他类型的高脂肪食品，例如腰果。你可以整盒地摄取糖分十足的健康甜点，因为糖并不是敌人，脂肪才是。这些甜点包装似乎在尖叫着宣称"低脂肪"。

当然，我们现在知道，在这股低脂热潮期间，肥胖症有着显著增长。[迈克尔·波伦（Michael Pollan）用"健康甜点现象"（SnackWell's Phenomenon）一词来形容人们越来越多地消费某些含有较低有害成分的商品。]虽然那些选择健康甜点的食客增加了体重，但很难找出原因。体重的增加是否应该归入"技能"范畴，作为他们对健康甜点提倡的并不准确的健康信念的反馈？或者体重增加是由于运气不好，比如新陈代谢缓慢或其他不应归咎于自己的错误，至少与他们选择吃健康甜点没有关系？如果体重增加被归入"运气"范畴，人们将继续选择食用健康甜点。

现在回想起来，当时的体重增加明显是很容易被区分的结果。之所以明显完全是因为我们已经知道健康甜点是一种并不健康的食物。我们受益于最近20年来的新研究，通过更多高质量的

第三章
在对赌中学习：应对不确定的未来

信息来了解导致体重增加的原因。而低脂潮流中的人士只能从体重增加的经验中学习。对他们来说，牌面仍然处于隐藏状态。

从事情的结果入手进行追溯也不是件容易的事。我们可以通过不同的途径得到相同的健康结果（体重增加）。一个人可能选择了健康甜点食品，另一个人可能吃了奥利奥饼干（同为纳贝斯克产品，由健康甜点的创立者开发），第三个人可能食用了扁豆和羽衣甘蓝。如果三个人的体重都增加了，他们要怎么样才能确定原因？

结果不会告诉我们哪些是我们的错，哪些不是，也不会告诉我们哪些是我们的功劳，哪些不是。与国际象棋不同，我们不能简单地从结果质量开始回溯，以判断我们的信念或决策质量。这使从结果中学习成为一个非常偶然的过程。一个负面的结果可能是一个深入检查我们决策的信号。这一结果的出现也可能是因为运气不好，与我们的决策无关，在这种情况下，将该结果视为改变未来决策的信号就是错误的解读。好的结果可能表明我们做出了好的决策，同样这也可能意味着我们只是很走运，在这种情况下，我们会错误地将该结果视为在未来重复此决策的信号。

当希腊人尼克以一张 7 和一张 2 赢牌时，他将这一结果归功于自己的技能，并为他自己的英明决策感到骄傲。而当输牌时（这是多数情况），他却把它当作运气不好。他区分错误的问题在于，无论输了多少，他从不质疑他的信念。有的时候我们都会犯和希腊人尼克一样的错误。包括运气和隐藏信息等因素在内的不确定性给他在区分输牌的错误中留出了余地。我们都面临着不确定性，而且我们都会在区分错误时犯错。

老鼠因为不确定性而被绊倒，这种方式我们应该非常熟悉。经典的刺激反应实验表明，引入不确定性会大大降低学习速度。当老鼠按照固定的奖励机制进行训练（例如，每按压十次杠杆获得一粒食物）时，它很快就学会了如何通过按压杠杆来获取食物。如果把奖励撤销，按压杠杆的行为很快就会停止，因为老鼠发现那样做无法获得食物。

但是当你使用一个变量或间歇性的强化机制对老鼠进行奖励（平均每按压十次杠杆出现一粒食物）时，这样就加入了不确定性。获得奖励所需的平均按压杠杆次数是相同的，但老鼠可能在下一次按压就得到食物，也可能在按压三十次后仍然没有获得奖励。换句话说，老鼠和人类通常得到奖励的方式一样：无法确定地知道下一次尝试将会带来什么结果。如果这时你从老鼠那里收回奖励，杠杆按压行为要在长时间的无用功之后才会停止，有时候老鼠的尝试次数会达到数千次。

我们可以想象老鼠的思路，"我赌再多按一次就会得到吃的……刚才我只是运气不好而已……那都是我应得的"。其实，根本不需要去想象。如果留心，可以听到人们在玩老虎机时所说的话。老虎机运行在一个变量的收益系统上，与上述老鼠的奖励机制类似。所以，尽管老虎机提供了最糟糕的赌局之一，

第三章
在对赌中学习：应对不确定的未来

但在赌场里总是人满为患也就不足为奇。最终还是我们的老鼠思维占据主导地位。

如果这一切看似并不是很有难度，那么我们来看另一个事实：结果的产生很少是纯粹因为技巧或运气。即使在我们犯了最严重的错误并得到了相应的负面结果的情况下，运气也发挥了一定的作用。并非每一个醉驾者都会驶入水沟并翻车，他们中有一些可以安然无恙地在多车道高速公路之间穿梭。人们可能会觉得醉驾者掉进水沟是罪有应得，但实际上路面状况以及其他车辆的位置等运气成分起到了一定作用。当我们做对了所有的事，比如在清醒的状态下驾车驶过绿灯并得以毫发无伤地讲述这一经历，这其中也有一些运气的因素。因为当时没有人闯红灯撞到我们，路上也没有冰块让我们失去对车辆的控制，我们的汽车也没有因为轧上尖锐物体而爆胎。

随着未来的不断展开，我们在区分结果时总会遇到这样的问题：事情的发生可能是我们的决策、运气或两者结合的结果。正如我们几乎从不会100%地错误或正确，事情的结果也几乎同样不会100%地来自运气或技巧。从经验中学习并非像分析象棋思路或者整理衣服那样按部就班。深入了解不确定性对我们造成的影响、我们所犯错误是否有迹可循（提示：是的），以及导致这些错误的原因，会为我们提供线索，并帮助我们找出切实可行的策略来校准我们对结果的下注。

如果不是因为运气，每一次我都会赢

就像动机性推理一样，我们对错误的区分并不是随机的。心理学家和行为经济学家丹·艾瑞里（Dan Ariely）[①]认为，"它们具有可预见的非理性"。我们应对结果的方式有着可预见的模式：把好的结果归功于自己，把坏结果归咎于运气，所以我们自己并没有错。这样做的结果是我们无法从经验中进行有效的学习。

"自利性偏差"（self-serving bias）是这种区分结果模式的术语。心理学家弗里茨·海德（Fritz Heider）是研究人们如何将自身行为结果归因于运气和技能的先驱。他说，我们像科学家一样研究我们的结果，但我们只是"天真的科学家"。当我们弄清楚某件事情发生的原因，我们就会去寻找一个不仅能够自圆其说且符合我们自身愿望的理由。海德说："这通常是一个使人自我感觉良好的理由，它令我们满意，并且富有一种归因赋予的附加效力。"

我们具有无限的自欺欺人的能力。例如，人们在汽车保险单上填写的事故原因："我与对面驶来的一辆静止的卡车相撞。""一名步行者撞到了我的车，然后钻到车底去了。""那家

[①] 丹·艾瑞里是杜克大学心理学和行为经济学教授，同时也是行为经济学领域内重要的研究学者。他通过 TED 演讲、畅销书、博客、纸牌游戏以及一款应用程序吸引了数百万人参与行为经济学的实践。他最受欢迎的著作是《怪诞行为学》（Predictably Irrational）。

第三章
在对赌中学习：应对不确定的未来

伙在路上跑来跑去，我左右闪避了好几次才撞上他的。""一辆不知从哪里冒出来的车撞了我的车之后就消失了。""这名步行者不知道该往哪个方向跑，所以我才会从他身上碾过去。""电线杆不断向我逼近，当我试图躲避时它就撞上了我的车。"①

斯坦福大学法学教授和社会心理学家罗伯特·麦考恩研究了汽车事故的记录，并发现其中 75% 的受害者将自己受伤的责任归咎于他人。在多起车辆事故中，有 91% 的司机指责是别人犯了错误。最值得关注的是，麦考恩发现，在单车事故中竟然有 37% 的司机在想方设法将责任归咎于别人。

我们不能把这些情况都归咎于一些缺乏自觉性的司机。在新泽西州的普林斯顿，约翰·冯·诺依曼被认为是恐怖的司机。有一次，在撞坏自己的汽车后他给出这样的解释："当时我正在沿着道路行驶，而右侧的树木却以 60 英里（约 96.6 千米）每小时的速度井然有序地逐个掠过我。突然，其中一棵窜了出来挡住了我的去路。砰！……"

这种可预见的区分错误可能是扑克玩家面临的最重要的问题。我亲眼看见了希腊人尼克在水晶酒吧的表现。打出一张 7 和一张 2 后输了牌，那是因为他的运气不好。但当他使用同样

---

① 我从罗伯特·麦考恩的一篇文章（将在下文中叙述）中抄来了这些内容，并且很坦然地复制在这里。首先，它们相当有趣并且提供了有用的信息，如果不与读者分享才是我的过错。其次，麦考恩承认这些内容来自《苦恼的英语》（*Anguished English*）一书中，该书作者是我的父亲理查德·莱德勒（Richard Lederer）。

的两张牌赢了牌，那就是因为他的"突袭"计划相当出色。将输牌归咎于运气，而将赢牌归功于技能，这说明他持续地高估了一张7和一张2的取胜概率。他一直在赌一个失败的未来。

这样的事情并不仅限于比林斯的小人物希腊人尼克。世界扑克系列赛历史上最大的赢家菲尔·赫尔穆特（Phil Hellmuth）（已获得十四条冠军手链）曾经深受这种区分错误之害。在一场电视扑克锦标赛中被淘汰后，赫尔穆特对着ESPN（娱乐与体育节目电视网）的镜头说："如果不是因为运气，每一次我都会赢。"这句话在扑克界已经成为传奇［在基于赫尔穆特真实生活的一档节目《赌注全下：扑克音乐剧》（*All In：The Poker Musical*）中还诞生了一首叫作"（如果不是因为运气）每一次我都会赢"的歌曲］。ESPN播出节目后，整个扑克界目瞪口呆。要知道，赫尔穆特说的是如果扑克游戏中不存在运气成分（这等于说如果他玩的是象棋），那么他那高超的扑克技巧就能让他在任何牌桌上战无不胜。很显然，所有的负面结果都是运气所致，任何积极的结果都是因为他那卓越的技能。

扑克玩家们可能会因此而感到惊讶，但是赫尔穆特与其他人的区别在于他选择在电视上大声地说出来。我们大多数人只是理智地将情绪放在心里而已，尤其是在对着相机镜头和打开的麦克风时。但是，请相信我，我们所有人都很容易受到同样的影响。

当然，我自己也未能幸免。在玩扑克时，我也曾因为赢钱

第三章
在对赌中学习：应对不确定的未来

而沾沾自喜，也因为输钱而抱怨运气不好。这是一种本能的驱使。我在自己生活的所有领域中都意识到了这种倾向的存在。请记住，虽然我们明确地知道这是一种视错觉，但那并不妨碍我们还会看到它。

自利性偏差对我们从经验中学习的能力有着直接和显著的影响。[1]将我们大多数的负面结果归咎于运气意味着我们错失了审视决策以求改进的机会。把好的结果归功于自己的成就意味着我们经常会巩固那些不应该被巩固的决策，并且失去了改善决策的机会。可以肯定的是，一些糟糕情况的发生主要是运气的原因，而一些好事的发生主要是因为技能的作用。我只知道这并非绝对准确。100%的负面结果并不是因为我们交了100%的霉运，同样，100%的好结果也并不能说明我们有多么优秀。然而，我们就是以这种方式来应对不断发展的未来的。

将坏事归咎于运气而将好事归功于自己的这一可预见模式

---

[1] 由于自利性偏差促成了不准确的世界观，这就提出了一个问题：自利性偏差是如何在物竞天择的过程中得以存在的？这种潜在的、代价高昂的自我欺骗可能存在一个演化的基础。自信的人可以吸引更好的伴侣，从而提升他们的基因传递的机会。因为我们善于发现欺骗，所以我们在戴上自信的假面来欺骗别人时，首先是在欺骗自我。正如进化生物学家罗伯特·特里弗斯（Robert Trivers）在他为1976年首版理查德·道金斯（Richard Dawkins）的《自私的基因》（The Selfish Gene）撰写的前言中指出的那样，自我欺骗的演变比我们之前想象的要复杂得多。"因此，物竞天择偏爱产生更准确世界图像的神经系统这一传统观点是关于心智进化的非常天真的看法。"相应地，道金斯认为特里弗斯是他那部开创性著作的功臣，并且用了四个章节的篇幅论述了特里弗斯的主张。

并不仅限于扑克游戏和车祸。它无处不在。

2016年初，在克里斯·克里斯蒂（Chris Christie）参加的一场于艾奥瓦州举办的共和党总统初选前的辩论中，克里斯·克里斯蒂针对希拉里回应班加西的惨状一事发起了攻击，他在其中扮演了行为心理学家的角色："她拒绝对任何坏结果承担责任。相信我，如果是个好结果，她一定会争先恐后地把功劳往自己身上揽。"无论该指责是否正确，克里斯蒂的确将人类的这种倾向解释得很明确：好事归自己，并拒绝对坏事承担责任。具有讽刺意味的是，几分钟之前，他自己还提供了一个非常有竞争力的自利性偏差的例子。当被主持人问及鉴于"桥门丑闻"（Bridgegate），共和党是否仍然应该尝试对他进行提名，他回答说，"当然，因为现在已经有三种不同的调查可以证明我对此事一无所知"。他接着说，"还有别的原因能说明为什么我应该得到提名。我接手时的新泽西是一个饱受自由主义的民主党政策、高税率与高管制践踏和压迫的州。在2015年，新泽西州迎来了15年来最高的就业率。那是因为我们落实了保守政策"。

这真是一个非常迅速地从"那个坏结果不是我的错"到"听听我取得的好成绩"的转换。

我在国际诉讼律师学会（International Academy of Trial Lawyers）的一次会议致辞中描述了这种模式。讲话结束后，听众中有一名律师跑过来告诉我他刚从法学院毕业时跟过的一位资深律师的事。他说："这个例子简直太完美了，安妮。我曾多次协助这位律师出庭，在每次结束之前他都会以同样的方式分析证人的证词。如果某个证人的证词对案子有帮助，他会说，'看到没有，我给证人做了如此充分的准备时。当你知道如何给证人做准备时，你就会得到想要的结果'。如果证人的证词危及了我们的案子，他就会告诉我，'看，那家伙不听我的话'。每次的情况都如出一辙。"

我敢说任何一个学龄儿童的家长都知道这一点。有时我的孩子们考试成绩不理想，但这似乎从来都不是他们不学习造成的结果。他们的说法是："老师不喜欢我。其他的同学都没有考好。老师考了一些课堂上没有学过的知识。不信你可以随便跟任何人打听！"

自利性偏差是一种深度嵌入、顽固的思维模式。了解这种模式出现的原因，是制定实用策略以改善我们从经验中学习的能力的第一步。这些策略鼓励我们采用更加理智的态度来区分结果，培养开放的态度来考虑造成某一结果的可能原因，而不是仅仅采纳那些让我们自我感觉良好的原因。

非此即彼的思维依旧顽固

被不确定的现实剥去颜色的非黑即白思维是动机性推理和自利性偏差的驱动力。如果我们的选择不是100%正确就是

100%错误，没有任何中间地带，那么潜在的与信念相左的信息就需要经历一个彻底地从正确到错误的降级。在一个非此即彼的世界中没有"有点儿不确定"的选择，所以我们会选择忽视或诋毁对立或相左信息以坚定自己的信念。

这两种偏见呈现的结果类似透过哈哈镜看到的事物。这种映像扭曲了现实，在出现好结果的时候，它将我们的技能作用无限地放大，而一旦出现坏结果，它就把技能很好地隐藏起来，同时把运气展现为庞然大物。

就像动机性推理一样，自利性偏差来自我们创造积极自我叙述的驱动力。在该叙述中，将好事归功于自己就等于是说"我做出了正确的决策"，而且正确的感觉很好。同样，认为坏结果是我们的错误也意味着我们做出了错误的决策，而且错误的感觉很不好。当自我形象受到威胁时，我们会将导致结果的决策区分为100%或0：正确或错误、技能或运气、我们的责任或超出我们掌控的因素，却没有在两者之间留出任何余地。

以完善自我叙述为目标，并以非此即彼的方式来进行结果区分，会影响我们对未来发展的判断能力。想要以这种有偏见的、粗略的思维方式从经验中学习是很困难的，有时甚至是不可能的。某种结果的出现极少是仅仅因为我们的决策质量或运气的好或坏，而且结果质量并不能完美地说明运气或技能的作用。在自利性偏差的作用之下，我们认为好结果是我们高超技

第三章
在对赌中学习：应对不确定的未来

能的产物，坏结果就完全是运气的原因。①无论是一手扑克牌、一场车祸、一个足球口令、一项试验结果还是一次商业成功，事实上所有的结果都包含着运气和技能的因素。

以积极的方式更新自我形象的动机是自利性偏差的基础，这为我们寻找克服这种偏见的解决方案指引了道路。也许我们可以停止坚持自我，放弃我们将积极的生活叙述视为必需品的观点。也许我们仍然可以驾驭一个积极的叙述，但不同的是，我们可以努力在评估运气和技能对结果的影响方面变得更加客观和开放，而不是通过名誉和责备来对其进行更新。也许我们可以投入时间和精力来重新训练我们处理结果的方式，从对结果的准确区分与求真务实出发，迈向正面的自我形象更新。

---

① 这是一种系统性的偏见，并不是对我们总会得到名誉或总能歪曲罪责的保证。的确，还有另外一些人，他们做出与自利性偏差截然相反的行为，具体表现为将发生的一切坏事归咎于自己，而将他们生活中发生的所有好事归功于运气。这种模式非常罕见（通常在女性中的发生概率较高）。"参考书目和推荐阅读"中有一些资料描述了这些方面的自利性偏差问题。尤其是詹姆斯·谢泼德（James Shepperd）及其同事们，他们通过调查《社会和人格心理学罗盘》（*Social and Personality Psychology Compass*）中的文献对自利性偏差背后的动机和解释进行了研究。他们的调查包括对女性的自利性偏差的研究。他们认为，除了能够成为抑郁症的潜在症状之外，这种模式的糟糕之处还在于它相当不准确。不可能所有坏结果的产生都是你的错误，所有好的结果也不可能都是因为运气，这和相反的模式一样，都是不符合实际的思维。如果我们无法在区分结果时找到一种评估准确性的方法，那么无论犯了哪种类型的错误，我们都会浪费很多从经验中学习的机会。

或者，可以通过找到一个完全不需要应对自利性偏差的变通方案来彻底绕过这些障碍。

人们在观察

可能有人会认为自利性偏差也未必就是大不了的问题，因为我们可以从别人的经验中学习。也许经过发展的解决办法是通过观看别人做事来弥补我们从自己的经验中学习的困难。世界上有 70 多亿人每天都在做各种各样的事情。就像约吉·贝拉（Yogi Berra）曾经说过的那样："通过观察你会有很多发现。"

观察是一种成熟的学习方法。现在有专门收集行为结果数据的一个行业。阅读《哈佛商业评论》（Harvard Business Review）或任何类型的商业以及管理案例的人都是在试图向别人学习。医学教育的一个重要组成部分是近距离观看医生做手术以及其他护理人员是如何工作的。他们先是观察，接着通过协助的方式参与工作……然后，希望他们真正学到了东西。谁会相信一个说"这是我第一次看到活人内脏"的外科医生？我们可以效仿这个例子，从周围人的经历中学习。

在扑克游戏中，玩家们做的大部分事情就是观察。经验丰富的玩家只有 20% 的时间会选择出牌，另外 80% 的出牌机会甚至在第一圈下注结束之前就被放弃，这意味着大约 80% 的时间是用来观看其他人打牌。即使玩家们未能有效地从自己出牌的结果中学到东西，他们还可以通过观察其他人打牌来学到很多东西。毕竟，你可以用来观察别人打牌的时间相当于自己出牌时间的四倍。

观察牌桌上其他人打牌不仅仅能看到更丰富的结果，而且还是免费的（除了你押下的赌注）。当扑克玩家选择打一手牌时，他们面临着输钱的风险。当玩家只是在观察他人打牌时，他们可以放松地看着其他人面临着输钱的风险。这是一个无须支付额外费用的学习机会。

当我们在远离扑克牌桌的日常生活中做出决策时，总要在金钱、时间、健康、幸福等方面面对一些风险。但是当别人做决策时，需要付出的是他们自己，而不是我们。生活中有很多免费的信息。

不幸的是，通过观察他人来学习也同样充满了偏见。就像我们会模式化地对自己的决策结果进行区分一样，对于同行们的决策结果我们也早就事先确定了区分的方式。与对待自己的决策结果一样，我们也采用了同样的非黑即白思维来区分他人的结果，不同的是我们反转了剧情。我们将自己的坏结果归咎于运气，但如果换成他人，坏结果显然就是他们的过错。我们得到了好结果是因为我们的英明决策，但换成他人的话，只能说明他们很幸运。正如艺术家兼作家让·谷克多（Jean Cocteau）所说："我们必须相信运气，否则我们如何解释那些我们不喜欢的人取得的成功？"

当涉及他人的坏结果时，我们会对他们加以迅速而沉重的指责。有一个例子可以说明这一点。那是棒球历史上最著名的场景之一：一名普通球迷，被当时球场中的 40 000 人和全球数千万人指责为导致芝加哥小熊队止步世界大赛的罪魁祸首。这就是著名的"巴特曼事件"（Bartman play）。

2003 年，芝加哥小熊队再赢一场球就能参加自 1945 年以来他们的第一场世界大赛。他们在对阵佛罗里达马林鱼队的比赛中以 3 比 2 领先，并在第六战第七局领先的情况下进入第八局。一名马林鱼队击球手冲着左边的看台打出一个界外高飞球。在隔离现场观众与球场的围墙下，小熊队的左外野手莫伊塞斯·阿卢（Moises Alou）在观众席上有几个人伸手接球的同时也起跳接球。瑞格利球场（Wrigley Field）中，40 000 名观众之一的史蒂夫·巴特曼（Steve Bartman）拨开了球，于是球反弹并落在另一名观众的脚下。阿卢对阻挠他接球的球迷表示愤怒，并咆哮着走开。

在巴特曼、周围观众和莫伊塞斯·阿卢同时伸手抢这个高飞球的时候，小熊队正以 3 比 0 领先。当时如果阿卢接住了球，小熊队将只差四个出局数就可以挺进世界大赛。但在巴特曼碰球后，未来的展现方式如下：小熊队输掉了那一战，以及第七战，再次止步世界大赛。巴特曼遭受了指责，先是场上的 40 000 名观众（指着他高呼"王八蛋"，向他扔啤酒罐和垃圾，并嚷嚷着对他进行死亡威胁），然后是数百万的小熊队球迷，这

第三章
在对赌中学习：应对不确定的未来

些指责不仅出现在当时的体育和新闻节目的重播中，而且持续了10多年。一个在球场上的保安把巴特曼围住的情况下还对其进行袭击的球迷说："我想让所有人知道，是他毁掉了这个可能会成为球迷们千载难逢的体验。"

史蒂夫·巴特曼得到了糟糕的结果。他伸出手来接球，接着小熊队输了球。究竟这是因为他的决策失误还是运气不好？可以肯定的是，他做出接球的决策，所以这里面还是有一些技术因素。然而，他同样也遭遇了不可估量的坏运气。几乎是异口同声地，人们都忽视了运气在该事件中的作用，而将那一场比赛和联赛的失利都归咎于巴特曼。

亚历克斯·吉布尼（Alex Gibney）拍摄的关于"巴特曼事件"的ESPN纪录片《捕捉地球》（*Catching Hell*）体现了这种双重标准，从多个角度再现了当时的场景，并对现场观众和媒体人士进行了采访。吉布尼说："有很多人在抢那个球。"有一个球迷就在巴特曼的旁边跳起来准备抢球，这是不可否认的，他们确实都在抢球。"我是在抢球。这个没办法……很显然，我是在抢球。"尽管如此，他还是试图声称，与巴特曼不同，他绝对不会干预比赛："当我看到（莫伊塞斯·阿卢的）手套时，我就不想再去抢那个球了。"这名粉丝立刻将没有碰到球的这一好结果归功于自己，同时顺理成章地将责任归咎于巴特曼的决策而非倒霉的运气。

在周围所有人都是这种态度的情况下，巴特曼就是那个碰到球的倒霉蛋。但球迷们并不认为这是因为运气不好。他们认为这是巴特曼的过错。更糟糕的是，在这场比赛中后来发生的所有巴特曼无法控制的事情都没能减轻他的过失。请记住，当球落在看台后，小熊队所处的位置与巴特曼的抢球出现之前完全相同。他们距离淘汰马林鱼队仍然只剩下五个出局数，场上比分为3比0领先，他们的王牌投手扔出一个让对手零得分的大力球，而且在前七局中的比分也是3比2领先。那个打出界外高飞球的击球手仍然还在本垒板上，准备第三球的第二次击打。马林鱼队继续在本局内获得8分，其中7分得自小熊队游击手亚历克斯·冈萨雷斯（Alex Gonzalez）在本局收官时出现漏接双杀球的失误之后（两次击球之后）。

巴特曼实在是交了太多的霉运才会得到这样的结果，其中绝大部分的霉运来自球队的表现，而这显然是巴特曼无法控制的因素。尽管如此，球迷们却把所有的过失都归咎于巴特曼，而不是其他因素，比如冈萨雷斯。附近的球迷冲他破口大骂："去死吧！每一个芝加哥人都恨你！你太差劲了！"当他穿过人群试图离场时，人们咆哮着："我们要杀了你！去坐牢吧！""快把一支十二号口径的枪塞进他的嘴里，然后扣动扳机！"

如果故事情节继续发展，把小熊队赢得2016年世界大赛冠军的荣誉归功于史蒂夫·巴特曼就好了。毕竟，在影响这家末日职业球队去聘请扭转乾坤的专家西奥·爱泼斯坦（Theo Epstein）来担任球队运营总裁以及乔·马登（Joe Maddon）担

第三章
在对赌中学习：应对不确定的未来

任经理的一系列事件中，史蒂夫·巴特曼发挥了重要的作用。不足为奇的是，这样的故事没有产生任何吸引力。[①]

这种将坏结果归咎于他人而不把好结果归功于他人的行为模式随处可见。当同事获得了晋升而我们没有，我们是否承认他们比我们更加努力而且他们的升职是实至名归？不，那是因为他们拍老板的马屁。如果有同学的考试成绩比我们好，那是因为老师对他们更加偏爱。如果有人解释车祸的事故情况以及他们不应该承担过失的原因，我们会不以为然。我们会认为是他们糟糕的驾驶行为导致了事故。

刚开始玩扑克的时候，我遵循了同样的模式（而且直至今日我仍然与个人生活的每一个领域中都存在的这种冲动进行斗争）。尽管我很容易会把成功归功于自己的决策并把损失归咎于运气不好，但在评估他人时我就把标准掉转过来了。对于其他玩家的胜利我没有给予足够的肯定（或者反过来看，对于其他玩家将我击败的表现，我没有给予肯定），而且我很容易会把他们的失误归咎于他们糟糕的表现。

[①] 小熊队在2015赛季表现相当出色，并在2016年赢得了世界大赛冠军。在2003年的接球事件发生后，巴特曼拒绝了任何对此事发表评论的机会，也拒绝与任何相关的后续事件扯上关系——这种情况一直持续到2017年8月，巴特曼接受了小熊队赠送的世界大赛冠军戒指。利用这个机会，巴特曼发表了一份关于人们如何相互对待的声明，美国国家公共电台（NPR）引述了部分内容："虽然我不认为自己配得上这份荣耀，但我非常感动并由衷地感激……我谦卑地接受这枚戒指，它不仅象征着体育运动中最具历史意义的成就之一，也是我们在当今社会中应该如何相互对待的一个重要提示。"

我刚开始打牌时，有一次正在宾尼恩马蹄铁赌场（Binion's Horseshoe Casino）的一家咖啡馆吃饭，我的哥哥递给我一份写在餐巾纸上的好牌清单。我紧紧地抓住这张餐巾纸就像摩西（Moses）紧紧地抓住十诫（Ten Commandments）一样。当我看到有人用那张清单之外的方式赢了牌，我就会把那视为运气，因为很显然他们不懂得如何打牌。当时的我是如此自我封闭，没有想到他们的赢牌可能是因为他们的技巧，以至于我都不屑向哥哥描述这些牌局以求了解为什么他们没有使用餐巾上的打法。

随着时间的推移，我对扑克牌的理解也在不断增长，我意识到那张餐巾纸上并没有列出所有可行的打法。

首先，仅仅按照那张清单来打意味着你无法诈唬。我的哥哥给我那份清单是为了使作为一名新手的我远离麻烦。那份清单上的打法可以将一名新手可能会犯的错误限制在一定的范围之内。当时我不能理解的是，根据不同的情况来采用一些清单上没有列出的其他打法是完全可行的操作。

虽然随时可以求证，但我从来没有问过我的哥哥为什么那些人会使用其他打法。我对其他人为何获胜的偏见性评估显然降低了我的学习效率。我把其他玩家的赢牌看作运气的结果让我失去很多观察学习的机会，也因此错过很多赚钱的机会。可以肯定的是，其中一些采用不同打法的人实际上打得很糟糕。但是，在过了将近一年之后我发现，并非所有人都是如此。

在区分其他人的决策结果时出现的系统性误差让我们付出了实实在在的代价。这些错误不仅仅阻碍我们实现目标，同时也剥夺我们对他人的同情心。

从他人的结果中看自己

即便是要以牺牲长期目标的实现为代价，我们也都愿意立刻获得良好的自我感觉。正如动机性推理和自利性偏差一样，指责他人的糟糕结果以及没有对他人的好结果加以肯定都是受到了自我意识的影响。胜利的荣誉提升我们的个人叙述，而通过对同行的失败加以指责来击倒对方也具有相同的作用。这就是幸灾乐祸。幸灾乐祸从本质上是与同情截然相反的心理。

在理想的情况下，我们的快乐将取决于我们自己的决策结果，而与别人的结果无关。但是，从基本的层面上讲，将他人的糟糕结果归咎于他们自己的过失会让我们感觉良好，将他人取得的好结果视为运气的作用会促进我们的个人叙述。

这种区分结果的方式在扑克等零和博弈中具有一定的逻辑模式。当我在扑克牌桌上与对手正面交锋时，我必须遵循这种区分模式来使我对自己的结果以及对手结果的自利性解读保持一致。如果我赢了一手，我的对手就是输了；如果我输了一手，这就意味着是我的对手赢了。一方的所得等于另一方的所失。如果我把自己的胜利归功于高超的牌技，那么对手的失利肯定是因为他们逊色的牌技。同样，如果我把自己的失利归咎于运气，那么对手的胜利必然也是因为运气。除此之外任何的其他解释都会造成认知障碍。

这种思考揭示了我们区分他人结果的方式只是我们自利性偏差的一部分。通过对这一视角的观察，这种对结果加以区分的逻辑模式才变得合乎情理。

但这种我们和他人在结果方面的比较并不局限于一方必然负于另一方的零和博弈（或者一名律师输给对方律师，或者一名销售人员被竞争对手抢走一单生意等）。实际上我们是在与所有的人竞争资源。我们的基因有着与生俱来的竞争性。正如理查德·道金斯指出的那样，基因表型中的竞争推动了自然选择，所以毫不夸张地说，我们的进化是为了竞争，这是人类赖以生存的驱动力。通过竞争的视角来融入世界的思维深深地根植于我们的大脑中。通过个人成功来提升自我形象是不够的。如果某个被我们视为同行的人取得了某种成功，相比之下，我们会感觉自己是失败的。我们以他人的成功来衡量自己。如果他们的孩子在学校的表现优于我们的孩子，那么我们在教育孩子方面出现了什么过失呢？如果他们的公司因为即将上市而出现在新闻中，那么为什么我们仅仅在工作中艰难前行呢？

人们自以为知道幸福的成分是什么。加州大学河滨分校心理学教授，关于幸福话题的畅销书作者索尼娅·柳博米尔斯基（Sonja Lyubomirsky）从文献评论中总结了一些人们通常考虑的

第三章
在对赌中学习：应对不确定的未来

幸福元素："宽裕的收入、健康的身体、幸福的婚姻，以及没有病痛和灾祸。"但柳博米尔斯基指出，"近一个世纪以来对幸福决定因素的研究得出的结论是，客观环境、人口变量和生活事件与幸福的相关程度要低于我们通过直觉和日常经历感知到的情况。几次估算显示，所有这些变量之和在幸福方差中的占比不足 8%~15%"。占幸福方差比重最大的是我们的相对表现。[虽然关于幸福及其影响的研究涉及的广度和深度都很重要，但超出了我们对他人的成果加以区分这一问题的理解需要。我推荐读者们去阅读"参考书目和推荐阅读"中引用的柳博米尔斯基在这方面的相关论述、丹尼尔·吉尔伯特的《哈佛幸福课》和乔纳森·海特（Jonathan Haidt）的《象与骑象人：幸福的假设》（*The Happiness Hypothesis*）。]

我们可以用一种叫作"二选一"（Would You Rather…）的派对游戏来说明我们是如何将自己的幸福与他人进行比较的。当被问到你宁愿在 1900 年还是宁愿在今天赚到 70 000 美元时，相当一部分人选择 1900 年。没错，1900 年的人均年收入大约是 450 美元。因此，如果回到那个年代与当时的人相比，拥有 70 000 美元绝对称得上是富甲一方。但是在 1900 年你有再多的钱也买不到奴佛卡因（Novocain，一种局部麻醉剂），买不到抗生素，也买不到冰箱、空调，更别说功能强大且可以单手握持的电脑了。大概在 1900 年以 70 000 美元能买到的唯一一件无法在今天买到的东西就是极少数人才能享有的乘坐飞行器上天

109

的机会。我们宁愿在平均寿命只有47岁的1900年做一名有钱人，也不愿在平均寿命超过76岁的今天做一名（可以手持电脑的）普通人。

在很多情况下，自己与他人的对比结果影响着我们的自我感觉。这种顽固而普遍的思维习惯严重阻碍了我们的学习。幸运的是，我们可以改变习惯，无论是你咬指甲的习惯还是你将失败归咎于霉运的习惯。通过改变让我们自我感觉良好的东西，就能以更加理性的思维对结果进行区分，也会以更加富有同情心的态度来看待他人。如果我们致力于追求真理、准确和客观的积极叙述，那么可以学到更多，我们的思想会变得更加开放：给予他人应得的肯定、承认我们可以做出更好的决策，以及确认世上极少有非黑即白的事物。

重塑习惯

菲尔·艾维是一个勇于承认自己仍有进步空间的人。他是世界上最好的扑克玩家之一，全世界的职业扑克玩家都因为他的卓越牌技和坚定的自信对他敬佩不已。他自从20岁开始，就赢得了一系列名誉：顶级现金桌玩家、顶级锦标赛选手、顶级单挑赛玩家、顶级混合赛玩家——在任何一种规则和形式的扑克牌桌上他都是一名顶级玩家。在一个大多数人都带有明显自利性偏差的职业中（像我之前说过的那样），菲尔·艾维是一个

第三章
在对赌中学习：应对不确定的未来

例外。

2004年，我的哥哥为一场锦标赛决赛提供电视直播评论。艾维在那场众星云集的决赛中势不可当地击败了每一个对手。取得胜利之后，二人一起去吃晚饭。在吃饭的过程中艾维解构了决赛中每一个他认为自己可能出现的失误，并针对每一个战略决策询问我哥哥的看法。在这种情况下，一个普通的玩家可能会利用这个机会来谈论自己的出色表现，并因为取得胜利而沾沾自喜，但是艾维不是这种人。对他来说，从错误中学习的机会比利用晚餐来庆祝自己的胜利重要得多。他刚刚在一场漫长的世界级扑克竞赛中赢得冠军以及50万美元的奖金，但他只想和另一名职业玩家讨论如何才能做出更好的决策。

我还听过一个完全相同的故事，发生在艾维赢得某次（目前已经十次）世界扑克系列赛冠军之后的（对于多数人来说应该是庆功宴的）晚餐时。据我所知，他再次利用了那个晚上与其他职业玩家细致深入地讨论他如何可以做出更好决策的问题。很显然，菲尔·艾维在对待结果的习惯上与大多数扑克玩家不同——也有别于大多数其他从事任何行业的人士。

习惯在一个由三部分构成的神经循环中运作：提示、常规和奖励。一个涉及吃饼干的习惯运行如下：提示是饥饿，常规是去厨房拿饼干，而奖励就是食糖兴奋感。那么在扑克中，赢了一手牌是提示，将其归功于自己的能力是常规，自我意识的提升则是奖励。查尔斯·都希格（Charles Duhigg）在《习惯的力量》

(*The Power of Habit*)一书中提供了一种改变习惯的黄金法则——应对习惯的最佳方式是尊重习惯回路:"想改变一种习惯,你必须保持原有的提示,兑现原有的奖励,但要添加新的常规。"

当我们获得一个好的结果时,它会提示我们按照常规将结果归功于我们卓越的决策,然后将得到的正面的自我叙述更新作为奖励。一个糟糕的结果提示我们按照常规来推卸责任,并将避免负面的自我叙述更新作为奖励。用同样的提示,我们在对待他人的结果时掉转了常规,但获得良好的自我感觉这一奖励仍保持不变。

好消息是我们可以通过替换让自我感觉良好的东西来改变这种心理习惯。改变习惯的黄金法则告诉我们,我们不必也不应该放弃正面更新我们个人叙述的奖励。都希格意识到尊重习惯回路意味着尊重人类大脑构造的方式。

人类大脑的构造是为了寻求正面的自我形象更新,也是为了与同行们开展竞争。我们无法为大脑安装新的硬件,遵循我们大脑的构造方式来重塑习惯要比反其道而行之的成功概率高得多。最好是针对一些可塑性强的部分来进行重塑:个人叙述中让人感觉良好的常规,以及我们将自己与他人进行比较的特点。

至少早在伊万·巴甫洛夫(Ivan Pavlov)[①]时代,行为研究学者已经认识到生理循环中的替代作用。在他的著名实验中,

---

[①] 伊万·巴甫洛夫的研究非常具有革命性,他做的甚至根本不是我们通常理解中的"行为研究"。巴甫洛夫是一位研究犬科动物消化系统的医师和生理学家。

第三章
在对赌中学习：应对不确定的未来

他的同事注意到狗在即将被喂食时会流出口水。因为这些狗将某个特定的技术人员与食物联系在了一起，该技术人员的出现就会引发它们的流涎反应。巴甫洛夫发现这些狗几乎能够将任何刺激与食物相关联，包括他那著名的铃声，都能触发它们流涎的条件反射。

我们可以努力改变我们的铃声，替换掉使我们垂涎的东西。我们也可以通过成为好的不吝啬于肯定他人的人、勇于承认错误的人、善于在好结果中发现错误的人、好的倾听者以及（因此而成为）优秀的决策者，来获得各种良好的自我感觉带来的奖励。如果我们会因为必须承认错误而感到困惑，那么我们会为了逃避指责而失去学习机会的思路又会使我们做何感想？我们会像菲尔·艾维那样去探索如何可以做得更好，还是会沉浸在胜利的喜悦中？如果为此付出努力，我们就可以将自利性偏差和动机性推理的无益思维习惯转化为具有生产力的思维习惯。如果我们能够努力实践这一常规，就能在准确性和求真性的驱动下进行学习，并且能够以更加开放和客观的方式来对待更多的决策结果。随着思维习惯的改变，我们的决策力会更好地与我们实现长期目标的执行力保持一致。

像菲尔·艾维一样，他们已经成功地使用求真性的常规替换了以追求名誉和逃避责任的结果为导向的本能。当人们在各自领域发挥出最高水平时，我们会发现阻碍学习的自利性偏差往往会减弱甚至是彻底消失。最有资格被称为拥有"刀枪不入"

般自我叙述的是那些在准确的自我评判基础上培养出良好习惯的人。

在体育运动中，顶级运动员会把比赛结果视为百尺竿头更进一步的动力。美国足球巨星米娅·哈姆（Mia Hamm）曾经说过："很多人说我是世界上最好的女子足球运动员，可我并不这么认为。正因为如此，将来我也许会变得名副其实。"类似的言论可能会被质疑为应付媒体的一种礼貌说法。有很多让我们印象深刻的相反例子，例如约翰·麦肯罗（John McEnroe）关于球是否出界的争论，或者职业高尔夫球员造出的惯例：推杆进球失败后会凝视推击线以及轻踏虚幻的钉鞋印。这些只不过是表演过程中的下意识动作，在职业高尔夫巡回赛中几乎成为一种程序。如果一名球员在进球可能性极高的情况下推杆失手，那么他必须盯着轻击区的绿地，就像是在责怪场地出了故障一样。你大概没见过类似于菲尔·米克尔森（Phil Mickelson）那样的练球习惯。他将十个球在离穴 3 英尺（约 0.9 米）的位置上摆成一圈。他必须让十个球全部入洞，然后再将这一过程重复九次。与菲尔·米克尔森水准相当的球员们如果过分地把失误归咎于钉鞋印，他们就不可能接受这样一种苛刻的常规性强化训练。

改变常规是一项耗时费力的困难工作。但是，我们可以利用自然倾向，通过与同龄人的比较来获得一些自尊。正如都希格建议人们尊重习惯回路一样，我们也可以尊重我们是为了竞争而生,而且自我叙述并不存在于真空中这一事实。保留与他人比较获得的优越感,但要改变我们用于比较的特点:做一个更好的不吝啬于肯定他人的人,比他人更勇于承认错误,更愿意以开放的心态来探索某结果的其他可能原因,甚至是当该行为可能会给我们造成负面影响而给他人带来荣誉的时候。通过这种方式,我们可以感觉到我们做得很好,因为我们正在做一些多数人不会去做的不寻常的事情。这会让我们感到自己与众不同。

一旦开始聆听,我们会听到各种声音,就像我在扑克锦标赛中场休息时听到的:"我做出了出色的决策,所以战况喜人。""情况不太妙,因为我的运气太差。"这是那位实习律师每晚复核庭审结果时他的高级合伙人都会说的话。这是2016年共和党总统候选人辩论时我们从克里斯·克里斯蒂那里听到的话。我在每一间曾经涉足过的扑克牌室中都听过类似的话。曾经,而且现在也是这样,我也会参与到这样的对话中。然而,我逐渐学会使用这些声音来避免而非屈服于自利性偏差。当我承认错误时,当我认识到自己成功中的运气成分时,当我肯定其他玩家的出色决策时,当我为了学习而渴望与其他人讨论自我感觉糟糕的一手牌时,那些声音提醒着我:我正在做一件其他人不经常做的困难的事情。能够识别其他玩家错失的学习机会让我感觉良好,这有助于我在常规方面的改变。

理想的情况是,我们不会将自己与他人做比较,也不会在比较结果对我们有利时自我感觉良好。我们可以采用佛教僧侣的正念，观察内在思想、情感和身体感觉的流动而不加以是非判断。这是一个伟大的目标，我对定期的正念练习十分赞同。研究表明，这是一项值得追求的有助于提高生活质量的练习。想彻底从事这方面的追求将会有很大的难度，除非我们愿意放弃日常工作并搬到西藏去生活。这违背了我们大脑进化的方式，与我们的竞争驱动力背道而驰。作为一种类似的练习，更实际和直接的解决方案是从我们现有的资源着手，利用与他人比较的结果来加强我们对准确性和真实性的关注。这样一来，我们就无须放弃我们的正常生活并迁居到遥远的山顶之上。

我们需要转变心态，需要一个计划来培养更加富有成效的思维习惯。习惯的培养从审慎思维开始，需要远见和练习，一旦扎根成型它就可以发展成一种能自动运转并改变我们反射性思维的既定习惯。

把结果归类（为运气或技能）视为具有风险的操作会让我们接近这种心态的转变，因为我们在做出区分结果的决策时的确面对着很大的风险。学习对赌思维是一种明智之举，它可以培养我们实现长期目标所必需的习惯。

"赌一把？"回归

将结果的区分视为对赌可以实现重塑习惯所必需的心态转

第三章
在对赌中学习：应对不确定的未来

变。如果有人意味深长地要跟我们来一场关于如何区分结果的对赌，会发现自己立刻就摆脱了自利性偏差的束缚。如果想赢得牌局，就不会条件反射般地将坏结果归咎于运气或将好结果归功于技能。（如果你在扑克室里到处跟人说"总是""从不"之类的话，你会很快发现自己面临很多牌局的挑战。在对赌中战胜一个立场极端的人是很容易的事情。）

假设你驾驶的汽车因为轧上了一块冰而失去控制并在交叉路口发生了事故。此时你首先想到的可能是很倒霉。但如果你事先和人打了赌说你不会出事故，根据具体的情况，可能会有很多运气之外的因素导致了这次事故。也许在这种天气的状况下你应该预料到路面上会有一些冰块；也许在这样的天气状况下你应该开得更慢一些；也许当车身开始滑动时，你应该采取不同的操纵方式，或者你在不应该踩刹车的时候踩了刹车；也许你应该选择一条更安全的路线，一条撒了盐的主路；也许你本应该让福特野马留在车库里而把雪佛兰萨博班开出来。

我们提出的原因中有一些可能很容易会被否定，有一些可能不会。关键在于当我们明确地认识到如何对结果进行区分就是在打牌的时候，就会对原因的其他可能性进行更慎重的考虑。这是求真务实的做法，菲尔·艾维就是这么做的。

对赌预期使我们检查并完善自己的信念，此处涉及的信念是指影响结果的主要原因究竟是运气还是技能。通过将隐晦的信息明确化，在个人信念上的下注使我们更加仔细地审视问题：

在评估决策结果时面临着很大的风险。这听起来的确像是一个值得认真对待的赌局。

当我们把对结果的区分视为博弈时，它会促使我们更加客观地将结果归入适当的范畴，因为这才是赢得牌局的方式。获胜让人自我感觉良好，它是对个人叙述的正面更新。获胜也是奖励，如果有足够的练习，再通过良好自我感觉的奖励来进行强化，将结果区分视为博弈就会成为一种思维习惯。

对赌思维使人的心态更开放，它促使人们对不同的假想进行探索，不再仅仅遵从自利性偏差的常规做法，也会考虑相反的结论。我们更有可能会对某种观点的对立面进行更加频繁和认真的探讨，这会使我们更加接近事情的真相。

对赌思维还触发了换位思考，利用我们在区分自己结果和他人结果时的差异来向客观事实靠拢。我们知道自己倾向于贬低同行们取得的成功，也会坚决地把他们失败的责任归咎于他们自己。判断如何下注的一个好策略就是想象如果某个结果发生在我们自己身上会如何。如果某个竞争对手成交了一笔大买卖，我们通常会诋毁他们的技能。但是如果我们把自己设想成这个刚刚做成买卖的对手，就很有可能发现他们有值得肯定的地方，他们的优异表现有值得我们学习的地方。同样，如果我们做成了一笔大买卖，不妨先牺牲一点点自鸣得意的时间来换位思考一下，如果这件好事发生在竞争对手身上又会如何。我们更有可能发现一些有待改善的事情，找出一些我们无法控制

第三章
在对赌中学习：应对不确定的未来

的因素。换位思考使我们更接近真相，因为真相通常处于我们如何区分自己的结果与他人结果的中间地带。通过从他人的视角出发，我们更有可能会在这个中间地带着陆。

一旦我们开始积极地训练自己对不同的假设进行验证以及尝试换位思考时，我们会很明确地发现，几乎没有任何结果的发生是由于100%的运气或100%的技能。这意味着当我们接触到新的信息时，除了不加质疑地确认和排斥之外，还有其他的选项。我们可以在一个范围之内调整我们的信仰，因为我们确切地知道那是一个范围，而不是在没有中间地带的对立面之间的二选一。

这会使我们对自己和其他人更加富有同情心。将结果区分视为博弈会不断提醒我们，结果很少能归因于单一原因，并且人在确定各种原因时几乎总是存在不确定性。如果通过找到负面结果中值得学习的东西而将其转化为正面结果，那么确认负面结果并不会使人感到很糟糕。你不必为你的每一个负面结果辩护，因为除了你可以改进的方面外，你还能辨别你在哪些方面做得很好，以及哪些是你无法控制的事情。你还会意识到，有时候即使不知道也没有关系。

当然，在摆脱为不良后果承担责任的恐惧的同时，你也失去了宣称好结果是完全来自技能的纯粹快感。这是一笔对你有利的交易。请记住，如果胜利令人喜悦，那么失败就会令人备感痛苦；如果正确使人感觉良好，那么错误就会使人备感糟糕。

远离极端的思维，我们就会处于更好的位置。非幸福即苦难，没有任何余地的二选一，是一种对自己非常苛刻的生活方式。

当你将结果区分视为博弈时，你也会对其他人更加富有同情心。当你从他人的角度看待他们的结果时，你需要问自己："如果这种结果发生在我身上会怎么样？"你会对其他人进行更加富有同情心的评估：坏结果并不总是他们的过错，好结果也并不总是因为运气。你会更加能够设身处地地理解他人的感受。想象一下，如果更多的人能以这种方式进行思考，巴特曼的生活可能会发生怎样的变化。

来之不易

对赌思维的养成并非易事，尤其是在初始阶段。它必须从一个审慎的过程开始，这会给人笨重、别扭和缓慢的感觉。甚至在有些时候会让人感觉没有道理。就像如果你在工作中没有得到晋升，你可能会不理解为什么承认某人或某事更加值得肯定以及值得学习会让我们自我感觉良好，你可能会认为老板是个不懂得如何评估人才的蠢材，这是一种应该努力避免的冲动。

有这种感觉是自然而然的。我把自己的扑克生涯建立在学习和求真的原则之上，但我仍然发现自己会陷入自利性偏差和动机性推理的陷阱。都希格告诉我们重塑一种习惯需要时间、准备、练习和重复。

第三章
在对赌中学习：应对不确定的未来

我们来看看其他类型的习惯改变。比如，我总是半夜起床吃饼干，那么想改变这种习惯就需要决心和努力。我必须先明确想改变的习惯，找出替代的常规，并利用审慎思维来不断重复这一新的常规直至新的习惯形成。我可能需要在房间里准备好苹果，把它们放在比饼干更容易拿到的地方。然后，我需要在半夜起床后选择吃苹果，而不是去找饼干，重复这个过程直到它变成一种新习惯。这需要付出努力、意志力和时间。

尽管存在困难，使用概率性思维来争取习惯的准确性仍然值得追求。首先，它并不总是如此困难。这种改变必然始于审慎和努力，但它最终会成为一种思维习惯。就像宣称我们的信念中存在不确定性一样，它最终会从一个看似愚蠢和尴尬的多余步骤转变为一个习惯，这个习惯是构成我们对周围世界看法的不可或缺的一部分。

可以肯定的是，对赌思维并非灵丹妙药。对赌思维无法让自利性偏差和动机性推理消失，但会对其进行改善。我们需要做的仅仅是对我们的生活稍微进行一些调整。如果能多进行几次更加准确的结果区分，能多抓住几次学习机会，都会对我们的学习内容、学习时机以及学习效率产生很大的影响。

扑克是反映现实生活中决策制定的一个压缩版本，我从中了解到在决策制定方面的小小进步会给结果带来很大的差异。一场牌局可能包含了几百手牌，每一手牌可能会涉及多达二十个决策。如果一场牌局中有一百个可以提供学习机会的结果而我们只抓住了十个，那我们就是错过了 90% 的学习机会。我们无法超越自己大脑的运作方式去构造一个新的大脑，也无此必要。如果我们面对的是类似于希腊人尼克这样的对手，无须担心，因为他们几乎错过了所有的学习机会。很显然，我们会打赢这样的对手，哪怕我们只抓住了 10% 的学习机会。如果另一名对手是和我们类似的玩家，但他们没有努力去改变自己处理结果的习惯，那么他们（之前版本的我们）可能会抓住五个学习的机会。如上所述，虽然我们错过了 90% 的学习机会，但我们仍然将会击败一个正在尝试学习但不知道如何去学的对手。①

多发现几次学习机会的好处会随着时间的推移而增加。就像复利计息，在决策制定上的小小进步所产生的累计作用在长远看来会对我们所做的每一件事产生巨大的影响。我们偶尔多抓住的几次学习机会使我们能够更好地在将来面对同一类型的机会。我们决策质量的任何改善都会使我们在未来处于更好的位置。把它想象成一艘从纽约开往伦敦的轮船，如果该轮船的导航仪出现了 1 度的导航误差，在一开始也许并不会引起注意，然而，如果问题一直没有被发现，这艘轮船就会越来越偏离航线并且会以数英里的误差而错过伦敦，这就是 1 度误差累积导

---

① 很明显这些数字都是虚构的，但至少算是比较接近现实情况。如果世界上最差劲的扑克玩家没能得到 1% 的学习机会，那么最好的扑克玩家也不会是 100%。值得一提的是，菲尔·艾维（在扑克锦标赛中赢得了超过 2 000 万美元的奖金，在高风险现金桌上可能赢的更多）对自己在一些最辉煌的胜利中所犯的错误仍然耿耿于怀。

致的结果。对赌思维可以校正你的航线,即使是一个微小的校正也会让你更加安全地抵达目的地。

　　第一步是明确我们想要重塑的思维习惯以及如何进行重塑。这一步很难,需要付出时间和精力,过程中也难免会出现很多失误。第二步是认识到,如果在此过程中我们并非孤军奋战,那么做出这些改变就会更加容易。想要快速并稳健地实现转变,寻求帮助是至关重要的一点,它将对我们的求真新常规进行训练和巩固。

第四章

结伴制

也许问题在于你自己,想过没有

2008年10月的一期《大卫·莱特曼晚间秀》(Late Show with David Letterman)节目中,全球音乐电视台(MTV)的《好莱坞女孩》(The Hills)真人秀明星劳伦·康拉德(Lauren Conrad)在采访时发生了出人意料的变化。对话的一开始是常规性的善意玩笑,关于在这位成功的22岁真人秀明星个人生活中发生的戏剧性事件。进行还不到一分钟的时候,康拉德就问主持人莱特曼是否在说她白痴。

她以自己与当时的前室友海蒂·蒙塔格(Heidi Montag)及海蒂的男友斯宾塞·普拉特(Spencer Pratt)正在持续进行的争执开始了这次访谈。有必要给不了解情况的读者补充一段

第四章
结伴制

简短的背景资料:在一次生日宴会上,劳伦指责海蒂和斯宾塞二人散播自己制作性爱录像的谣言,大吵一架后与海蒂决裂。另外,劳伦与斯蒂芬妮(Stephanie,斯宾塞的姐姐)和霍莉(Holly,海蒂的妹妹)建立了友谊,这令所有关联者的社交和家庭生活都变得复杂。劳伦试图巩固她与两位室友奥德里娜(Audrina)和萝(Lo)之间的友情,不但没有成功,还让劳伦与奥德里娜的友谊变得紧张,接着奥德里娜就与海蒂重新建立了友谊。与劳伦约会的布罗迪·詹纳(Brody Jenner)也卷入其中,他在质疑劳伦与《少女时尚》(Teen Vogue)杂志的模特约会的同时自己也在与其他人约会,他与斯宾塞因其与劳伦的友谊问题发生争吵并被指控为劳伦制作性爱录像的谣言散播者等。

针对上述康拉德生活中的戏剧性事件,大卫·莱特曼问道:"这就让人不禁想问,也许问题在于你自己,想过没有?"这句话让一场宣传性的轻松聊天变得难以收场。

莱特曼立刻意识到,他已经将谈话带入了彼此都没有预料到的一个更深入、更严肃的区域。他试图以自嘲的方式来缓和气氛并补充说他多年来一直在做着同样的事情,通过认为身边所有人都是白痴来拒绝结束学习循环。

"一个关于我自己的例子就是……在很长一段时间里……我都认为,'天哪,人就是白痴'。然后我又想到'每个人都是白痴,这可能吗?也许我才是白痴呢',后来发现我真的是白痴。"

康拉德显然不爱听这些，回答说："因此我也是白痴，对吗？"真人秀电视节目、娱乐八卦、媒体和流行文化相关的一些网站都认为这是值得记录的永恒一刻：莱特曼"基本上就是在说康拉德是个白痴"（Gawker.com），"狠狠地抨击了"康拉德（Trendhunter.com），"嘲笑了劳伦·康拉德"（Starpulse.com）。

莱特曼的评论其实颇具洞察力。他的错误是在一个不适当的场合向一个没有同意进行求真性交流的人提供见解。

康拉德的生活中肯定有很多戏剧性的事件，多到足够让全球音乐电视台打造两个连载节目来记录它们。但是，和大多数人一样，她认为是这些事情找上了她。换句话说，她无法掌控这些事情的发生（运气不好）。莱特曼建议可以将其中一部分结果归入技能的范畴，如果康德拉能够接受这一建议，这对她的未来可能会有所帮助。不足为奇的是，她不能接受。

莱特曼在一个以闲聊和讲笑话为主要内容的深夜脱口秀节目中出乎意料地提供了非常有用的替代假设。也许这种做法放在奥普拉·温弗瑞（Oprah Winfrey）那种风格的黄金时段访谈中更为合适，或者在其他心理对话节目中在明星同意进行这种交流的前提下进行。事实上，莱特曼在对方未同意进行求真性对话的情况下挑战康拉德，建议她去质疑自己对结果的区分，这违反了默认的社交规则。

这和我在扑克锦标赛中与打梅花6和梅花7的那个玩家的交流有些类似。我以为他是在征求我的建议，所以为了更好地做出回应，我要求对方提供更多的信息，以了解他将自己的失败结果归咎于运气是否准确。他期待着我会合乎情理地对他的坏运气表示同情，所以我试图深入细节也是违反了默认的规则。我对他采取了"莱特曼方式"。

类似的互动结果提醒我们，并非所有情况都适合寻求真理，也并非所有人都对此感兴趣。话虽如此，但对于任何想要更好地掌握对赌思维的人来说，生活中有更多类似大卫·莱特曼这样的人会让人获益匪浅。正如莱特曼从劳伦·康拉德那一期尴尬的互动中学到的那样，求真性的对话需要在双方协调一致的前提下进行。

红药丸还是蓝药丸

在经典科幻电影《黑客帝国》（The Matrix）中，当尼奥［Neo，由基努·里维斯（Keanu Reeves）扮演］与墨菲斯［Morpheus，由劳伦斯·菲什伯恩（Laurence Fishburne）扮演的黑客英雄］见面时，尼奥要求墨菲斯告诉他"母体"是什么。墨菲斯拿出两颗药丸，一颗蓝色，另一颗红色，根据尼奥的选择来决定是否让他知道更多信息。

"吃下蓝色药丸，我们的会面就此结束。你会在自己的床上醒来，随便怎么想那都是你自己的事。如果选择红色药丸，你就会留下并且了解到母体的真相。"

当尼奥的手伸向药丸时,墨菲斯提醒他:"记住,我只是在向你提供了解事实的机会,仅此而已。"

尼奥选择了去见识这个世界的真实面貌。他吞下了红色药丸并遭受了一系列毁灭性事实的打击。他那舒适的世界只是由奴役和压榨他的机器所制造的梦境,他的工作和生活、他的衣服、他的外表以及他整个生活的构成都是一些植入他的大脑的幻觉。而在真实的世界中,吃下红色药丸会使他的身体脱离培养皿的连接管,被冲入下水道,然后被墨菲斯的尼布甲尼撒(Nebuchadnezzar)海盗飞船接走。作为与机器对抗的反叛者,墨菲斯和其他成员们(选择红药丸后尼奥也成为其中一员)生活在狭窄的空间中,睡在不舒服的格间里,吃稀粥,穿破衣。机器在追杀他们。

通过这笔交易,尼奥看到了真实的世界,并最终打败了奴役人类的机器。

在这部电影中,母体的构建是为了成为一个更舒适的世界。同样,我们大脑的进化也是为了使我们自己的世界更加舒适:我们的信念几乎总是正确的,好结果的产生是因为技巧,有合理的原因可以说明坏结果是我们无法控制的,在与同行的比较中毫不逊色。我们否认,或至少淡化了信息中最痛苦的部分。

放弃这些思维习惯并非易事。在母体中的生活让人感到舒服,就像我们为了维护自我形象对信息采取本能的处理方式也让我们感到舒服一样。通过选择离开母体,我们主张去争取一个更加客观的世界。即便这个客观的世界有时会令人感到不适，但从长远来看它会使我们更加快乐、更加成功。

但这并不是一种适合所有人的交易，我们必须自愿选择才能使它富有成效并具有可持续性。墨菲斯（与莱特曼不同）并不是整天到处晃悠，在违背他人意愿的情况下带人们脱离母体。他让尼奥自己做出选择并和他一同离开母体。

既然这本书你已经读到这里了，那么我猜你会选择那颗红色的药丸。

刚开始玩扑克时，我就选择了求真。和尼奥一样，开始的时候有一些勉强和犹豫，而且我也不知道自己将会面对什么。本能地会去抱怨我的运气不好，惊讶于别人打得太差，认为自己打输的每一手牌都是不公平的。我的哥哥对我采取了很直率的态度，他问我对自己的战略决策有何疑问、在什么地方可能出现了差错，以及在什么情况下我会困惑于如何进行下一步。我意识到他正在教给我一种他从朋友那里学来的方法。他有一群聪明的、精于分析的东海岸玩家朋友，其中包括埃里克·赛德尔[①]在内的很多人当时都还在努力成就自己的传奇。除了向我介绍这种方法外，他还让这些卓越的专业人士在讨论扑克时

---

① 埃里克·赛德尔是有史以来最出色和最受人尊敬的扑克玩家之一。他赢得了（本书写作至此时）八条世界扑克系列赛冠军手链和3 000多万美元的锦标赛奖金。当我在20世纪90年代初刚开始去宾尼恩马蹄铁赌场参加世界扑克系列赛时，他已经连续3年在那里赢得了比赛。

将我当作一名同行。

我很幸运在扑克职业生涯早期就能接触到这些世界一流的扑克玩家,他们成为我学习扑克的老师。另外让我感到幸运的是,我必须通过请教战略决策问题的方式去与他们交流。我不得不抵制因为运气不好想要大发牢骚的冲动,我必须专注于自己可能犯错的地方以及在什么情况下我会困惑于如何进行下一步。因为接受了参与这个群体必须遵守的规则,所以就必须学会专注于我可以控制的事情(自己的决策),放弃我无法控制的事情(运气),并力求对此进行准确的区分。

这段经历让我明白在有人帮助的情况下对赌思维就会比较容易培养(连尼奥都需要帮助才能打败机器)。还记得学生时代远足野营中的结伴制吗?老师或辅导员会给每个人都搭配一个伙伴,目的是互相照应,以防我们走散或掉进水里等情况发生。一个好的决策小组就是成年人版本的结伴制。可以肯定的是,即使在获得帮助的情况下,也没有任何人能够完全克服我们在处理信息时的固有偏见,我自己就是一个例子。但如果我们能找到志同道合的人,组建一个求真的决策小组来讨论我们在实践过程中遇到的各种问题,我们的偏见就会得到不断的校正,随着时间的推移我们的决策质量也会取得质的飞跃。我们将会更加成功地克服偏见,更加客观地看待世界,因此我们也会做出更好的决策。单枪匹马也并无不可,只是会更艰难而已。

我们的决策团体可以由我们的朋友或家庭成员组成,可以

第四章
结伴制

是一个由同事构成的非正式团体，可以是一个企业战略小组，也可以是一个讨论决策问题的专业组织。组建或加入一个致力于培养对赌思维的团体意味着需要对通常的社交规则进行修改，还意味着我们需要以开放的心态来对待持与我们不同意见的人，给予他人应有的肯定，承担自己应当承担的责任，甚至（尤其）是在我们不情愿的时候。这就是为什么在与他人开展合作交流之前，需要就社交规则的修改与对方达成一致。否则人的感情一旦受到伤害，防御系统就会变得剑拔弩张，就像劳伦·康拉德一样，观众也不会想要听你的解释。所以在面对决策团体之外的世界时，我们最好还是遵循普遍的社交规则，避免没心没肺地到处问人"要不要赌一把"。（这并不是说我们不能在团体以外进行求真的实践，而是应该注意不要采取过于直接的方式，不要像莱特曼那样。稍后会继续这一话题，我们先来讨论团体的内部沟通。）

世界各地都有人组建团体，因为人们认识到可以从中获得来自他人的帮助，齐心合力应对我们面临的个人挑战并不是一个陌生的概念。他人的帮助为我们的决策制定带来很多好处，显然，他人比我们自己更容易发现我们的错误。在这个团体中我们可以互相帮助对方克服彼此的偏见盲点。

无论我们的决策团体在吸收成员时遇到什么障碍（本章指出了一些障碍以及相应策略），找一个能互相照应或指出对方认知盲点的伙伴是非常值得的。幸运的是，我们只需要找到几个愿意为寻求真理进行探索性思考的人。其实，三个人（当两人持不同意见时，第三人做调解[①]）就足以运作一个稳定有效的求真团体。

生活中，每一个人都服务于各自不同的目的，认识到这一点对我们是有帮助的。即使我们高度重视求真务实，也不能指望每个人都必须认同或采用相同的方式与我们进行沟通。求真不是邪教，我们不需要杀掉与我们持不同信念的人。无论是我们在普拉提课上认识的朋友，在球场上认识的朋友，还是任何一位朋友，都不应该为了与我们保持友谊而吃下红色药丸。不同的朋友满足不同的需求，我们也不需要所有人在各个方面都与我们完全一致。这些不同的团体都可以为我们的生活提供亟须的平衡。毕竟，我们需要付出努力才能在不让自己感到糟糕的情况下承认和讨论自己的错误，才能看清对自己获得好结果的肯定，才能以开放的心态认识到我们的信念并非全部正确。求真的实践与很多舒适行为背道而驰；求真也是艰苦的工作，我们需要休息以补充足够的意志力。

事实上，在我的扑克策略小组中每个人都明白，有时候我们需要先退出牌局，把激烈的情绪发泄掉之后才能开始对结果进行准确的区分。例如，如果我们中的某个人刚在锦标赛中被淘汰出局，那么他偶尔说一句"真倒霉，现在我只想发发牢骚"

[①] 感谢菲利普·泰洛克教了我这个绝妙的表达。

是可以被接受的。关键是通过这种做法我们认识到，这只是对我们共同努力的一个暂时性背离，当负面情绪消退之后我们又将回归理性。

我们知道，如果找到伙伴与我们一起通过实践寻求真理，我们就能够成为更好的决策制定者。我们也明白这种合作需要一个协议。协议内容有什么？一个高效的决策团体有什么特点？本章的其余部分将致力于解答这些问题。第五章在此基础上提供了团体参与规则的制定大纲、如何防止团体偏离目标，以及在团体中我们能够得到强化的有效思维习惯。

团体生而不同

在对付难以摒弃或难以改变的顽固习惯方面，一个具有良好章程的团体能够起到显著的作用。这并不是一个疯狂的想法，也毫不新奇。我们都很熟悉各种帮助改变饮食、酗酒和运动习惯的互助组织。最有名的例子就是卓有成效的匿名戒酒会（Alcoholics Anonymous）。

匿名戒酒会最早的创始人比尔·威尔逊（Bill Wilson）最初经历了一个艰难的戒酒过程，包括多年的失败、绝望、住院、服药和信仰转变。然而，为了保持清醒，他意识到他需要和另一个酗酒者进行交流。在一次去俄亥俄州阿克伦市的旅行中，威尔逊招募了戒酒会的第二位创始人鲍勃博士（Dr. Bob）。尽管被家人和医生视为一名无可救药的酗酒者,鲍勃博士却在旅途中成功地控制住了威尔逊的酒瘾。反过来,威尔逊最终也帮助鲍勃博士戒酒成功。随后,匿名戒酒会帮助数百万人戒酒并保持清醒的状态,接着又衍生出以同样方式应对其他顽固恶习的帮助组织,如吸毒、吸烟、不健康饮食和虐待关系。这一切都源于一个理念:在别人的帮助下我们可以做得更好。

虽然团体的作用可能要强于无组织的个人,但这并不是自动形成的。在团体中,我们可以通过讨论替代方案以及认识到我们的思维偏差来提高我们的决策质量,但是团体同样也会加剧我们对既有信念加以巩固的倾向。菲利普·泰洛克和珍妮弗·勒纳(Jennifer Lerner)是团体互动科学领域的权威专家,他们在2002年的一篇颇具影响力的论文中如此描述了这两种群体推理模式:"确认性思维片面地试图将某个观点合理化,而探索性思维则公平地考虑了其他可能的观点。"换句话说,确认性思维放大了偏见,助长了动机性推理,因为它的主要目的是为正当性辩护。确认性思维促进人们对自己信念的热爱和颂扬,扭曲团体处理信息的方式和制定决策的过程,如此可能会出现从众思维的结果。而探索性思维不仅鼓励对替代假设进行开放和客观的考虑,而且对驳斥偏见的异议持允许态度。探索性思维有助于团队成员理性地对他们看到的世界进行更为准确的理解。

如果缺乏明确的章程来引导探索性思维,并且无人对章程的执行负责，在与他人互动时我们就会趋向于遵循我们的个体倾向，即确认性思维。"回声室"（echo chamber）这个表达让人立即想起对确认性思维的自然倾向所导致的结果。它让我想到的是扑克锦标赛休息期间选手们的表现。如果有一名选手表示自己手气很糟糕，就会有另一名选手以点头赞同为序曲开始诉说自己的霉运，大家也会对这个人的故事点头表示赞同。

为了避免确认性思维，促进探索性思维，勒纳和泰洛克在团体协议的内容方面提供了一些见解。"如果决策者在形成任何观点之前能够对他们需要负责的受众类型有所了解，就极有可能会激发他们解决复杂问题的开放性思维。受众类型包括：（1）观点不明确的人；（2）对准确性感兴趣的人；（3）消息灵通的人；（4）有正当理由对参与者的判断/选择原因进行研究的人。"他们的合作成果支持的结论是，当个体决策者需要对一群追求准确性的人负责时，团体的作用有助于改进这些决策者的思维。这篇 2002 年的论文是他们的合作成果之一。

除了问责制和追求准确性外，团体章程还应鼓励和提倡用各种不同观点来挑战成员们的偏见思维。纽约大学斯特恩商学院教授乔纳森·海特是研究政治团体思维的权威专家。他的著作《正直的思维：为什么政治和宗教会使好人产生分歧》（*The Righteous Mind：Why Good People Are Divided by Politics and Religion*）以泰洛克的研究为基础，将其与多元化的需求联系起来。"如果能以正确的方式将个体聚集在一起，让其中一些人可以使用论证来驳斥他人的主张，使所有人都感受到这是一个心手相连的团体以便他们进行谦逊的互动，你可以创建一个带有社会凸显特征的致力于产生良好推理结果的团体。这就是为什么对一些致力于追求真理的团体或组织来说，拥有智力和思维的多样性是如此重要。"

综合起来，这些专家们提供的关于团队互动的建议就构成了一份不错的章程制定大纲：

1. 专注于准确性（通过确认），其中包括针对求真性、客观性和开放思想的奖励；
2. 事先让成员明确的责任性；
3. 对各种想法保持开放的态度。

一份贯穿上述几点的协议将在成员之间建立连接的纽带并确立共同的命运，使团体得以运作良好。

任何认识到对赌思维好处的人都不应该对此感到惊讶。我们不会因为热爱自己的想法而赢得牌局，赢得牌局依靠的是为求更准确地反映世界而对信念和判断进行校准的不懈努力。从长远来看，客观理性的人会打败偏见固执的人。那样，对赌就是一种对准确性负责的形式。校准需要对各种观点和替代假设进行开放性考虑。将所有这些纳入你的团体章程是非常明智的做法。

第四章
结伴制

埃里克·赛德尔曾明确地告诉我，团体章程必须毫不含糊地让所有成员都明确。我十几岁的时候就见过埃里克，但第一次在工作场合的互动却是在扑克比赛见面的时候。在职业生涯初期的一次比赛休息时我见到了埃里克，就开始向他抱怨自己因为坏运气而输惨了。他用三句话阐述了有效的团体章程应该包括的所有要素。"我不想听。我并不是有意伤害你的感情，但是如果你对某一手牌有疑问，你可以问我打牌的策略问题，一整天我也不介意。我只是认为把手气不好之类你无法控制的东西拿来当作聊扑克的主题是毫无意义的事情。"

埃里克·赛德尔对求真团体的几乎所有章程都很熟悉。他告诉了我与他同在一个交流小组需要遵守的规则。他打击了我的确定性或偏见思维，比如"我运气很糟糕"之类的说法。他鼓励我去发现自己可以控制的事情，思考如何改进相关决策。我知道如果没做好这些，他会在未来的互动中让我做出解释。我们通常会讨论各种不同的意见，因为他坚持认为这才是我们互动的重点。

我非常幸运能够加入一个具有明确章程的求真团体，所以我在扑克决策方面获得了长足的进步，这是毫无疑问的。当我可以就进行中的决策咨询他们的意见时，比如是否提高赌注，赌本管理或牌局选择等问题，他们的建议减少了我犯错误的数量。同样，他们丰富的战略和经验对我的思维和决策质量的提高也起到了持续的良好作用。当我遇到问题或不明白某种情况为什么会发生时,他们会看到我看不到的东西。当他们有问题或需要建议时,我不仅帮助他们解决决策问题,而且在此过程中还经常会对自己的决策产生新的见解。这些互动使我的决策质量不断提高,如果缺乏这些互动,我会忽略这些进步的机会,或者更多是在犯了大量代价高昂的错误之后才会发现。

更好的是,与具有相似目标的人进行互动可以提高抵制偏见的能力,这不仅体现在直接的互动中,在我们自己制定和分析决策时也是如此。团体可以对我们的思维产生积极的影响并且重塑我们的决策习惯。

团体对注重准确性的奖励

我们都希望得到认同,特别是来自我们尊重的人的认同。勒纳和泰洛克发现我们对认同的渴望极其强烈,这种渴望能起到强大的激励作用。他们指出,在大多数实验环境中,参与者都希望向他们从未见过并且不会期待再见的人解释他们的行为。"这些资料最值得关注的地方在于,尽管一些极简主义思想在盛行,参与者仍然积极地做出反应,观者的认可对他们来说非常重要。"我们尊重的人能够认同我们当然很棒,但我们是如此渴望被认同,以至于我们仍然会努力争取哪怕是来自陌生人的赞许。一个有效率的决策团体可以通过社会认可的方式对准确性和理性诚实进行奖励,以此来控制这种欲望。

第四章 结伴制

动机性推理和自利性偏差是深深扎根于我们大脑运作方式的两种思维习惯。我们在确认性思维的形成上投入巨大,而且总是在毫无知觉的情况下就陷入这些偏见的陷阱中。确认性思维很难被发现也很难被改变,而且当我们试图改变它时会发现,它也很难实现自我强化。通过对赌思维来奖励自己是一种办法,但如果有他人来负责对我们进行奖励就更好了。

像匿名戒酒会这样的组织展示了一个帮助团体是如何通过认可来对努力改变习惯的成员进行奖励的。为了让人努力戒酒,各地的匿名戒酒会向成员发放"徽章"之类的纪念物来庆祝他们戒酒的天数。这些徽章(成员经常把它们当作珠宝饰品一样佩戴)是一种有形的提醒,意味着你艰苦努力的成果得到他人的认可。这些徽章有一些代表 1~65 年的成功戒酒,还有一些代表第一年内几个月的成功戒酒。甚至还有一些用来奖励 24 小时没有饮酒的徽章。

我亲身体验了团体认同重塑个人思维习惯的力量。我的进步和提高得益于以下几个方面的努力尝试:成为最好的不吝啬于肯定他人的人,成为最勇于承认错误的人,以及成为最善于在好结果中发现错误的人。我得到的奖励是他们热情和深入地向我介绍扑克策略的细微差别。这些聪明而成功的玩家认真地对待我的问题并越来越多地征求我的意见,这也让我获益良多。相反,当我违背团体章程并抱怨运气不佳时,或者当我仅仅因为赢了牌就期待赞美时,他们会表现出反对态度。

尽管我从未接近于单纯关注准确性的目标，但是团体的帮助使我对自己的表现更加肯定。在决策过程中，我可以发现之前凭个人努力没有发现的问题，在对待意见相左的战略抉择时也能够保持更加开放的态度。即使每一次只有一点进步，我也在不断地朝着接近客观事实的目标迈进。这一点进步累积起来对我的成功产生了巨大的影响。

我刚开始玩扑克时，与人"讨论"的主要内容是因为运气不好而输牌的牢骚。我的哥哥很快就厌倦了我的絮絮叨叨。因此他还制定了规矩，我能向他咨询的问题范围只限于我打赢了的牌。如果我想让他提供意见，必须在那些我打赢了的牌局中发现一些自己可能出现错误的地方。

谈论获胜（即使我们是在寻找胜利过程中出现的错误）不像谈论失败那么痛苦，这更易于我们训练自己的新习惯。识别赢牌中的错误有助于强化我们对结果与决策质量两者关系的理性区分。这些讨论还使我对分析和质疑自己的决策感到满意，因为我得到了霍华德和其他我崇拜的玩家们的认同。我把这些认同当作我懂得打牌以及我有潜力成为扑克玩家的证据。当他们表扬我在打赢的牌局中找到了替代打法或理解了运气的作用时，我感觉非常好。逐渐地，我扩展了这种方法的应用并在任何一手牌中都能发现学习的机会，而不仅仅是在获胜的牌局中。

一旦我们加入了一个经常对探索性思维进行强化的团体，常规做法就会逐渐变成自然而然的反射行为。探索性思维成为一种新的思维习惯和自我强化的新常规。用巴甫洛夫的方式，在获得团队对我们努力实践对赌思维的充分认可后，我们在个人注重的准确性方面也会获得同样的良好感觉。吸收来自团体的认同之后，由于习惯的养成，我们在团体之外（毕竟占绝大部分时间）也开始做一些能够为自己赢得认同的事情。

"100个白色城堡汉堡……和一大杯巧克力奶昔"：责任性如何改善决策制定

大卫·格雷（David Grey）是一名高赌注扑克玩家，也是我的好朋友。在新泽西州一家赛马场和保龄球馆待了一个晚上之后，大卫和他的一群朋友饿了。当时天色已晚，有人建议去"白色城堡"（White Castle）①吃饭。这竟然引发了一场关于他们这群人中食量最大的、有"大鲸鱼"这个外号的伊拉（Ira）可以吃几个汉堡的讨论。

当他们听到大鲸鱼伊拉说自己能够吃下100个汉堡（提示：白色城堡的汉堡很小）时，毫不意外地，人群中的大多数人都想跟他打个赌。但大卫是个例外。他说："那时我还很年轻，刚开始打牌不久，50美元的输赢对我来说还是一个比较大的决定。当时大家押了差不多有2 000美元赌大鲸鱼伊拉输，我却下注

---

① 白色城堡是美国的一家连锁汉堡快餐店。——编者注

200美元赌他赢，因为我认为他具备这个实力。"

他们来到一家白色城堡后，大鲸鱼伊拉决定每一次点20个汉堡。在伊拉刚要了第一次的20个汉堡时，大卫就知道自己赢定了，因为伊拉同时还点了一杯奶昔和薯条。

在吃完100个汉堡并和大卫一同收完赌注后，大鲸鱼伊拉又点了20个汉堡打包。他说是"给夫人带的"。

责任性就是对我们影响他人的行为或信念承担责任的意愿或职责。打赌是一种责任形式。沉迷于自己的观点可能会让我们在赌局中付出代价。大鲸鱼伊拉让其他人对他们不相信自己吃得下100个汉堡的信念承担了责任。责任性是约翰·汉尼根（短暂地）搬到得梅因的原因。在这种环境中度过一段时间之后，你会对个人信念的信心程度保持高度警惕。没有人是被迫提出或接受这种赌约的，但预期结果会提示你要对自己相信的事和说过的话的准确性负责。这是真正地以实际行动来支持自己的信念。

一个时常会遇到对赌挑战的环境有利于减少我们的动机性推理。这样的环境改变了我们观察对立信息的框架，加强了求真团体奖励的框架变化。可能与我们所持观点相抵触的证据不再通过一个框架被视为带有伤害性。相反，这些证据被认为是有益的，因为它们有助于提高我们做出更好的决策的概率。赢得赌注将触发一个增强的正面改进。

责任性就像强化的精确性一样，当我们在团体之外的时候它也在改善着我们的决策和信息处理，因为事先知道自己必须为我们的决策结果向团体做出交代。在我的职业生涯早期，我的扑克小组告诉我输牌时避免受到自利性偏差影响的方法是预先设定一个"损失限额"——他们建议当我在牌局中输掉600美元时就离开牌桌。给我建议的那些聪明的、经验丰富的玩家知道，在输牌时人往往会变得不够理性，因此在分析自己输牌原因（运气糟糕还是发挥失常）的时候很容易会出现差错。事先确定的损失限额可以作为非理性追回损失的提醒，但如何确保自我执行是一个问题。如果你的口袋里有更多的钱，你可能会拿出来继续赌。如果输光了身上的钱，赌场有自动取款机和信用卡现金预支机。扑克玩家们通常也会比较大方地借钱给输牌的玩家。

我不太可能会打破损失限额，因为我知道我要对我的团体负责。如果在我达到损失限额时内心的声音在说："我感觉赢的希望很大，我应该再投钱继续赌。"这同时对我也是一个提醒：我必须为此向一群我尊敬的玩家做出解释。责任性促使我在脑海中进行了一段对话，对话中我在解释着我只是手气太差，而他们则会指出这可能是由于我分析偏差的原因，并帮助我抵制购买更多筹码的冲动。而且，在离开一场失败牌局回家之后，我可以通过演绎这段对话来抵消一些失败的刺痛，因为在这段对话中，我的团体会赞同我在这种情况下离开牌桌的决定。

想象一下对话的场景有助于我们在没有人帮助的情况下辨

别更多的错误,并更快地捕捉到它们。

团体让我们接触到各种各样的观点

约翰·斯图亚特·穆勒是对赌思维的先驱之一。在《论自由》成书的 150 多年后,他对社会和政治哲学的思考在今天仍然具有惊人的适用性。《论自由》中一个反复出现的主题是意见多样化的重要性。多样性和不同意见不仅是对可能出现的错误的排查,而且是检验最终真理的唯一方法:"人类得以全面掌握某个主题的唯一途径,是通过了解人们对其发表的各种不同意见,以及研究各种思维角色都参与探讨的所有方式。没有任何智者是在此之外的其他模式中获得智慧的,而且通过其他任何方式获得的智慧都不具有人类的理智性。"

穆勒的见解有一种简约之美。就个体而言,我们只有一个观点。这是我们作为人类的限制。但是,如果把一群有这种局限性的人集合在一起,我们就会接触到不同的观点并通过检验替代假设来向准确性靠拢。单凭我们一己之力没有可能接触到一个组织良好的决策团体可以提供的多样性的观点。为了能够更加客观地看待这个世界,我们需要一个可以使我们接触到替代假设和不同观点的环境。这不仅仅适用于我们周围的世界:为了能够更现实地审视自我,我们需要他人的帮助来填补我们的盲点。

一个持有不同观点的团体可以通过分享前两章中提出的，关于如何应对信念的动机性推理和偏见性结果区分的内容来帮助我们。当我们像对赌一样思考时，会过滤一系列问题来检验我们信念的准确性。例如：

- 为什么我的信念可能是不正确的？
- 还有什么其他证据可能会影响我的信念？
- 是否有类似的领域可以用于衡量与自己信念类似的信念是否属实？
- 在形成信念的过程中，我有可能错过或忽视哪些信息来源？
- 别人持不同信念的理由是什么，他们的支持观点是什么，为什么他们比我更有可能是正确的？
- 关于为什么会产生某种结果的观点还有哪些？

询问自己上述问题，说明我们正朝着信念调整的方向大步迈进。但是仅仅依靠自己是很难回答所有这些问题的。我们能够接触到的信息、能够亲身体验到的经历，以及能够考虑到的假设都受到自身的种种限制。我们很难知道为什么他人会持有不同的信念。我们无从得知，因为我们不是他们。我们无法获得他们的经历。我们也不清楚他人知道哪些不同的信息，只有他们自己知道。

对赌：
信息不足时如何做出高明决策

我们大部分的信息处理偏差源于不确定性带给我们的因素数量。在团体中被广泛采用的多元化的观点可以通过填补我们已知信息的空白来减少不完整信息造成的不确定性，从而使我们能够更好地适应人生的棋局。

其他人不会一心一意地维护我们的偏见性自我叙述。他人提出看法要比你把自己想象成他人来猜测他们的看法容易得多。一个多元化的团队可以在我们摈除偏见的努力中给我们提供很多帮助。扑克牌桌自然是一个理想的多样化环境，因为我们通常不会为了获得对方的观点而选择和他们打牌。更巧妙的是，当牌桌上出现各种不同意见时，讨论就可能会自然而然地演变为对赌。这些都是提高准确性的理想场合。

许多团体已经意识到需要营造这种牌桌上自然会出现的多样性以及对不同意见的鼓励。自越南战争时期以来，美国国务院建立了正式的异议渠道（Dissent Channel），员工们可以将对政府的反对意见递交至相关机构处理而无须担心遭到处罚或报复。美国外交服务协会（American Foreign Service Association）是外交职员的专业组织，每年协会向其成员颁发四个独立奖项以"承认和鼓励在外交部门中提出建设性异议的冒险行为"。据说通过异议渠道实现的一项政策变动帮助结束了波斯尼亚的种族灭绝战争。2016年6月，美国国务院51名员工签署了一份备忘录，呼吁奥巴马总统加强美国在叙利亚的军事投入。2017年1月下旬，大约1 000名员工因反对特朗普总统暂停七个伊斯兰国家移民

第四章
结伴制

的行政命令而签名支持一份异议电报。异议渠道代表着国家决策过程中存在的民主之光。在两极分化日益加剧的情况下，无论是民主党还是共和党执政，外事员工对政策的不同意见都可以得到有效传达。允许异议具有超越党派政治的重大价值。

乔治城大学法学教授尼尔·凯亚尔（Neal Katyal）在《纽约时报》（*New York Times*）的一篇评论文章中透露，"9·11"事件之后，美国中央情报局（CIA）创建了"致力于驳斥情报界传统观点并辨别逻辑和分析错误"的"红色突击队"。在击毙奥萨马·本·拉登（Osama bin Laden）的突袭事件之后，奥巴马政府高级官员提到，在缺乏视觉和声音确认的情况下使用了一些方法来判断本·拉登是否位于袭击范围之内的那座建筑中。"红色突击队"分析方法就是其中一种。

异议渠道和红色突击队是穆勒提出的这一基本原则的出色实践：通过单方面的了解不足以获知事情真相。我们应该明智地将这种支持意见多样性的承诺用于我们自己的决策团体。例如，如果一个企业战略团体正在考虑如何在合并后进行业务整合，那么让最初反对合并的某些人加入战略团体会是一种明智的做法。也许他们有理由能够说明为什么两个销售部门无法协调一致，不管理由如何，他们提供的参考意见都有助于大家做出更明智的决策。

多样性是实现高效团体决策的基础，但我们不能低估维持它的难度。我们都倾向于接近与我们相似的人。毕竟，我们都喜欢听到能与我们产生共鸣的想法。如果读者对人们会轻易陷入确认性思维的倾向产生怀疑,那么我们来看看一些普遍被认为是最忠于寻求真理的团体:法官和科学家。

联邦法官:主观倾向并不稀奇

现为哈佛大学法学教授的凯斯·桑斯坦(Cass Sunstein)在芝加哥大学法学院任教时,与同事们就联邦司法小组的意识形态多样性进行了大量研究。桑斯坦从一开始就认识到,美国上诉法院是一个多元化的"非同寻常而且历史悠久的合理尝试"。上诉法院小组由从巡回人员名单中随机抽取的三名法官组成。每一份巡回人员名单都包括了(当有空缺或国会认为需要增加法官时)由现任总统挑选的终身法官。在任何特定的上诉中都会选出一个三人小组,由三名民主党人或三名共和党人构成,又或者由双方共同参与的二加一组合构成。

通过对这项涵盖了 6 000 多项联邦上诉和近两万次个人投票的研究发现,司法投票通常也遵循着政治路线,这丝毫不会让人感到意外。即便是对宣誓将终身维护法律尊严的法官而言,要做到纯粹的、独立的毫无偏见之心也是很困难的。

当小组中出现多种政治观点时,研究人员发现这种多样性可以在多个领域内改善小组的工作。尽管在大多数情况下两名政治观点相近的法官主导着小组的决策结果,但异质和同质小组之间存在的差异却十分显著。三人中来自另一党的单个小组成员起了"极大的约束作用"。

例如,他们在环境案件中发现"意识形态弱化的有力证据"。对原告的总体投票率为43%的民主党小组成员在与两名共和党人员分在同一小组时对原告的投票率只有10%。而对原告的总体投票率为20%的共和党小组成员在与两名民主党人员分在同一小组时对原告的投票率却涨至42%。这种情况在25个类别的多数案件中都存在,研究人员在其中发现了足够得出结论的样本数。

他们的结论是,结果支持了人们接触不同观点的重要性:"合理的多样性或多样性的合理观点是必要的……而且重要的是要确保法官与其他人一样都要接触不同的观点,而不仅仅是拥护者的看法。"

桑斯坦的小组发现,联邦上诉法官们需要反对党任命者的多元化观点。他们还发现,法官们遵循着人类屈服于群体思维的本能。"我们的数据提供了强有力的证据,表明志趣相投的法官其表现也趋于极端:一名法官向某一方投票的可能性在很大程度上受到小组中是否有同一政党总统任命的其他法官的影响。简言之,我们声称要在联邦上诉法院体现出强烈的一致效应和群体极化作用。"

最高法院日益加剧的两极分化就是一个恰当的例子。现在每个法官都配有四名职员,他们都拥有类似的资历:顶级法学院的顶尖毕业生、法学评论期刊编辑和联邦上诉法院法官助理。多年来，这些职员在帮助法官们分担脑力工作、讨论案件细节和起草初步意见等方面起到了日趋重要的作用。

在2005年罗伯茨（Roberts）被任命为首席法官之前，特别是在法院的一些保守派成员中，聘用有别于自己的意识形态背景的职员相当于一种非正式的荣誉徽章。鲍勃·伍德沃德（Bob Woodward）和斯科特·阿姆斯特朗（Scott Armstrong）在《法官们》（The Brethren）一书中描述了鲍威尔（Powell）法官是如何"因聘用自由派助理而感到自豪"的。他会告诉职员们，他本人理所当然地持有保守意见，而他们的工作任务是向他展示相反的一面，提出不同意见。他宁愿在自己私密的议事厅里事先听取强势的不同观点，也不愿出其不意地在会议中或当庭遭遇反对意见。

首席法官伯格（Burger）从具有民主党和共和党法官助理职业经历的人员中挑选自己的职员。伯格的同事、随后接替他成为首席法官的伦奎斯特（Rehnquist）曾怀疑自由派职员在影响法官意见方面的作用。根据《法官们》中的说法，他很快就转变了这种态度。伦奎斯特认为："自由派职员们在法律和道德层面上的参与和投入对于法官和法院来说都是极其有益的。"斯卡利亚（Scalia）法官在担任华盛顿特区巡回法官，以及早年在最高法院任职时就以寻求具有自由主义意识形态的助理而广为人知。

第四章
结伴制

　　随着最高法院内部的分歧日益加剧，这种做法几乎停止了。根据《纽约时报》2010年的一篇文章，只有布雷耶（Breyer）法官还经常从曾为总统任命的巡回法官工作的职员中聘用助理。自2005年起，斯卡利亚就不再聘用具有民主党法官助理工作经验的职员了。鉴于招聘做法的转变，法院的两极化问题越发明显也就不足为奇了。法官们都在构建自己的"回声室"。

　　从1986年到写这篇文章的时候，托马斯（Thomas）法官总共雇用了84次助理，他们无一例外地都曾效力于共和党任命的法官。毫不奇怪的是，《法律、经济学与组织学杂志》（Journal of Law, Economics, and Organization）的数据显示，托马斯是离法院意识形态中心最远的法官，其右倾程度远甚于左倾最严重的自由主义法官索托马约尔（Sotomayor）。

　　托马斯曾经说过："我不会雇用在观点上和我有重大分歧的职员。这好比试图训练一头猪，不仅浪费自己的时间，也会让猪感到困惑。"① 只有当你认为决策小组的目标在于把人们训练成你的应声虫的时候，上述说法才有意义。但如果你的目标是追求最佳的决策过程，这无疑就是一种不理智的情绪。

　　这种两极分化警告我们不要和与我们持有相同观点以及共享知识源的人创建决策小组。成员的同质化程度越高，团体促

---

① 托马斯转述了据说是出自马克·吐温（Mark Twain）的一句话："永远不要尝试教猪唱歌。这会浪费你的时间，也会让猪感到困扰。"

进和扩大确认性思维的作用就越大。令人遗憾的是，这正是我们不断接近的目标，即便是最高法院法官也未能例外。我们都很熟悉这种政治倾向，这是双方政党的相互抱怨。保守派抱怨说，自由派生活在一个不断重复和确认自己观点的回声室里。他们不接受新的信息或不符合自己信念的想法。这与自由派对保守派的批评一模一样。

尽管互联网和多媒体新闻的广度让我们可以无限度地接触到各种各样的观点，也给我们带来了前所未有的便于我们进行自我封闭的机会，使我们只会从与我们信念一致的来源去获取信息。我们甚至经常会在毫无知觉的情况下进入回声室，这是因为我们过于热衷于自己的信念以至于它们听起来总是合情合理且正确无误。在政治话语中，每个人，甚至是那些熟悉群体思维的人都会断言："我在一个理性的群体中交流思想并慎重地思考问题。然而，我们的对手却活在一个回声室里。"

我们必须警惕团体中的这种倾向，并随时做好与之斗争的准备。无论是构建一个朋友圈还是组织一个工作小组，或者是当我们为了引导企业文化走向正规而吸收各种观点以及容纳反对意见时，都应该防止掉入同质化的思维陷阱。我们也应该认识到这的确不是一件容易的事：社会常态是趋于同质化的，而这正是我们所有人都会犯的错误。更有甚者，我们根本没有意识到我们正在被同质化。

社会心理学家：确定性倾向和异端学会

2011年，乔纳森·海特在一次面对1 000名社会心理学家的讲话中指出，他们的领域中缺乏观点的多样性。他表示，他只能找出一位在研究领域内能获得广泛认同的保守的社会心理学家。

对社会学家专业组织进行的问卷调查发现，有85%～96%自称为中左派的成员在2012年把票投给了奥巴马或者在政治观点问卷调查结果中显示为中左。（其余4%～15%中的大多数被认定为中间派或温和派而非保守派。）这种趋势呈现出长尾现象，并且一直在加速增长。在20世纪90年代，社会心理学家中的自由派人数就以4比1的大比例远超保守派人数。近年来的调查显示，这个比例已经增长到10比1以上甚至更大。吸收观点相同成员的倾向加上意识形态方面人数被远超的沮丧事实表明，如果不加限制，这种情况就不会好转。根据建立这种同质化趋势的调查，受访者中大约有10%的教职员被认为是保守派，而这一数字在研究生和博士候选人中仅为2%。

海特连同菲利普·泰洛克以及另外四位学者——社会心理学家何塞·杜阿尔特（José Duarte）、贾雷特·克劳福德（Jarret Crawford）、李·朱西姆（Lee Jussim）和社会学家夏洛特·斯特恩（Charlotta Stern）——共同组建了一个名为"异端学会"（Heterodox Academy）的组织，其宗旨是与学术界的同质性思想倾向做斗争。2015年，他们在《行为与脑科学》(*Behavioral and Brain Sciences*)期刊上发表了研究成果以及33篇开放同行评论。在上述期刊发表的论文讨论并记录了社会心理学中的政治失衡，它如何降低科学质量，以及如何改善这种状况等问题。

社会心理特别容易受到政治失衡的影响。社会心理学家正在研究导致左派和右派政治分歧的很多敏感问题：种族主义、性别歧视、因循守旧以及对权力和当局的反应。一个几乎完全由自由主义倾向科学家组成的团体，其研究质量和作用可能会不容乐观。

作者指出，政治价值观念"使一些概念变得难以被察觉且无法被测量，它们以这种方式嵌入研究课题中，从而使假设检验的尝试失效"。这些情况在一些涉及如何对待环境的问题，以及试图将意识形态与不道德行为相关联的实验中都有发生。他们还发现，研究人员仅仅关注认同其共享叙述的主题，回避与该叙述对立的主题（如模式化的准确性以及偏见的范围和方向）的风险。最后他们指出了一个显而易见的问题，即在一个自由派与保守派人数比例大于10比1的学科里，将保守派描述为教条和狭隘是否合理。

首先，异端学会的研究表明，人们会自然而然地倾向于同质性和确认性思维。我们都有被与我们想法接近的人吸引的经历。完全为追求真理而培养的科学家们也不能对此免疫。正如那篇在《行为与脑科学》上发表的论文的作者所了解的那样：

"即使是研究团体中智力卓越和心地善良的人也可能成为确认偏见的牺牲品,因为智商与人们在争论中找到的支持己方的原因数量呈正相关。"这些偏见具有强大的生命力。我们了解到连法官和科学家也都屈从于这些偏见。不管在何种情况下,我们都不应该因为承认自己也需要帮助而感到难过。

其次,聚集了不同观点的团体是对确认性思维侵袭的最好保护。"当同行的团体持有同质化政治观点时,同行评审作为体现科学方法开放性和假设检验的黄金标准,它对错误的防范作用会变得极其有限。"换句话说,如果团体成员的观点一致,那么他们的意见就不会对我们有很大帮助。那篇论文中引用的试验性研究发现,确认偏见使评论者"对于他们不赞同的论文会进行加倍努力地挑错,而对于他们认可的论文,即使出现方法论问题他们也会格外宽容"。论文的作者得出结论:"目前还没有人发现能够消除个人确认偏见的方法,但是我们可以使这个领域多元化,直到个体视角偏差开始互相抵消。"

这篇论文以及异端学会的持续努力包括针对鼓励多样性和反对意见的具体建议。我推荐读者去阅读这些具体建议,其中包括诸如反歧视政策(反对异议)、鼓励持有相反观点的人士加入组织并参与吸收人员的过程,以及通过调查来衡量组织中实际存在的异质性或同质性观点。这些正是我们在个人生活和工作中能够很好完成(或调整,如有必要)的有利于团体的事情。

即使在那些致力于寻求真相的人中间,例如法官和学者中，我们也可以看到人类寻求自我信念确认的倾向是多么强烈。如果你对这种符合所有人的情况有任何疑问，请暂时放下本书，去看看你在推特（Twitter）上都关注了哪些人。可以相当肯定地说，其中大部分都是在意识形态上与你保持一致的人。如果是这样的话，请不妨开始关注一些持有对立观点的人。

赌一把（科学的）？

如果对赌思维能够帮助我们消除偏见，那我们能不能用它来解决异端学会的问题？人们可能会想，如果必须在出现重复结果的可能性上下注，那么与传统的易受视角偏见影响的同行评审相比，科学家们可能会更加准确。尤其是在一个匿名的博弈市场，不管是确认个人意识形态的强大还是完全基于对个人研究和信念的重复肯定来下注，都是毫无价值的。科学家在这样一个博弈市场上的"正确"方式是出色地利用他们的技能对是否会出现重复结果进行最客观的下注。事先知道自己的工作取决于市场测试的研究人员也会面临一种额外的问责方式，这可能会使他们调整自己的报告结果。

至少有一项研究显示，科学家在博弈市场中对实验结果可复制性的下注要比单一的专家意见更准确。在心理学领域，10年来一直存在关于大量已发表的研究结果无法被其他研究人员复制的争议。心理学可重复性项目（The Reproducibility

第四章
结伴制

Project：Psychology）一直致力于复制那些发表在顶级心理学期刊上的研究结果。斯德哥尔摩经济学院行为经济学家安娜·德雷伯（Anna Dreber）与几位同事根据这些复制尝试建立了一个博弈市场。他们在相关领域招募了一批专家，并就可重复性项目复制44项研究结果的可能性征询了他们的意见。然后他们向这些专家提供了赌资，用于在预测市场中对每项研究的可复制性进行下注。

参与传统同行评审以及对实验结果的可复制性提供意见的专家，他们的正确率为58%。在一个以交易员为专家的博弈市场中，那些专家们下注的预测正确率为71%。

考虑到同行评议一直被认为是科学方法的坚实基础，许多人才会惊讶地发现，对赌中的专家意见比同行评审中的专家意见更加准确。当然，本书的读者对这一结果应该不会感到非常惊讶。我们都知道科学家们致力于寻求真理并且认真对待同行评审。可以说，这一科学过程中存在隐性的博弈元素，因为评审质量直接影响着研究者和同行评审人员的声誉。但我们知道，科学家和法官一样，也和我们每个人一样，都是普通人，都会受到确认性思维模式的影响。毫不隐讳地明确这种风险会使我们变得更加客观。

事实上，越来越多的企业开始利用博弈市场来解决难以获知反对意见的问题。采用预测市场来检验决策的公司包括谷歌（Google）、微软（Microsoft）、通用电气（General Electric）、礼来

（Eli Lilly）、辉瑞（Pfizer）和西门子（Siemens）。人们更愿意为了赢得赌注而不是与人融洽相处而提出自己的意见。

把准确性、责任性和多样性纳入团体章程有助于提升决策质量，这对一些致力于对赌思维的团体来说更是如此。既然我们已经明确了一份好的团体章程应该包含的要点，下面我们开始讨论一个富有成效的决策团体应该具备的参与规则以及如何与他人进行最高效的沟通。一位极具开创性的社会学家曾经为一组科学家设计了一套寻求真理的规范，可以作为我们制定团体参与规则的参考。我不清楚他是不是一名"博弈者"，但是他曾受到与偏见、理性以及感知与现实之间潜在鸿沟的相关思维影响：他曾经是一位魔术师。

第五章

为了更好地决策而提出异议

向一位魔术师致敬

迈耶·施科尔尼克（Meyer Schkolnick）于1910年7月4日出生在费城南部。他少年时期曾在生日聚会上为人表演魔术，并且打算成为一名职业魔术师，于是他给自己取了个艺名叫"罗伯特·梅林"（Robert Merlin）。一位朋友劝他说，一个少年魔术师给自己取艺名叫"梅林"[①]，实在是很缺乏创意，于是他就把艺名改成罗伯特·默顿（Robert Merton）。当罗伯特·K.默顿（以示区分：他的儿子罗伯特·C.默顿为经济学家、诺贝尔奖获得者）于2003年去世后，《纽约时报》称他为

[①] 梅林，英格兰神话中的魔法师。——译者注

"20世纪最有影响力的社会学家之一"。

异端学会的创始者们在《行为与脑科学》的论文中明确认可了默顿在1942年和1973年的论文中为科学界制定的缩写为CUDOS的一套规范:"一种通常采用对抗性合作来解决经验争议的意识形态平衡的科学,与罗伯特·默顿提出的理想型自我修正认知团体模型有着显著的相似之处,该模型以CUDOS规范为基础组建而成。"根据该论文,CUDOS的含义如下。

C(Communism):共有性(数据属于团体)。

U(Universalism):普遍性(主张和证据无论出处均适用统一标准)。

D(Disinterestedness):无私利性(对影响团体评估的潜在冲突保持警惕)。

O(Organized)S(Skepticism):有条理的怀疑性(团体讨论鼓励参与和异议)。

如果你想选择一个制定团队参与规则的参考范例,默顿提出的规范无疑是最好的。首先,他创造了"榜样"(role model),以及"自证预言"(self-fulfilling prophecy)、"相关群体"(reference group)、"非预期后果"(unintended consequences)和"焦点团体"(focus group)等概念。他创立了科学社会学,并且是第一位被授予国家科学奖章的社会学家。

第五章
为了更好地决策而提出异议

默顿的学术生涯始于20世纪30年代，当时他研究的是影响科学界的制度的历史。对他而言，这是一个由不同时期地缘政治影响引发的科学进步的故事，也是一个在不同时期为保持独立于政治影响而奋斗的故事。他的人生跨越了两次世界大战和"冷战"，在这些战争时期他研究并目睹了人们"用科学家的外衣来装扮政治自我"的民族主义运动，详尽地评估了基于政治和民族背景的科学知识。

1942年，默顿开始写科学的规范结构。在随后的31年中，他对这篇论文进行了反反复复的修改，并将最终版作为一本著作的部分内容于1973年发表。这篇仅有12页的论文对于任何制定参与规则的求真团体而言都是极好的参考指南。我发现它不仅可以应用于我的扑克小组，而且对我通过演讲和咨询接触到的专业和工作团体也能起到良好的作用。CUDOS中的每一项要素——共有性、普遍性、无私利性和有条理的怀疑性——都可以广泛地应用于提升团体的客观性思维能力。当团体出现确认性倾向并且偏离对准确性的探索时，这很可能是由于未能很好地落实默顿提出的某个规范。丝毫不用感到奇怪，默顿的这篇文章对任何想要成为精明的投注者或决策者的人来说都是一份绝佳职业指南。

默顿式共有性：多多益善

默顿式共有性［（英语中"共有性"和"共产主义"为同一单词：communism）很显然此处所指并非某种政治制度］规范是指团体内数据的共同所有权。默顿认为，个体研究人员的数据最终必须与整个科学界共享才能促进知识的进步。他提到，"保密是这个规范的对立面，全面和公开的沟通才是规范的体现"。在科学领域，这意味着团体达成了一个共识，即如果没有数据与实验设计和方法的详细描述，研究结果将无法得到适当的评估。研究人员有权在研究结果发表之前对数据加以保密，但是论文一经发表，他们就应该敞开大门让团体有机会做出适当的评估。如果求真团体只能获得有限的潜在相关信息，任何致力于准确性的尝试必然都将失败。在信息不完整的情况下，评估的准确性会受到极大影响。

物理学家理查德·费曼在1974年的一次讲座中对科学分享的理想进行了类似的描述："一种彻底的诚实——一种矫枉过正。例如，你正在做一个试验，你应该如实报告可能会导致结果不成立的所有情况——而不仅仅是你认为正确的理由：其他也许能解释结果的原因……"

认为我们可以完美地实现费曼的理想是不切实际的，即使是科学家也仍在为之奋斗。在我们自己的决策团体里，我们应该努力遵守"多多益善"的规则。获取所有能够获得的信息。

第五章
为了更好地决策而提出异议

永不满足地探索相关信息最广泛的定义。对我们正视自己的偏见推理加以奖励。根据经验，那些我们为了避免让自己感到不安或避免进一步解释而尽力忽略的细节正是我们必须分享的信息。我们的犹豫和不安说明了这些信息可能对于提供完整的、合理的原因至关重要。同样，作为评估决策的团体成员，我们应该将这种犹豫视为进一步探索的信号。

如果将美国的自治视为一项求真实验，那么我们已经明确信息共享的公开性是政府制定和解释决策的基石。美国宪法对出版自由和言论自由的保障承认了自我表达的重要性，但它们的存在也是因为我们需要一个确保信息公开的机制。政府为人民服务，所以人民拥有数据并且有权分享数据。像《信息自由法》（Freedom of Information Act）这样的法规具有相同的目的。没有获取信息的充分自由，就不可能对我们的政府进行合理的评估。

数据和信息的共享与求真团体章程的其他要素一样，是通过协议来实现的。学者们同意分享结果。政府通过协议与人民分享信息。没有协议，我们无法也不应该强迫别人分享他们不愿分享的信息。人人都有隐私权。公司和其他实体有权进行机密交易并保护其知识产权。但在我们的团体中，一份出色的章程包含了分享决策质量、评估相关细节的协议。

如果团体正在讨论一个决策但并没有掌握所有的细节，这可能是因为信息提供者没有意识到某些数据的相关性，也可能

163

意味着信息提供者倾向于鼓励连自己都没有意识到的某种叙述。毕竟，正如乔纳森·海特指出的那样，我们都是自己最优秀的公关代理，可以通过编造的故事给自己增添最为璀璨的光芒。

我们都遇到过这样的情况，对同一事件的描述却有两种差异巨大的版本，这是因为两种描述是建立在不同的事实和观点基础之上的。这种情况被称为"罗生门效应"（Rashomon Effect），以1950年黑泽明（Akira Kurosawa）执导的经典电影《罗生门》（Rashomon）命名。情节简单，其中心要素是不完整性如何导致了偏见。影片中，四个人分别对他们共同目睹的同一场景进行了截然不同的描述，包括强盗对女性的诱惑（或强奸），强盗与丈夫的决斗（如果有），以及丈夫的死亡（因决斗失败、谋杀或自杀）。

即使没有其他情节冲突的版本，罗生门效应也提醒我们不能假设一个版本的故事是准确或完整的。我们不能指望他人提供故事的另一面信息，也不能指望任何个人的版本能够对所有相关信息做出全面和客观的描述。这就是为什么在决策团体内遵守默顿规则对于讨论的双方都有好处。在提出讨论的决策时，我们应该留意可能会被忽略的细节，并通过补充任何可能相关的内容来进一步确保稳妥。在评估方面，我们必须采用相互质疑的方式以便在必要时能够获取这些细节。

咨询会上的那位CEO把公司的遭遇与解雇总经理联系起来，这很好地说明数据共享承诺的重要性。在他描述情况之后，我又向他了解了更多信息。他详细介绍了总经理职位的招聘流程以及对总经理能力不足的处理方法，这又引出对这些决策的进一步质疑，这些质疑反过来再次要求他分享更多相关细节。他通过对事态的最初描述来证明那是一个错误的决定。当我们从该决策的方方面面了解到每一个细节之后，得出了一个不同的结论：解雇总经理是一项非常合理的战略性决策。只是好决策碰巧造成了坏结果，仅此而已。

我们应该成为数据分享者，这就是专家们的做法。事实上，这也是专家之所以能够成为专家的原因之一。他们明白，数据共享是实现准确性的最佳途径，因为这样可以获取来自交流对象的最真实的描述和见解。

听过顶级扑克玩家们讨论打牌细节的外行人会想："听起来感觉有太多不相干的、过于挑剔的细节。他们为什么要聊这些东西呢？"两名专业扑克玩家聚在一起交流打牌的看法和意见时会涉及非同一般的细节：牌桌上每一名玩家的位置，赌注大小和每次行动（或说话）后的彩池大小，从前遇到这名（些）对手时他（们）的表现如何，他们在某一类牌桌上的表现如何，他们在那类牌桌上最近几手牌的表现如何（特别是最近的输赢情况），那一手牌的过程中每个人有多少筹码，对手们对他们的了解情况，等等。专家认为，提供的细节越多，对决策质量的评估就会越准确。而且由于需要提供的细节类型大致相同，专业玩家们本质上是依照模板行事，所以他们很少有机会只传达那些可能会引导听者得出理想结论的信息。

名人堂足球教练约翰·马登（John Madden）在一部关于文斯·隆巴迪（Vince Lombardi）的纪录片中讲述了一个故事。年轻的助理教练马登在一次教练讲座中听到隆巴迪谈论一场比赛：在这场20世纪60年代的比赛中他带领的绿湾包装工球队采用了著名的"强力清道"（the power sweep）[①]战术。听众们像着了魔一样听隆巴迪用八个小时来描述那一场比赛。马登说："我进场时很自负，以为自己对足球无所不知，但在听他花了八个小时来谈论这一场比赛之后……我才意识到自己对足球一无所知。"

我们自然不愿意与他人分享那些可能会暴露我们决策错误的信息。我的团体让我明白了致力于自我提升是一件让人感觉良好的事情，这使与人分享变得容易一些。当我与人分享一些自认为糟糕的细节时，我尊重的玩家们对我表示赞许，这给了我正面的自我形象更新。在提供咨询意见时，我会鼓励企业经营者确保自己不要仅仅根据结果或提供自我提升的叙述来定义"成功"。如果企业的部分成功包括对已发生的情况提供最准确、最客观和最详尽的评估，那么员工将会在这些基础上开展竞争。这种做法的奖励就是可以塑造更好的思维习惯。

所以，我们应该做信息分享者并对决策团体中那些勇于分享更多信息的人进行奖励。

---

① 强力清道，指一个或多个前锋左右兜圈，保护带球者前进。——译者注

普遍性：不轻易否定信息

"不杀信使"这一条众所周知的建议可以很好地说明我们应该保护并提倡反对意见的原因。普鲁塔克（Plutarch）的《卢库勒斯传》(*Life of Lucullus*) 为我们提供了一个历史久远的真实例子：一名信使告诉亚美尼亚国王，卢库勒斯的军队正在逼近，国王却因为听到了这个不吉利的消息而杀了信使。所以，从那以后信使们都不敢再向他传达类似的情报。很显然，即便你不喜欢某个信息，也不应该迁怒于报信的人。

默顿的普遍性规范刚好倒过来。"无论其出处是哪里，真理主张都应该遵循预先制定的客观标准。"这意味着接受或拒绝某个意见绝对不能"依赖于主张者的个人或社会属性"。由于某种原因，"不否定信息"的说法并没有得到同样的历史或文学关注，但它致力于解决一个同样重要的决策问题：不要因为信息来源（你不喜欢的人、事物、地方等）而对信息本身采取否定或忽略的态度。

如果我们对传递信息的人持否定态度，我们就会拒绝倾听他们提供的任何内容，并会因此而错过很多学习机会。同样，当我们对他们持有肯定态度时，就会倾向于接受不经核实的信息。这是两种不可取但很普遍的极端。

无论是否涉及事实、想法、信念、意见或预测，信息的实质都存在与其来源分离的价值（或缺乏价值）。如果你要核实地球究竟是不是圆形,那么无论信息来自你最好的朋友,还是乔治·华盛顿(George Washington)或贝尼托·墨索里尼(Benito Mussolini),这些都不重要。信息准确性的评估应该独立于其来源。

我在职业扑克生涯的早期就获得了与普遍主义有关的教训。在刚开始使用我哥哥霍华德写在餐巾纸上的那些扑克牌打法时,我把它们看作神圣的兵法。因此,当我看到有人使用与餐巾纸上不同的打法时,我会立即将他们视为糟糕玩家。当我看到这类玩家随后采用了一个我不熟悉的策略时,我会立即忽视。不加以区分地全盘采取这种态度(特别是当我根据一份针对新手玩家制定的良好策略将他们视为"糟糕"玩家时)是一个关于普遍主义的昂贵教训。在我的扑克职业生涯刚开始的几年时间里,否定和忽视让我错过了很多在牌桌上学习的机会。

大卫·莱特曼在对劳伦·康拉德的解释中承认的偏差也同样发生在我的身上。在很长一段时间里他都认为身边其他人都是白痴,直到他考虑到替代假设的可能性:"也许我才是白痴。"而在扑克中,当时的我就是那个白痴。

当我明白了霍华德写给我的只是一些对新手来说相对安全的玩法,而不是像"自由大宪章"(Magna Carta)那样的权利保障时,我就尝试采用了一种实践和提升普遍主义意识的方法。当我有把某人归类为糟糕玩家的冲动时,我就提醒自己去寻找他们的表现中有哪些优点。这是一个我可以自己完成的练习,也可以从我的团体获得帮助来分析我认为某些玩家所采取的优秀策略。这种投入给我带来很多好处。

当然，我学到了一些新的能够赢钱的策略和战术。我还学会对其他玩家的策略进行更加全面的判断。即使在我能够确定对手玩家的战略选择并不会在最终获利时，我也能更进一步地了解对手的状态，以便于制定有效的反击策略。我开始更深入地思考对手的想法。有时候，我发现自己低估了一些玩家的水平，原本以为我可以打赢他们。这促使我在牌桌选择时做出更客观的决定。而且我的扑克团体也通过这种实践而获益，因为群体沟通使个人能够观察和讨论的打牌技巧成倍增加。承认对手也有值得我学习的东西是一件困难的事情，而当我抵制住了冲动，没有去抱怨对手的好运气时，团体的鼓励使我感到自豪。

几乎任何一个团体都可以创造一种实践方法来发展和增强普遍主义所需的开明思想。例如，在政治如此极化的形势下，我们忘记了一个显而易见的事实：没有人是单一地只有好想法或者坏想法。自由派会花点时间来阅读和观看一些保守派的新闻，保守派也会花点时间来阅读和观看一些自由派的新闻——不以确认对方是一群言论毫无价值的白痴为目的，而是专门并且有意识地从中寻找自己认同的东西，对双方而言都是大有益处的做法。当这样做时，我们就能学习到其他时候无法学到的东西。我们的观点可能会变得温和，就像政治观念对立的两方都能温和地对待彼此一样。即使最终我们没有发现太多自己认同的东西，我们也会更好地理解对方的立场，同时也可以更好地了解自我。这样就是实践了约翰·斯图亚特·穆勒宣扬的理念。

另一种将信息与信使分离的方式是，想象信息出自我们重视程度不同的来源。当我们喜欢的某个人告诉我们某个信息时，试想一下我们讨厌的某个人告诉我们同样的信息，反之亦然。这可以被纳入探索性团体的日常工作中，并以此方式互相询问："如果是从一个完全不同的来源听到某一消息，我们又会如何看待它？"我们可以通过一开始就忽略信息来源的方式在团体中将这种信息审核的过程推进一步。先明确来源再提供信息可能会影响团体成员对普遍主义的投入程度，因为他们会根据自己对信息来源的看法而对信息采取认可或排斥的态度。因此，可以尝试从忽略信息来源入手，让团体成员们有充分的机会来形成一个客观的印象，而不致因为自己对信使持有看法（与信使的专长和信誉区分开）而对信息进行直接否决（或认可）。

约翰·斯图亚特·穆勒曾明确指出，获得知识和接近真理的唯一途径是审视各种意见。学习我们不知道的东西，我们将会更好地进行决策校准。即使审视的结果证实了我们最初的立场，我们对问题的各个方面都保持开放态度也有助于我们更好地理解这一立场。这需要对那些出自我们不喜欢的来源的信息保持开放的态度。

无私利性：我们都有利益冲突，还很容易传染

早在20世纪60年代，科学界在关于导致心脏病发病率不断增加的罪魁祸首是糖还是脂肪方面就争论不休。1967年，三位哈佛大学的科学家当时发表在《新英格兰医学期刊》(The New England Journal of Medicine)上的论文就对相关研究进行了全面的综述，并确切地将导致心脏病的原因指向了脂肪。毫不奇怪，这篇论文在饮食和心脏病相关的争论中颇具影响力。毕竟，《新英格兰医学期刊》是一份久负盛名的权威医学期刊，而且三位研究人员全部来自哈佛大学。几十年来，谴责脂肪并赦免糖的观念影响了数亿人的饮食，这种信念导致了饮食习惯的改变，而这种改变与肥胖症和糖尿病的大幅上升有着密切的关联。

这篇论文的影响力及其对美国的饮食习惯和健康产生的负面作用为无私利性的必要提供了的绝佳证明。2016年9月在《美国医学会杂志·内科学》(JAMA Internal Medicine)上发表的一篇文章表明，近期发现那三位哈佛大学教授是因为收了糖业贸易组织的钱才撰写的那篇论文。如此一来，随后发生的事情就不足为奇了。与制糖业收买科学家的议程一致的是，研究人员开始攻击那些将糖摄入与心脏疾病相关联的研究方法，并对那些未发现任何联系的研究方法进行辩护。遵循着同样的维护制糖业的模式，科学家对与脂肪摄入和心脏病相关的研究方法也

采取了相同的处理方式。

涉事的科学家们都已经去世。如果他们还活着，如果我们有机会向他们提问，也许他们甚至不会意识到他们的所作所为是受到了影响。鉴于人的本性，他们至少会捍卫自己写的那篇论文的真实性，并否认制糖业决定或影响了他们对这一问题的独立思考。无论如何，一旦被披露利益冲突，科学界就会以更加怀疑的态度去看待他们的结论，同时会考虑到研究人员因为追求经济利益而造成偏差的可能性。当时的《新英格兰医学期刊》对这类的披露不做要求。（该政策修改于1984年。）这一疏忽阻碍了对研究结果的准确评估，严重危害了国民健康。

我们倾向于从金融的角度去考虑利益冲突，类似上述事件中研究人员收受制糖业钱财的例子。但是利益冲突存在于各种各样的形式之中。我们的大脑中就存在各种各样的利益冲突，我们通过对周围世界的解读来确认我们的信念，避免承认自己的无知或错误，将好结果归功于我们的英明决策，将我们的决策导致的坏结果归咎为不可控制的因素，与同龄人进行比较来寻求优越感，生活在一个我们对所有结果都能自圆其说的世界中。我们并非天生客观无私，处理信息的方式很难独立于与我们看待世界的方式而存在。

还记得本书开头提出的假设性思考吗？——如果皮特·卡罗尔的传球战术赢得了2015年的超级碗，媒体头条又会如何报道？那些头条就会大肆表彰他的英明决断。人们也会以不同的

第五章
为了更好地决策而提出异议

方式分析卡罗尔的决定。事先知道结果如何会导致利益冲突被表现为结果。

理查德·费曼意识到,即便是在大多数人认为具有类似 2 + 2 = 4 一样的客观的科学分支(物理学)中也仍然存在着可论证的结果偏差。他发现,如果数据分析人员提前知道或察觉到被测试的假设内容,他们的分析将更有可能会倾向于支持这些假设。研究方法可能是客观的,但数据分析的具体过程很容易受到偏见的影响,这种影响甚至是无意识的。根据罗伯特·麦考恩(Robert MacCoun)和诺贝尔物理学奖得主索尔·珀尔马特(Saul Perlmutter)在 2015 年发表于《自然》(Nature)科学期刊的一篇文章所述,结果盲法分析(outcome-blind analysis)的应用已经扩展至包括粒子物理学和宇宙学在内的多个科研领域,而且在这些领域内还"往往被认为是信任很多研究结果的唯一途径"。这种方法引入了一个随机变量以便数据分析人员无法推测出研究人员可能期望的结果。由于该方法在生物学、心理学和社会科学领域内鲜有人知,所以两位作者认为它"可能会提高许多科学研究的可信度和完整性,包括那些容易受偏见影响的高风险分析"。隐藏结果的分析有助于强化无私利性。

我们可以将这种结果隐藏的理念应用到我们在研讨会上沟通信息的方式中,当讨论一些与模糊的个人追求相关的决策时,如描述一手牌、一场家庭争论或者新产品的市场测试结果时。如果团体会帮助我们以客观公正的方式进行决策的制定和评估,那么我们不希望他们像那些能够猜中假设结果的数据分析人员那样受到影响。告诉人们事件的结果会使他们变成以结果为导向的人，让他们以符合该结果的方式来解读信息。如果我赢了某一手牌，我的团体很可能会把我的策略评估为优秀。如果我输了，也可能会得到相反的评估结果。庭审胜诉，可能是由于出色的策略；输了，可能是因为犯了错误。我们将结果视为可以很好地反映决策质量的信号，就像下象棋一样。如果结果是已知的，它将使决策质量的评估产生偏差以求与结果质量保持一致。

如果团体对结果一无所知，它就能够对决策质量进行更高保真度的评估。实现这一点的最佳方式是在知道结果之前对决策进行解构。律师可以在裁决之前评估审讯策略，销售团队可以在得知成交结果之前评估策略，交易员可以在仓位确定之前或期权到期之前审查过程。结果出现之后，在寻求建议时养成提供详细信息而不至于泄露结果的习惯。在扑克中，因为结果通常在决策后的几秒内就会出现，所以想赶在结果出现之前进行分析并不现实。为了解决这个问题，许多专业扑克玩家在寻求打牌建议时经常对结果采取忽略的态度。

这成为我自己都没有意识到的一种自然习惯。在我开始为新手玩家举办扑克研讨会之前，这并不是大家的常态。在使用我打过的牌局作为例证时，我只会讲到决策环节，不会更进一步透露牌局结果。我的扑克团体就是这样训练我的。令人烦躁

第五章
为了更好地决策而提出异议

的是,当结束讨论时看到满场人盯着我,就像我把他们留在悬崖边摇摇欲坠一样。

"等等!那一手牌的最终结果如何?"

我给了他们红色药丸:"那并不重要。"

当然,我们不必通过描述一手扑克牌来使用这种策略以促进无私利性。任何人都可以提供直至决策环节的叙述而不透露结果,以免使听众受到偏差的影响。而且结果并不是唯一的问题,信念同样具有传染性。如果听者了解到我们相信某事物是真的,他们就很可能会去努力证实我们的信念,而且往往是在无意识的情况下。通过了解我们的信念,听者会形成一种意识形态的利益冲突。因此,当试图通过征求团体的意见来审核某些信息、某些事实或观点时,我们不应该让自己的意见影响到听者。

简言之,当不知道利益是什么时,团体便不太可能屈服于意识形态的利益冲突。这就是麦考恩和珀尔马特的观点。

另一种团体去除其成员偏见的方式是,奖励他们对反对观点的辩护以及从对手立场上寻找优点的技巧。当团体成员产生意见分歧时,辩论可能仅仅具有边际价值,因为辩论总是偏向于对各自的立场进行确认,其结果往往会陷入僵局。如果两个人产生意见分歧,第三人作为裁判可以让辩论双方以成为最好的辩手为目标来切换立场进行辩论。这种做法的目的是将利益转向开放的态度来对待不同观点,而不是确认原来的各自立场。

如果他们不能强有力并令人信服地为对方的立场进行辩护,他们就无法赢得辩论。关键在于团体要制定相关的章程来奖励对备选假设的客观考虑,以便让人感觉赢得辩论比坚持先前的立场更好。当我们驳斥自己的信念,鼓励我们对赢得辩论感到良好时,团体的强化作用应该在驳斥自己信念时阻止我们形成稻草人谬误(straw-man argument)[①],并鼓励我们应该因为赢得辩论而感觉良好。这就是一个团体至少应该有三名成员的原因之一,当两人持不同意见时,第三人做调解。

我通常都会发现,在切换立场进行辩论或娴熟地为异议进行辩护之后,在某个问题上观点相距甚远的两个人都会逐渐向中间靠拢。与仅仅听取其他意见相比较,参与这种交流可以使人对对立观点形成更加深入的理解并在其中发现可取之处。这在根本上会使我们更加深入地了解自己的立场。让我们再一次回顾约翰·斯图亚特·穆勒的主张:这种开放性是唯一的学习方式。

有条理的怀疑性:真正的怀疑主义者提出论据并结交朋友

怀疑主义总是得到不公正的名声是因为它倾向于关联负面的性格特征。有人反对可能会被认为是"难以相处",有人持异议可能会造成"纷争"。也许部分原因是"怀疑"(skeptical)听

---

① 稻草人谬误指一种先歪曲对方的论点,针对歪曲后的论点进行攻击,再宣称已推翻对方论点的论证方式。——编者注

起来有点像"愤世嫉俗"（cynical）吧[①]。然而，真正的怀疑主义与好的礼仪、民众言论和友好沟通是一致的。

怀疑主义是通过询问"为什么事情可能不是真实的"而不是"为什么事情是真实的"来看待世界的一种方式。这是一种认识——虽然有客观事实的存在，但我们对世界的一切信念都不是真实的。对赌思维通过鼓励我们明确自己知道什么和不知道什么，以及我们对自己的信念和预测的信心水平来将怀疑主义具体化。这会让我们更加接近客观事实。

一个富有成效的决策团体可以从围绕怀疑主义进行的组织中获益良多。这也应该成为它的沟通指南，因为真正的怀疑主义不是对抗冲突。对赌思维要求强制性的怀疑主义。如果不接受不确定性，就无法理性地基于我们的信念进行下注。尤其需要怀疑那些与我们信念一致的信息，因为我们知道人们都是充满偏见地只愿意接受和认可能够确认自己信念的证据。如果我们不能"矫枉过正"（理查德·费曼的著名说法）地找出自己可能会出错的地方，就会进行一些非常糟糕的下注。

如果我们接受不确定性并将其纳入与团体交流的方式之中，那么对抗性意见就会消失，因为我们的相互沟通始于不确定。正如我们可以用不确定性来表达我们的信念（我60%肯定服务员会弄错我点的菜），在实施怀疑主义的规范时我们自然会

[①] 两个英文单词的后半部分音节相同。——译者注

在与他人的沟通中调整自己的异议表达。毕竟，提出不同意见只是表达我们自己信念的另一种方式，我们也认可信念在本质上是概率性的。因此，下一步就是公然表达反对信念的不确定性。我们不再以"你错了！"来表达异议，而改成"我对此并不确定"，要么就是询问"你确定吗？"或者"你是否考虑过另一种思维方式？"我们这样做是因为这忠于不确定性。有条理的怀疑性邀请人们进行合作探索。人们更愿意听到以这种方式表达的不同观点。

我们应该鼓励怀疑主义并在可能的情况下将其付诸实践。"魔鬼拥护者"（devil's advocate）一词是从几个世纪以前天主教会在封圣程序中聘请人来对圣徒地位提出反对意见的实践中发展而来的。就像美国中央情报局有红色突击队以及国务院有异议渠道一样，我们可以将异议纳入我们的职业和个人生活中。我们可以创建一个团体，用其来呈现对立观点以及说明为什么某个策略可能欠缺考虑，为什么某个预测可能会有偏差，或者为什么某个观点可能是来自片面的信息。通过这种做法，红色突击队自然会提出替代假设。同样地，公司可以实施匿名的异议渠道，让从邮件收发室到董事会会议室的任何员工都有机会提出反对意见、替代策略、新颖的想法和观点。尽管这些意见可能与公司的普遍观点不一致，但员工们无须担心这会给自己带来不良后果。公司应该尽最大努力通过认真处理这些建议来对富有建设性的异议进行奖励，否则就无法对不同观点的表达起到强化作用。

第五章
为了更好地决策而提出异议

不太注重形式的做法是寻找机会来招募临时的魔鬼拥护者。在寻求建议时，我们可以提出具体问题以便对方找出我们出错的原因。这样，他们就不会吝啬对我们想要追求的行动发出质疑，因为我们在请求对方给予建议，所以他们提出异议或提供与我们的信念相反的建议并不是在与我们对立。

不要误会：更准确和客观地看待自己和世界是一个困难的过程，这将促使我们去思考一些我们通常会回避的问题。团体需要明确参与规则——通过宽容具有负面或蔑视行为的成员来使这一过程不至于变得更难。而且我们需要意识到，对于那些尚未明确求真章程的人来说，即使是轻微的异议也可能会被认为是挑衅。详见本书中大卫·莱特曼的相关内容。

与团体之外的世界进行沟通

本章主要涉及自主创建求真团体，以及作为团体组成部分的相关内容。除非我们能够控制身边的文化，[①] 否则我们当中那

[①] 同样的观点也适用于当我们处于能够影响公司招聘和企业文化的位置时。根据求真的团体章程来进行人员招聘，并塑造一种奖励探索性思考和表达不同观点的文化将会有利于企业的发展。事实上，如果我们不积极推动这种政策，持有不同观点的人们就会感到被孤立或受到冷落，从而危及求真的探索。异端学会的主要关注点之一是弄清楚如何让更多的保守派成为社会科学家或者与社会科学家一同进行探索性思考。这是一项艰难的任务：没有人愿意做现实版《十二怒汉》(*12 Angry Men*) 中与所有人唱反调的那个孤独的真理坚持者，尤其是在他们的声誉和生计危在旦夕的情况下。

些积极寻求异见的人在离开团体后通常会成为少数派。并不是说其他场合会禁止人们寻求真理，这仅仅意味着我们必须采取最具建设性以及公众性的求真沟通要素并认真地介绍它们。有几种沟通方式可以最大限度地提高我们与任何人进行求真交流的能力。

首先，表达不确定性。承认不确定性不仅可以增进团体内部的求真性，还可以邀请我们身边的每个人来分享有用的信息和不同的意见。害怕犯错误（或害怕必须指出他人的错误）抵消了确认性的社交规则，这往往会导致人们对彼此隐瞒宝贵的见解和观点。如果我们首先明确自己的不确定性，那么听者就会更加明白，明确随后的任何讨论都不会涉及正确与错误，这将最大限度地有利于我们与团体以外的人进行求真交流。

其次，通过认同来引导沟通。例如，留心对方提到的与你的信念一致的观点，对其加以具体的陈述，然后用"而且"来代替"但是"。如果迄今为止我们只学到了一件事，那就是我们喜欢听到那些肯定我们想法的观点。比方，我们想要让一个与我们有分歧的人（在我们团体内部或外部）和我们进行求真沟通，那么如果我们从一些彼此观点一致的领域开始，对方必定会表现出更加开放和轻松的态度。只有极少数人才会对他人的所有言论都持反对态度。通过实施促进普遍性的策略以及积极寻找我们认同的观念，就可以更加自然地让他人与我们一起学习，也会更加开放地思考他人的言论，从而增强我们校正自己

第五章
为了更好地决策而提出异议

信念的能力。

当通过认同来引导沟通时,听者会乐于接受任何可能会涉及的不同意见。此外,当将新的信息以补充而非否定之前所涉及事情的方式提出时,听者将会以更加开放的态度来对待我们的意见。最简单的修辞手法在这里却可以大有作为。当对方表达了听起来像是没有经过很好校准的信念或预言,而且是我们了解与其相关的信息的时候,那么不妨尝试着说"而且",比如,"我同意你提到的关于某事"的看法,"而且……"。在"而且"之后添加我们想要表达的观点。在相同的场景中,如果我们说"我同意你提到的关于某事"的看法,"但是……",这样的措辞会给人挑战的感觉,这会使听者进入防御状态。"而且"是在提供帮助或做出贡献,"但是"却意味着拒绝和否定。

我们可以广义地认为这是一种为了避免说"不"的尝试。在即兴表演艺术中,演员们得到的第一个建议是,当某人开始一个场景时,你应该回答"是的,而且……"。"是的"意味着你正在接受某种场景的概念,"而且"说明你正在对其进行补充说明。在任何你想鼓励探索性思考的情况下,这都是一个很好的指导方针。重要的是设法找到双方观点一致的领域,以保持寻求真相的伙伴精神。在表达可能相互矛盾或产生异议的信息时,我们的语言可以理想地将导致分歧的影响降到最低。

再次,通过询问来获得一致的临时意愿。如果某人对我们倾诉,我们可以询问他们是仅仅想发泄情绪还是打算寻求建议。

如果他们不是在寻求建议，那也没关系。参与规则大家都已经明确，有时候人们只是想发泄一下，当然我也是这样。这是人的本性。我们希望支持周围的人，包括在他人需要理解和同情时给予安慰。但有时人们会说他们是在寻求建议，这可能是潜在的决定进行求真交流的意愿（即便这样，我们也应该谨慎行事，因为人们有可能会打着寻求建议的幌子来寻找认同）。

这种临时的意愿实际上只是我的扑克团体采用的一种做法的逆向版本：在经历一场特别紧张、记忆犹新的失利后需要发泄时，大家可以选择临时退出牌局。假如调转一下，问一句"你想彻底发泄出来，还是打算考虑对策？"并不会显得冒犯。

最后，重点关注未来。正如我在本书开头所讲的那样，我们通常很擅长识别自己正在争取的积极目标，我们的问题在于如何执行决策以实现这些目标。没有人喜欢表现出糟糕的执行力。这需要我们对不好的结果承担责任，如大卫·莱特曼发现的那种导致对话结束的结果。与其重新梳理已经发生的事情，不如尝试讨论对方可能会如何应对某事，以便让事情可以更好地进行下去。无论是在关于我们的孩子、其他家庭成员、朋友、恋人、同事甚至是我们自己的问题上，我们都有着共同的特点——通常我们会对未来（而非过去）采取更加理性的态度。人们很难对尚未出现的事情产生抵触情绪。

设想如果大卫·莱特曼当时说的是："这些怪胎在你的生活中搞出了那么多闹剧真是太糟糕了。你有没有想过将来要如何摆脱这些闹剧对你的影响？"如果劳伦·康拉德当时给了一些"戏剧性"的回复，比如，"现在我要面对的问题太多，以至于根本无暇考虑将来"；又如，"我和这些人纠缠在一起，自己也感到无能为力"，这显然就是结束这番谈话的好时机。但更加可能的结果是，她会积极响应对方的引导。对未来的关注可能会让她回过头来试图查明所有闹剧发生的原因，在不审视过去的情况下她显然无法明智地回答有关未来的问题。我们对他人过去经历的验证以及重新关注对未来的探索可以使他们对以往决策进行独立的思考。

这是与孩子进行交流的一种好方法。自我意识正在发展阶段的孩子未必需要吞下红色药丸。虽然孩子们不具备足够的能力去面对求真交流的挑战，但他们的斗志却可以被激发。在《黑客帝国》中墨菲斯带尼奥去拜访圣人的一幕，尼奥在大厅等候时看到儿童用自己的意念使勺子弯曲并实施了其他"红色药丸"式的早熟行为。但现实生活中的孩子对感受到的评判很敏感，而且现实生活中也没有任何父母想要一个能够使用意念让餐具满屋飞的孩子。

我的儿子非常善于把糟糕的考试成绩归咎于老师。我必须小心谨慎地以避免重复莱特曼的错误。我会对他说："有这样的老师一定让你感到很难过吧。你认为应该怎么做才能改善今后的成绩呢？"这种方式立即确认了孩子的看法，而且引发了有效的话题讨论，比如，为将来考试制定备考策略以及与老师会面以明确他们对学生作业的要求。与老师见面能为双方建立良好的印象，这对孩子今后的成绩能起到积极的影响。归根结底，即使是关于孩子们的决策，重新梳理结果也会使对方产生抵触情绪。另外，如果我们能够将他们的注意力集中在他们可以控制的事物上，未来总是可以变得更好。

这些适用于求真团体之外的沟通方法侧重的是未来的目标和行动。当这些方法发挥作用时，听者会踏上一次前往未来的短暂时间之旅，以此来忽略眼前的挫折和困难，同时寻求方法来改善他们可以控制的事物。在某种程度上，责任性对求真团体而言就像是时间旅行的一个入口。因为我们清楚自己必须对团体负责，所以我们会提前考虑如何做到这一点。在某些我们可能难以保持理性的情况下，对这些理性的讨论加以预测和演练可以改善我们最初的决策和分析。

接下来进入本书最后一章：利用时间旅行的方法来制定更好的决策。通过召集过去和未来多种版本的自我，我们可以成为自己的好伙伴。

第六章

心理时间旅行历险

马蒂·麦克弗莱偶遇马蒂·麦克弗莱

由于电影"回到未来"（Back to the Future）三部曲的大获成功，关于时间旅行规则的权威来源我们可能首先会想到布朗博士（Doc Brown），而非史蒂芬·霍金博士（Dr. Stephen Hawking）。《回到未来》三部曲强调的，以及几乎所有关于时间旅行的电影都会重复的第一条规则是："无论你要做什么，都不要与自己会面！"在1989年的《回到未来Ⅱ》中，布朗博士［由克里斯托弗·劳埃德（Christopher Lloyd）扮演］向马蒂·麦克弗莱［Marty McFly，由迈克尔·J. 福克斯（Michael J. Fox）扮演］解释说，"这种遭遇可能会造成一个时间悖论，其结果可能会引起连锁反应，从而将时空连续体的结构分解开来并摧毁整个宇宙。当然，这是最糟糕的情况。事实上，其破坏性可能会相当局部化，大概仅限于我们的星系"。

"不要与自己会面"已经成为时间旅行"科学"的一个无可争议的元素。在 1994 年的电影《时空特警》(*Timecop*) 中，因为"同一事物不能同时占据同一个空间"，尚格云顿（Jean-Claude Van Damme）扮演的角色通过让过去和未来两个版本的恶棍同时出现来将其摧毁。恶棍变成一团液体并在空气中消失。

在现实生活的决策制定中，将过去或未来的自我放入等式并不会使时空连续体瓦解。我们的过去或未来版本的到访不仅不会把我们变成一团液体，还会帮助现在的我们更加明智地下注。在做出决策时，将自己与过去类似决策以及未来可能后果相关的思考隔离开来往往会使我们陷入困境——时间范围被扭曲时的即时思维造成的困境。作为决策者，需要与自己的过去和未来版本进行碰撞。我们的心理时间旅行能力使之成为可能。与责任性的事例一样，这类交流有助于成就更好的决策：在决策中，对团体的责任性会使我们想象将来我们要与团体就该决策进行的对话内容。时常想象这段对话可以提醒我们保持理性。

就像我们可以招募他人成为我们的决策伙伴一样，我们也可以召集其他版本的自己来作为我们的决策伙伴。我们可以利用心理时间旅行的力量，通过寻求和实施具体的方法使过去、现在和未来发生尽可能多的碰撞。现在的我们需要帮助，而过去和未来的自己可以成为我们制定决策的最佳伙伴。①

扑克玩家面临的独特的决策挑战促使他们较多地思考如何在制定和执行决策时使过去、现在和未来的自我发生碰撞。由于扑克中的决策制定速度很快，玩家在牌桌上没有足够的时间来将决策与他们理性的长期战略计划相协调。所有那些在严格时间限制下做出的决策都会立即体现为牌桌上筹码交换的结果。不断的筹码交换提醒玩家们每一个决定都伴随着风险。当然，短期内筹码流动的方向仅仅在某种程度上与决策质量相关。你有可能在做出错误决策后赢牌，也可能在做出正确决策后输牌。但是筹码转手这一事实提醒着人们每一个决定都会产生后果——打牌过程中所有的决策执行都非常重要。

在扑克牌桌之外，我们很少会立即感受或体验到自己做出的大多数决策后果。通常我们做出的某个决策其后果成功与否可能需要一些时间才会显露。当我们做出了一个失败的饮食决定，比如用健康甜点来代替苹果时，就不会出现立即的结果让我们明白这样的选择是要付出代价的。如果我们重复类似行为的次数足够多就会产生后果，但这些后果需要时间来展现。在

---

① 现在有专门的研究领域致力于心理时间旅行及其如何有益于决策的研究。多伦多大学的心理学教授、神经科学家恩德尔·图尔文（Endel Tulving）开创了心理时间旅行的分析和研究。时间感受性（chronesthesia）是通过感知过去或未来的能力来进行心理时间旅行的术语。有关时间旅行的神经科学及其如何有益于决策的更多资料，详见"参考书目和推荐阅读"部分内容。

商业领域，如果领导者因为"实习生懂什么"而忽视一名实习生的想法，那么在问题凸显之前，这名实习生可能需要数年时间才能成为一名有力的竞争对手。如果该企业的发展轨迹因缺乏想法而受到影响，企业所有者可能永远不会意识到是自己当初的态度造成了今天的后果。

最优秀的扑克玩家们发明了实用的方法来将他们的长期战略目标纳入即时决策中。本章的剩余部分专门介绍了许多针对性的策略，旨在召集过去和未来版本的自我以帮助我们制定为实现长期目标所必需的所有执行决策。正如本书中的所有策略一样，我们必须认识到没有任何策略可以将我们变成完美的理性决策者。此外，即便我们可以做出最好的决策，仍然无法保证一定会得到我们想要的结果。提升决策质量是为了增加我们获得良好结果的概率，而不是一定会获得良好结果的保证。即使这种努力暂时只产生微小的结果差异——更多理性思考和更少情绪决策会不断提升良好结果出现的概率——长远来看，它也会对我们的生活产生重大影响。随着良好结果的累积，良好的决策过程会成为习惯并在将来进行自我校准和改进。

这些方法涉及了很多与心理时间旅行相关的内容，而且就连马蒂·麦克弗莱和布朗博士都能够从扑克玩家那里学到一些东西。

第六章
心理时间旅行历险

夜猫子杰瑞

尽管对人类直接欲望和长期目标之间的斗争方面已经有了大量的科学研究,一个特别简洁的解释却出自杰瑞·宋飞(Jerry Seinfeld),他在关于自己为什么没有得到充足的睡眠时说:"因为我是个夜猫子,所以经常晚睡。夜猫子喜欢熬夜。'如果只睡五个小时就起床呢?''那是早起者的毛病,我没那毛病。我是夜猫子,我想熬到几点就熬到几点。'所以当你们早上起床觉得疲惫不堪并且昏昏沉沉的时候,就会说'我讨厌那个夜猫子'。由此可见,夜猫子总是令早起者心烦。"

这是能够说明我们如何在当前努力以应对未来自己的一个很好的例子。夜猫子杰瑞总是喜欢熬夜,如果早起者杰瑞没有决策发言权,夜猫子杰瑞就会按照自己的意愿行事而不会顾及杰瑞的长期最佳利益。我们做出即时决策(并且不对过去或未来加以考虑)的时候往往会难以保持理性并且容易冲动。[1]

---

[1] 当然,审慎思维并不是理性行为的保证。正如我已经提到的丹·卡汉关于动机性推理的研究,人们通过统计来执行复杂的任务——显然是审慎或系统2类型的任务——容易受到推理的影响而使公式与他们先前的信念一致。而且数学学得越好的人越是倾向于这种做法。丹尼尔·卡尼曼也认识到系统2不应被视为对偏见免疫。

在审慎思维中,人们同样能够从事各种非理性行为。然而,如果我们跳出反射思维,就可以降低情绪驱动决策的可能性,并可以通过自我反省和保持警惕来减少偏见的影响。实现上述目的一种方法是利用心理时间旅行的策略。

这种我们都不得不以牺牲未来自我为代价来满足当前自我的倾向被称为时间贴现（temporal discounting）。[1] 我们宁愿非理性地得到大打折扣的立即奖励也不愿意等待一段时间来获得更大的延时奖励。一个成人时间贴现的例子来自20世纪90年代关于军事缩编的一项研究，该缩编导致成千上万的军人以极低的折扣率选择一次性付清退休金而不是有保障的年金支付。美国军方人员一次性获得了25亿美元，这只相当于他们本应获得年金支付现值的40%。（如欲进一步了解时间贴现的更多信息，详见"参考书目和推荐阅读"部分内容。）

夜猫子杰瑞熬夜是因为这一做法在现在对他有利，他把睡

---

[1] 从四岁的孩子到成年人，时间贴现都是一个普遍性的问题。"棉花糖测试"（Marshmallow Test）是由斯坦福大学的沃尔特·米歇尔（Walter Mischel）教授及其同事在20世纪60年代初开始进行的一项关于保持耐心难度（和重要性）的著名实验。在斯坦福大学的宾氏幼儿园（Bing Nursery School）里，研究人员让孩子们在两种选择中任选一种：他们可以选择立即获得一份较小的奖励（如一个棉花糖），或者如果他们愿意独自等待二十分钟，则可以获得更大的奖励（如两个棉花糖）。为了获得更大的奖励，孩子们使用了各种可以想象到的方法来打发这漫长的等待。他们做鬼脸、遮住眼睛、调转座椅、双手围住棉花糖而不碰到它、捂住嘴巴、闻着棉花糖以及进行着无言的谈话（从几乎难以察觉的劝告到活灵活现的理论）。米歇尔和他的同事们看到了"可以使你落泪，让你为他们的创造力鼓掌并加以鼓励"的挣扎，也使你对这些孩子的潜力"充满了新的希望"。

随后对这些棉花糖儿童进行的跟踪研究表明，延迟满足的能力与青春期和成年期的成功标志相关：学术能力评估测试（SAT）分数越高，社交和认知功能评分就越高；体重指数越低，成瘾的可能性就越低；自我价值感越强，追求目标和应对挫折、压力的能力就越强。

第六章
心理时间旅行历险

觉对今后的益处打了折扣。存钱养老是一个时间贴现问题：消费可支配收入的满足是即时的，将其存放直至退休意味着我们必须等待数十年才能从这笔钱中获得乐趣。人的本性倾向于选择快而少的报酬，倾向于使用立即可用的资源，而不是将它们保存以备素未谋面的未来自我之用。时间旅行可以让我们与未来自我产生联系。它可以让未来自我提醒现在的我们，"嘿，不要打折！"或者说，"不要过多地打折！"

当思考过去和未来时，我们会调动审慎思维，以提高我们做出更合理决策的能力。当想象未来时，我们并非脱离自身经历去凭空创造一个未来。相反，我们对未来的愿景源于对过去的回忆。我们想象的未来是对过去经历的重新组合。鉴于此，当我们像回忆过去那样想象将来的时候，需要调动同样的神经网络就不足为奇。对未来的思考也是记住未来，以创造性的方式将记忆汇集在一起，以便想象事情发展的可能趋势。那些脑神经通路包括海马体（控制记忆的关键结构），以及控制系统2——审慎决策制定的前额皮质。这些是我们的认知控制中心。[1]通过调动这些神经通路，夜猫子杰瑞可以获取记忆，如睡过头和错过约会，或者在晨会中打瞌睡。他可以利用这些晨会时间来想象早起者杰瑞的一些情况：他将会如何疲惫，如果

---

[1] 有关该领域的研究概述，详见"参考书目和推荐阅读"中引用的丹尼尔·沙克特（Daniel Schacter）及其同事的一篇名为"记忆的未来：记忆、想象和大脑"（The Future of Memory: Remembering, Imagining, and the Brain）的论文。

不愿起床他的日程该怎么办,以及如果因为困倦而无法集中注意力,他的一天将要如何度过。

如果早起者杰瑞能够及时回到过去拍拍夜猫子杰瑞的肩膀让他上床睡觉,那会不会很棒呢?现在真的就有这样一个应用程序可以实现类似的功能。

图片处理和虚拟现实技术的进步产生了一些可以预测我们几十年后模样的软件。如果你像大多数成年人一样,因为看到父母上了年纪而感到难过,那么你在这类软件中的未来形象可能更会令你感到不安,就像看着一面由虐待狂设计的奇幻屋镜子。幸运的是,人们已经为这种年龄预见技术找到了更加高效的用途,而非仅仅让我们盯着自己虚无的有生之年。

存钱养老是一个类似夜猫子杰瑞与早起者杰瑞的对立问题。如果夜猫子杰瑞连次日早晨都无法预见,那他肯定更不会考虑到几十年后的退休。退休计划涉及一系列决策,在这些决策中,现在的我们可以给未来的我们谋取利益或造成损害。当设定退休目标时,我们必须考虑到未来自我的目标——我们需要存多少钱才能让老年的自己过上舒适的生活。然而,我们的消费决策似乎并没有特别关注那些对于70岁的我们来说最有利的事情。事实上,一个快速的谷歌搜索结果就会显示我们的退休储蓄只处于一个极其低下的水平。波士顿学院退休研究中心（Center for Retirement Research at Boston College）的一项研究结果显示,"现在大约有半数的工作家庭在退休后将无法维持原有的生活水平"。不同的估算来源给出不同的数字,该项资金差额可能高达 6.8 万亿~14 万亿美元。

一些有兴趣鼓励退休计划的组织和公司能让客户在做出退休决定时"见到"未来的自己。以这类工具中最简易的版本为例,客户在输入他们的年龄、收入、储蓄习惯和退休目标后,应用程序即可向客户展示与目前相比较他们在未来可以预期的财务状况和生活方式。

保德信退休保险公司(Prudential Retirement)、美国退休人员协会(AARP)和其他机构都开发了类似应用程序,通过视觉化的介绍向人们强调退休计划的重要性。美国银行美林集团分别在 2012 年(适用于网络计算机)和 2014 年(适用于移动设备)推出了"美林优势"(Merrill Edge)服务,其中包括一个名为"直面退休"(Face Retirement)的在线应用。根据媒体报道,客户上传自己的照片后就可以看到"栩栩如生的三维动画版的未来自我形象,让他们能够想象到自己在退休年龄以及之后岁月中可能出现的每一条皱纹"。夜猫子杰瑞瞥见了早起者杰瑞在缺乏足够睡眠情况下的样子。

看到自己的老年形象可以帮助我们做出更好的分配决策,这一想法在某种程度上是基于斯坦福大学弗里曼·斯波利(Freeman Spogli)国际问题研究所的杰里米·拜伦森(Jeremy Bailenson)和劳拉·卡斯坦森(Laura Carstensen)两位学者的研究。他们在实验室环境中使用沉浸式虚拟现实技术演示了早起者杰瑞的到访是如何帮助夜猫子杰瑞做出更好的决策的。受试者在进入虚拟现实环境之后被要求将1 000美元分配至各种假设用途的账户中，其中之一为养老金账户。一组受试者在镜子中看到的是自己的当前形象，另一组在镜子中看到的是老年版本的自己。前一组受试者向养老金账户分配的平均金额为73.90美元，而后者为178.10美元。这是一个令人惊讶的例子，说明了未来的我们如何能够成为今天的我们的良好决策伙伴。

把未来版本的自己带入决策过程会让我们开始思考那些即时决策在未来可能产生的后果。从根本上说，早起者杰瑞和夜猫子杰瑞过的是同一种生活，早起者杰瑞的出现可以提醒夜猫子杰瑞这一点。镜子中老去的我们以及电子表格中少得可怜的养老金数额是很有说服力的提醒，让我们把一些可自由支配的金钱存起来用于养老。这就是未来的我们在拍着现在的我们的肩膀说："嘿，别忘了我。我就是未来的你，希望你别忘了这一点。"

在思考过去或未来以及在调动审慎思维时，我们很难做到完全理性，但是如果能够走出当下，审视过去和未来的自己，我们会更有可能做出符合长期目标利益的决策。我们希望夜猫子杰瑞和早起者杰瑞在决定什么时候睡觉时能够相遇。我们希望各种版本的马蒂·麦克弗莱能够了解其他版本马蒂·麦克弗莱的所有观点。当我们在考虑是现在买一辆好车还是存一些钱以备养老时，希望那个皱纹满面的老年的自己能够及时出现。

做决策之后不要后悔

哲学家们一致认为，后悔是人类能够感知的最强烈的情感之一，但他们的争论在于后悔是否能起到积极的作用。尼采（Nietzsche）说懊悔是"在重复第一次的愚蠢行为"。但梭罗（Thoreau）却赞扬了后悔的力量："充分利用你的遗憾；切勿扼杀你的悲伤，应该对其进行呵护和珍惜直到它产生一种独立完整的利益。深重的悔恨使人重生。"

问题并不在于后悔是不是一种没有价值的情感。问题是后悔发生在事实之后，而不是之前。正如尼采所言，后悔无法改变已经发生的事情。我们只是对不再拥有任何控制权的事情感到懊悔。但如果后悔出现在决策之前而不是之后，遗憾的经历也许会让我们改变一个可能导致糟糕结果的选择。然后我们可以欣然接受梭罗的观点并充分利用后悔的力量，因为它有助于实现有价值的目的。那么，如果后悔本身能够通过时间旅行从我们的决策之后跑到决策之前，那将会对我们很有帮助。倘若如此，后悔就可以阻止我们进行不明智的下注。此外，正如尼采暗示的那样，它便不会以驱使我们犯下二次错误的方式再次出现。

早起者杰瑞因为夜猫子杰瑞的熬夜决定而后悔，但对他来说做任何事都为时已晚。当我们看到这个国家的退休存款严重不足时，毫无疑问，将来我们中间许多到了退休年龄的自己会因为年轻的自己曾做出的财务决策而感到后悔，但为时已晚。年龄预见的成像技术致力于应对这种为时已晚的遗憾问题。通过让我们看到退休年龄的自己，它让我们在制订不充分的退休计划之前就有机会体验该计划带来的遗憾。这也是我在扑克牌桌上制定损失限额的目的之一。因为与自己以及扑克团体达成的损失限额协议，所以在脑海中多次出现万一超出限额该如何向团体解释的情景。这种做法让我在购买更多筹码之前有机会后悔自己的决定。

我们的时间旅行目标之一就是创造这样的时刻，在其中我们可以打断当前的决定，并花一些时间从我们过去和未来的角度来考虑它。然后，我们可以围绕这些决策中断创建一个惯例以鼓励这种换位思考，并在决策时问自己一系列旨在介入未来自己和过去自己的简单问题。通过想象未来的自己会如何看待当前决策或者如果过去的自己做出了某些决策，今天的我们会如何看待他们，我们就能够实现这一点。这些方法是具有互补性的，选择回到过去还是前往未来取决于你认为哪种方法最有效。

商业记者和作家苏茜·韦尔奇（Suzy Welch）开发了一款名为 10-10-10 的流行工具，它具有将未来的我们带入自己当前决策的效果。"每一个 10-10-10 的过程都会以一个问题开始……""我的每一次选择在 10 分钟/10 个月/10 年内分别得到了什么结果？"这一系列问题触发了提示责任性对话（同样受到了求真决策团体的支持）的心理时间旅行。以韦尔奇的工具为参照，我们可以在过去的框架中提出问题："如果我在 10 分钟/10 个月/10 年前做出这个决策，现在的我会有什么感受？"无论选择哪一种框架，我们都会根据过去的经验（包括可能已经感到后悔的类似决定）来回答问题，运用了一些控制执行功能的反应较小的脑神经通路。

在扑克牌桌上，因为决策都是即时做出的而其后果通常是严重而直接的，类似 10-10-10 这样的惯例被当作一种生存技能。我在扑克中意识到，在输掉一定数额的筹码之后，我无法很好地评价自己的表现。同样，在 6~8 个小时的玩牌之后，我也不能对自己的决策质量做出最佳判断。就像我们可以说服自己我们足够清醒可以开车一样，扑克玩家也很容易让自己相信在经过数小时激烈、耗费脑力的繁重工作后他们还能保持足够的警觉继续打牌。在牌桌之外更加理性的时候我会想到，如果每次只打 6~8 个小时我会发挥得更好。当我达到这一时限并考虑继续打牌时，我就可以使用类似 10-10-10 的策略来召唤过去和未来的自己：以前超过时限继续玩时感觉如何？通常最终结果如何？过后回顾时是否觉得自己处于最佳状态？这个自我询问的例行程序有助于降低风险，因为当失去心理优势时，可能会试图让自己相信牌局是如此顺利以至于不得不继续打下去。

把后悔放在决策之前有很多好处。首先，很显然，它会帮助我们做出更好的决策；其次，它有助于我们在事后对自己（无论实际决策如何）更加富有同情心。我们可以预测并为负面结果做好准备。通过提前规划，可以制订一个计划来应对负面结果，而不仅仅是被动地做出反应。我们还可以借此了解负面结果的可能性并体验得到负面结果的感受。与拒绝承认以及不得不面对糟糕结果相比，提前以平静的态度对待它们是更为明智的做法。

事后的后悔可以消耗我们的生命。像所有的情绪一样，后悔在最初时感觉很强烈，但会随着时间的推移逐渐缓和。时间旅行策略可以使我们记住，现在的强烈感觉会随着时间的推移而消退。这有助于缓解我们当前的情绪，使我们很难去证明尼采是正确的，因此重复第一次的愚蠢行为自然也无从说起。

爆胎、行情指标和变焦镜头

想象一下，你站在高速公路狭长的混凝土路肩上，车停在身后，危险警示灯闪烁着，驾驶侧后轮的瘪胎已被轮圈绞烂。天色已经黑暗，毛毛细雨也变成冷冷的滂沱大雨。你打了两次电话请求道路援助，并且这两次（都是等了很久才接通）接线

第六章
心理时间旅行历险

员都告诉你有人会在电话联系后尽快赶到现场。当你决定自己更换轮胎时才发现你没有千斤顶。此时你已全身湿透并且感到寒冷。

这会是什么感觉？可能会让你感觉这是你生命中最糟糕的时刻。你可能会哀叹自己为何如此不幸，不明白为什么倒霉的事情总是发生在你身上。你非常痛苦，无法想象如何能让自己变得乐观一些。[①]

这就是当时的感受。但如果这次爆胎发生在一年以前，你认为它会对你今天的幸福感或你过去一年的整体幸福感产生影响吗？不太可能。它并不会导致你的整体幸福感上升或下降。随着时间流逝，它可能会淡化成一个你在鸡尾酒会上讲述的滑稽故事（或一个你试图使其听似滑稽的故事）。

在现实生活的决策制定中，我们并不是十分擅长从这种角度看待问题——考虑过去和未来以便更好地了解某一时刻可以如何融入时间范围。我们只是经历了当时情况给人的感觉而且

---

① 斯坦福大学决策与伦理研究中心主任、决策分析创始人罗纳德·霍华德（Ronald Howard）教授使用了很多有趣的爆胎故事来说明决策偏见是如何在这种常见但令人烦恼的情况下暴露出来的。我最喜欢的一则讲的是在精神病医院旁发生的一次爆胎。一个精神病人透过医院围栏看着一名司机更换轮胎。也许是因为受到了观众的影响，司机踩着轮毂盖拆下的四个螺母竟然滚入了下水道。正在司机感到恼火、心慌、无助时，病人在围栏内呼叫道："干吗不从其他三个轮胎上各拆下一个螺母装在备用胎上？"司机回答道："这可真是个好主意。可你为什么待在这种地方？"病人告诉他："我也许是个疯子，但不是傻子。"

我们要对其做出反应。我们需要创造机会，以便在受到自己当时夸张情绪的驱动而进行决策之前采取更广阔的视角来看待问题。一组10-10-10策略可以引导我们站在过去和未来的角度对决策或结果进行设想。

爆胎的情况其实并不像当时看起来那么糟糕。这种时间旅行策略可以平息我们对事件的瞬间情绪，使我们能够重新调动大脑中更加理性的部分。以这种方式召唤过去和未来的自己激活了我们前额皮质的脑神经回路，抑制了情绪化的思维并以更加理性的方式应对事件。这使我们停止将当前情况放大、夸张化并对其反应过度。

高估任何个体事件对我们整体幸福感的影响类似于观察金融行情指标的感受。对股票进行长期投资，因为我们希望它能在数年或数十年内升值。然而，通过仅仅几分钟的观察我们就发现股票在下跌，于是我们想象着最坏的情况。交易量是多少？比平时更大吗？最好还是看看新闻报道。最好多留意告示牌，了解一下都有什么谣言。

伯克希尔-哈撒韦（Berkshire Hathaway）公司的股票很好地说明了为什么对于从事长期股票投资的人来说，观察行情指标并不是有效的方法。下面根据图6.1来了解一下伯克希尔-哈撒韦公司的股票自1964年以来的表现。

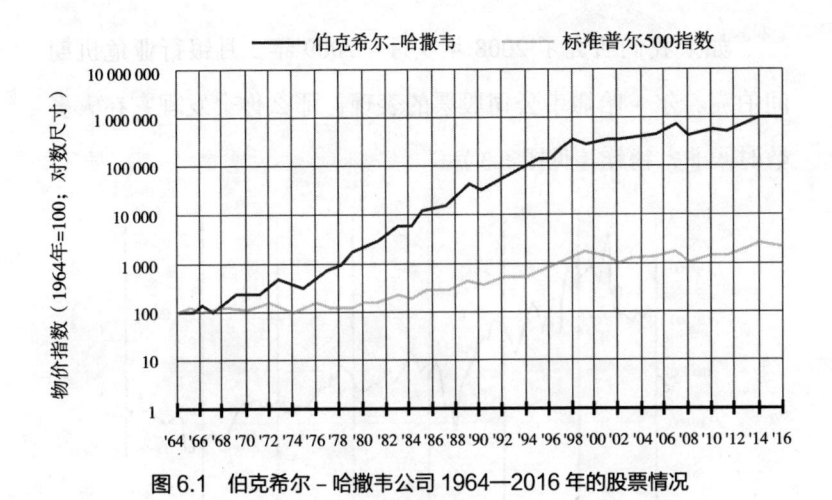

图 6.1　伯克希尔－哈撒韦公司 1964—2016 年的股票情况

现在我们来聚焦于 2017 年 1 月下旬随机抽取的一天（见图 6.2）。上涨和下跌看起来非常剧烈并且令人担忧。可以想象在 11:30 左右处于最低点时，持股者会感觉到自己的损失是螺旋式上升的。

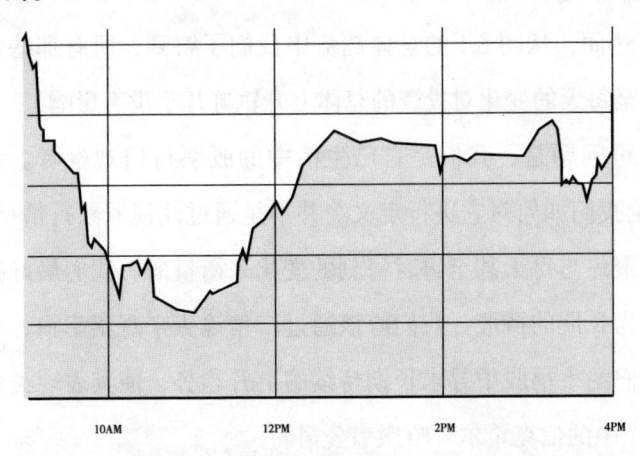

图 6.2　伯克希尔－哈撒韦公司 2017 年 1 月下旬某日的股票情况

如果我们研究了 2008 年 9 月—2009 年 3 月银行业危机期间伯克希尔－哈撒韦公司股票的表现，那么你会发现它在大多数时候非常糟糕（见图 6.3）。

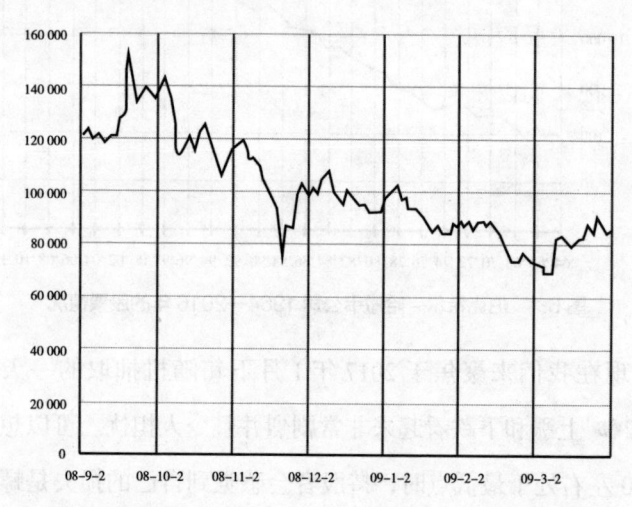

图 6.3　伯克希尔－哈撒韦公司在 2008 年 9 月—2009 年 3 月期间的股票情况

然而，从图 6.1 的总体趋势中我们了解到，所有那些每分钟甚至每天的变化对投资的总体上升轨迹几乎没有影响。

可问题是，我们是自己生活中的股票行情观察者。幸福（无论我们如何对它进行定义）并不是通过注视股票行情指标，以及聚焦与每天甚至每时每刻的变化来衡量的。我们最好把幸福视为长期的持股。我们应该通过广角镜头来观察幸福，努力在我们的幸福股中寻求长期持续的上升趋势，使其表现类似于图 6.1 中的伯克希尔－哈撒韦公司。

心理时间旅行使这种视角成为可能。我们可以利用过去和未来的自己带我们离开当下,并在我们注视行情指标以及使用超大焦距镜头审视生活时给我们提醒。

在变焦镜头的放大倍率下观察这些瞬间的上涨和下跌时,我们的情绪反应同样也被放大了。就像上述雨中的爆胎,我们可能会把长期以来对幸福影响不大的事物视为具有重大影响的事。我们的决策变得具有反应性,专注于消除负面情绪或在面对现状的最新变化时保持积极情绪。我们可以看到这如何导致了自利性偏差:通过将坏结果归咎于运气来消除负面情绪,以及通过将好结果归功于自己来维持积极情绪。由瞬间情绪驱动的决策可能会成为一种自我实现的预言,会降低我们的决策质量,增加不良后果出现的机会,并使事态恶化。

嗯是的,但最近你给了我什么好处

盯着行情指标不仅放大了最近发生的事情,也扭曲了我们对近期事态的看法。要想了解看法失真的其他原因,赌场是个非常合适的选择。

想象一下你和朋友们一起去赌场玩21点。在前半个小时里,你进展顺利且赢了1 000美元。因为你和友人们都过得很愉快,所以你们继续玩。而在接下来的一个半小时里,你似乎连一手牌都赢不了。最后你输掉了赢来的1 000元,但整个晚上保持了收支平衡。你对这种情况有什么感想?

现在想象一下另一种场景，你在前半个小时内输掉了1 000美元并坚持继续玩下去，因为你的朋友们正玩得开心。但在接下来的一个半小时里，你通过接连获胜弥补了先前的损失，最终以不赚不赔而收场。你对这种情况又有什么感想？

我猜你会因为一开始赢钱但最后不赔不赚而感到失望和郁闷，而在第二种情况下，你可能会高兴到想请桌上的每一个人喝一杯。虽然通过不同的方式得到了相同的结果——在两种情况下你离开牌局时都没有赢也没有输钱——但在一种情况下你很失望，另一种情况却让你很开心。

就像广告片里经常会说的："但是，等等！还没完呢！"

如果你在前半个小时赢了1 000美元，但在接下来的一个半小时里，你一手未赢还输掉900美元，最终带着100美元的战利品结束了牌局。这时的你是什么感觉？又如果你在前半个小时输掉了1 000美元，但后来又连续赢牌，在离开牌桌时仅输了100美元。这又会是什么滋味？最有可能的是，你会对100美元的胜利感到沮丧，但会因为从糟糕的开局中恢复过来，而且仅仅输掉100美元而高兴地想请人喝一杯。所以你会因为赢了100美元而失望，却会因为输了100美元而开心。

我们区分结果的方式是一种路径依赖。我们最终到达何处以及如何到达那里并不重要。即便我们的总体表现不错，最近发生的事件仍然会对我们的情绪产生强烈的影响。这就是为什么我们赢得100美元却感到沮丧，输掉100元却感到开心。变焦镜头不仅会放大，还会扭曲图像。这不仅适用于打牌，同样也适用于投资决策、人际关系甚至是路边爆胎的情况。如果我们在上周获得了职位晋升而在今天遇上了爆胎，我们会诅咒生活，抱怨不幸。我们的感受并不是对事情总体进展而产生的反应。我们会因为一项投资的收支平衡（或赚钱）而感到失望，因为它曾经有过更高的价值。在人际关系中，即使微不足道的分歧在争执的时候也会显得十分严重。所有这些情况（以及无数其他情况）的问题在于，我们当下的情绪会影响我们的决策质量，而且我们尤其愿意在情绪不稳定的时候做出决策。

想象一下，如果这次打牌发生在一年前又会如何。对于较长时间以前出现的某个结果，由于情绪早已恢复理智，你的态度很可能会出现反转。现在的你会因为当时赢得的 100 美元而非输掉的 100 美元而高兴。一旦我们通过时间旅行的方式暂时脱离现在，我们就可以站在全局的角度来审视这些局部问题，而不会被行情指标显示的涨跌扭曲了思维。

这也是扑克牌桌上的一个常态挑战。虽然移动记分牌能够提醒玩家所有决定都会产生相应的结果，但它的缺点就像行情指标一样，反映了最近发生的形势变化。这给玩家们制造了一种关注计分的风险，会导致他们根据瞬间的变化做出片面的非理性决策。这是扑克玩家们经常会考虑到的一个问题。

倾斜

冲浪者有 20 多个术语来描述不同类型的波浪。原因在于波浪的类型、碎波方式、方向以及底部深度等因素都为冲浪者带来不同的挑战。还有被称为"全闭"（涌起全程呈破碎状态的一整道波浪）、"双击"（由两层波浪相遇形成的波浪）和"重组"（碎波、平息然后再次碎波的波浪）的波浪。非冲浪者将所有这些情况都称为"波浪"。在极少数情况下，当我们这些非冲浪者需要更具体的描述时，只需添加许多额外的字词。这些额外的字词不需要费工夫专门去记忆或了解，因为很少会用到，也许永远不会再次用到。但是对于参与运动的专业人士来说，能够用一个单词来传达外行人需要用冗长的叙述才能表达的复杂概念是值得的。专业人士使用的一些细致、精确的词汇就是行话。这是为什么木匠把至少十几个名字用于不同类型的钉子，而在神经肿瘤领域中存在着超过 120 种大脑和中枢神经系统肿瘤类型。

由于扑克玩家总是需要努力保持全面客观的态度来对待瞬间得失，他们有各种各样的行话来表达下面这一概念："坏结果会使你的情绪产生波动，从而影响下一步的决策制定，让你会做出再次导致坏结果的非理性决定，从而进一步对你的决策制定产生负面影响，如此循环。"最常见的一种概念叫作倾斜（tilt）。倾斜是扑克玩家最大的敌人，使用这个词会立即让其他玩家明白，你因为受到坏结果的影响而做出了情绪化的决策。①如果你夸大近期事件的严重性并且对其做出激烈的反应，这就说明你正在倾斜。

倾斜的概念来自传统的弹球机。为了防止玩家通过掀起游戏桌来改变球的运行轨迹而损坏机器，制造商在其内部安置了传感器，当球桌受到猛烈晃动时机器会自动停止运行。击球手柄将停止工作，游戏灯也会熄灭，倾斜一词会在桌面上的许多地方闪现。这一说法之所以能够适用于我们的决策过程，是因为在倾斜的瞬间，我们大脑内部的情况就像一台被倾斜了的弹球机。当大脑的情绪中心开始鸣叫时，边缘系统（特别是杏仁核）就会关闭前额皮层。我们开启了警示灯……并关闭了自己的认知控制中心。

倾斜带有情绪和生理迹象。打牌时，你也能听到一个倾斜的玩家在说话。每隔几手牌，你都会听到高分贝的声音伴随着一种难以置信的语气："不是跟我开玩笑吧？又来一次（这种牌）？"或"真不知道为什么我还在打牌。还不如直接把钱送给对手"（想象一下愤怒的语调加以大量的咒骂）。除了这些言语线索外，还有生理方面的迹象。倾斜的时候，我们可以感觉

---

① 尽管坏结果的刺激更容易导致倾斜，但倾斜不仅仅是因为坏结果。扑克玩家也会谈论胜利者的倾斜。一连串的好结果可能会使一些扑克玩家的决策制定变得扭曲，特别是会使他们认为自己的获胜率并非平均值的瞬间波动，而是在将来也会如此。在激动人心的获胜瞬间，玩家们可能会做出非理性的游戏决策或者高估自己的技能和成就，并可能会选择赌注更大的牌桌。

到自己的脸发热,心跳加速,而且呼吸急促。

当然,倾斜不仅仅限于扑克,任何形式的结果都有可能引起情绪反应。我们可能会在与伙伴的分歧中做出被动的情绪化决定,或者在经历了糟糕的餐厅服务、工作场所的闲言碎语、成交的订单被取消或者提议被否决时,我们也会变得不理智。我们在个人生活和职业生涯中都有过这样的经历:由于瞬间的情绪反应而将事情的严重性无限放大。

通过提前认识这些言语和生理信号,我们才能有的放矢地培养一些习惯来应对倾斜的情况。当我们感觉到倾斜的迹象时,无论是在与配偶或孩子们的争执时、工作中遇到令人烦恼的事情时,还是在扑克牌桌上失利时,我们都可以预演自己暂时离开现场的情景。我们可以尝试独处,冷静下来之后我们应该认识到自己不应该在处于倾斜状态时做出任何决策。像"深呼吸十次"和"要不明天再做决定?"就是规劝人们要避免在倾斜时做出决定的格言。我们可以尝试10-10-10的方法或问自己类似"过去发生了什么事情给了我这种感觉?"或"它是否会有助于我在这种(倾斜)状态下的决策制定?"的问题。我们还可以通过问自己这将如何或者是否会对我们的长期幸福产生真正的影响来获得理性的观点。

如果你加入了某个求真团体,该团体可以准备一些有针对性的问题来用于发现倾斜,并减少我们在倾斜时执行的决策数量。我们可以在互相评估决策时对关注行情指标的行为保持警惕，可以采用最明显的一个问题："你认为自己（当时）是否在倾斜？"接着我们可以提出关于时间旅行的问题，例如："从长远来看，你认为这真的会产生什么影响吗？"如果我们将倾斜的概念及其对决策质量的负面影响作为讨论的一部分，就会围绕倾斜问题产生一种对团体的责任性。忽视情绪化决策制定的信号可能会使我们因此向团体做出解释。反过来，这将使我们从团体中得到积极的强化，以识别倾斜的迹象并避免在该状态下做出决策。这样还有助于培养良好的思维习惯，让我们可以充当自己的决策伙伴来操作这些程序。

在我的扑克生涯刚开始时，我听到业内一些传奇人物说过这么一句话："这只是一场长时间的扑克游戏。"这句话可以用来提醒我们要从长远的角度看待事物，特别是当某件大事刚刚发生、上一手牌输得很惨或遭遇了爆胎的时候。一旦学会如何召集过去和未来版本的我们来提醒自己，我们就能够以理性的态度对待最近发生的变化和波动。从长远的角度看待问题可以培养更加理性的思维方式。

尤利西斯合约：利用时间旅行来预先承诺

最著名的古代旅行家，荷马史诗中的英雄奥德修斯也是一位心理时间旅行者。塞壬岛（Sirens）的故事是有关他返回家乡的传奇航海经历之一。经过塞壬岛附近的水手们都被塞壬的歌声吸引,以至于会不由自主地驶向海岛并撞上岛周围的岩石滩而死。鉴于所有听过歌声的水手都难逃厄运,在船接近岛屿时,奥德修斯让他的船员们把他的手绑在桅杆上并用蜂蜡塞住他们自己的耳朵。这样一来,水手们可以安全地行船而免于受到歌声的影响,同时奥德修斯也可以在不危及船只的情况下欣赏塞壬的歌声。

这个计划完美无缺。这种行为——利用过去的我们阻止现在的我们做出蠢事——被称为尤利西斯合约(Ulysses contract)。(荷马著作的大多数翻译都使用英雄的古希腊名字奥德修斯,时间旅行策略使用的是英雄的古罗马名字尤利西斯。)

这是过去的你、现在的你和未来的你之间的完美互动。尤利西斯意识到未来的自己(以及他的船员)会被塞壬吸引并将船只驶向岩石滩。因此,他让船员们用蜡塞住各自的耳朵并将他本人的双手绑在桅杆上,如此切实有效地预防了未来的自己会做出糟糕行为的可能性。体现这种合约最简单的例子之一是当你去酒吧时使用了拼车服务。过去的你因为预计到将来的你可能会在酒后认为自己完全可以开车,所以事先捆住了你的双手,取走了车钥匙。

尤利西斯合约的大多数事例都与原文讲述的一样,都涉及了提升针对非理性行为的约束。但是,这些预先承诺的合约同样也可以被设计为降低约束理性行为的手段。如果想要保持健康饮食,我们有时候可能会发现自己的非理性决策冲动。例如,

第六章
心理时间旅行历险

我们约了朋友晚些时候见面一同去逛商场，但我们却利用之前的空闲时间在美食广场里溜达了几个小时。在提升约束力的尤利西斯合约下，我们根本不会去商场或者时间预留得非常紧凑，以至于我们可以用来完成预期目的时间非常有限。而在降低约束力的合约中，我们会通过预先承诺把健康零食装进包里，这样可以增加做出更好决策的概率，因为我们已经显著节省了想吃到健康零食所需要付出的努力。

尤利西斯合约可以对我们的行为进行不同程度的约束，从防止肉体上的决策执行到除合约本身无其他约束情况下的提前行动。无论约束程度如何，这些预先承诺合约都会触发一种决策中断。在我们想要违背合约、摆脱约束力时，我们很有可能会停下来想一想。

若我们的肉体被禁止决策，就无法采取任何非理性的冲动行为，从这种意义上来说，我们被中断了，在这种禁止的情况下我们没有任何选项。这是一种野蛮的时间旅行方式。过去的尤利西斯通过禁止肉体行动中断了现在的尤利西斯的决策。

在大多数情况下，你无法做出一个100%不受干扰的预先承诺。措施的约束力未必很大，却足以导致决策中断，这可能会促使我们进行一些必要的时间旅行以减少情绪作用，并在决策中鼓励全局思维和理性思考。参加和解谈判的律师可以与客户或团队中的其他律师一同就客户在和解中可以接受的最低金额（或同意支付的最高金额）进行预先确认。购房者可能会看中某处房屋后变得感情用事，所以他们应该提前确定预算。一旦决定要购买某处房屋，他们应该提前确定他们愿意支付的最高金额，这样他们就不会在竞标时措手不及。

扔掉家里所有的垃圾食品会使我们无法在黑夜里惬意地、不假思索地吞下一品脱（约 0.57 升）的冰激凌。但只要有一辆汽车或附近有送餐服务，我们仍然可以吃到想吃的东西，只是需要花费更多的精力而已。在餐厅里也有类似的情形，即使要求服务员不要把面包篮放在餐桌上，很显然我们一样可以吃到面包，但必须再次向服务员提出要求。事实上，如果在听到塞壬的歌声后忍不住要让人给自己松绑，即使是尤利西斯那样的人物也必须指望他的船员能够忽视他。

尤利西斯合约可以通过多种方式来帮助我们成为更加理性的投资者。将收入的一部分设置为自动转账到养老金账户就是一个尤利西斯合约。虽然我们可以改变这种分配方式，但最初的安排让我们的目标设定——系统 2 的自己可以预先确认这种长期看来对我们最有利的安排。如果想要改变分配方式，我们必须采取一些具体步骤来制造一个决策中断。

投资顾问会采用这种方式与客户讨论他们的目标。他们会提前与客户确认在何种情况下应该针对特定股票进行买入、卖出、持有或压低头寸。如果客户稍后想要做出情绪化的决定（如涉及投资价值的突然上升或下降），顾问就可以提醒客户之前进行的讨论和达成的一致意见。

在所有这些情况下，预先承诺或预先决策并没有完全束缚我们的行动力。要在肉体上执行一项情绪化的、被动反应的非理性决策仍然是可能的（尽管在不同程度上更加困难）。然而，预先承诺在行动之前提供了一个停止思考的时刻，触发了潜在的审慎思维。这样能够阻止每一次情绪化的非理性决策吗？不能。我们有时仍会以条件反射或不假思索的方式做出决定吗？当然会。但这种情况的发生概率会显著降低。

决策脏话罐

我们都知道脏话罐的概念：谁说了脏话，就往罐子里丢一美元以示惩罚。这种做法背后的考虑是，它会让人们注意不要说脏话以及减少说脏话的频率。决策脏话罐是一种简单的预先承诺合约，我们可以将其应用于本书的许多关键概念中。决策脏话罐可用于辨别一些表明自己正在偏离求真目标的语言和思维模式，当我们发现自己使用某些词语或屈服于我们试图避免的一些表现为非理性信号的思维模式时，就会产生一个停下来思考的时刻。你可以将此视为实施问责制的一种方式。

我们以确立信念和区分结果的方式讨论了几种非理性的模式。通过这些了解，我们可以对一些表明自己可能处于不理性状态的语言和想法保持警惕。这些警示信号的内容将仅仅适用于你个人（或你的家人、朋友或企业），但下列可能会触发决策中断的各种例子可作为统一参考。

- 肯定性错觉的迹象："我知道""我确定""我早就知道""它总是以这种方式发生""我对此非常确信""你完全搞错了""你完全不明白你自己在说什么""这绝对不可能是真的""绝无丝毫可能""100%"或同等表达，以及其他表明我们夸大了肯定性的言语。其中还包括将事物陈述为绝对的说法，如"最佳"或"最差"，"总是"或"永不"。

- 过度自信：与上述肯定性错觉类似的说法。

- 不理性的结果区分："我无法相信我会如此不幸"，或者如果我们有一些将好结果归功于自己的默认说法，这一表达就会反过来，比如"我发挥了我的巅峰水平"或"我的计划完美无瑕"。这些结论不仅包括运气、技巧、指责或名声，还包含非理性地区分他人结果的同等说法，例如"他们完全是罪有应得""他们是自找的""为什么他们总是如此幸运"。

- 任何仅仅为了发泄情绪的呻吟或对糟糕运气进行抱怨的行为，除了用来获得同情之外没有任何积极意义（我们在求真团体中明确表示自己是在利用暂时休息的机会来宣泄的情况除外）。

- 广义地对他人进行描述意味着忽视他们的想法：对他人的侮辱和贬义的描述有"白痴"和扑克中的"驴

第六章
心理时间旅行历险

子"（donkey），或者任何将他人称为以"另一个典型的 _____"开头的言语（如同大卫·莱特曼对劳伦·康拉德说的一样，他把周围的人当作白痴一样忽略了，直到有一天他开始使用审慎思维进行思考才想到这个问题："其他人都是白痴的概率有多大？"）。

- 其他违反默顿的普遍性规范的行为，如因为不认可信使而否定信息本身。任何关于某人的片面说法，特别是当我们把对某种想法的评估等同于对想法表达者的全面个性或智力评估时，例如"枪痴""流血的心脏""东海岸""圣经地带""加州价值观"——政治或社会问题。同样需要对相反的情况加以提防：因为对信使的认可而接受信息，或在发现自己的想法被确认后立即对信息来源加以肯定。

- 我们聚焦于某个时刻，将时间范围刻意夸张放大的信号："最糟糕的一天"和"地狱般的一天"。

- 明确表明动机推理以及无充分依据地接受或排斥信息的表述，如"传统智慧"、"如果你问任何人"或"你能证明这不是真的吗"。同样，留意那些表明你参与了回声室的表述，如"每一个人都赞同我的观点"。

- "错误"一词应该享有自己的脏话罐。默顿式规范的、有条理的怀疑性在探索性讨论"错误"一词时没留有任何余地。"错误"是一个结论，而不是阐述。而且它并不是一个特别准确的结论，因为我们知道，几乎没有任何事物的正确性或错误性是100%或0。任何否认不确定性存在的言论或想法都意味着我们正在制定一项偏差严重的决策。

- 缺乏自我同情心：如果我们想要进行自我批评，那么重点应是从经验中学习以及如何校准未来的决策。这类的信号包括"我对事物联系的判断能力太差"、"我应该知道的"或"我怎么会这么笨"。

- 一些我们对自己分享的故事进行过分的编辑信号。尤其是在求真团体中，我们是否偏离了事实的分享以强调我们的修改版本？即使在团体之外，除了我们纯粹为了娱乐而分享故事外，是否会确保听众同意我们的观点？一般来说，我们是否违反了默顿的共有性规范？

- 使听众感受到利益冲突、征求建议时加入我们自己的结论和信念，以及在听取意见之前将结果告知听众。

- 阻止他人和他人意见参与的言语，例如确定性的表述以及从即兴表演中学到的用以缓和异议的初步措辞——"是的，而且……"这包括从别人那里获得意见或信息，并回应以"不"或"但是……"。

以上绝不是一份完整的清单，但它提供了各种应该引起我们警惕的表述和想法类型。

一旦意识到自己应该对一些特定的言语和想法加以提防，当我们发现自己在进行这类表达或思考时就是违反了合约，违背了寻求真理的承诺。这些言语是我们屈服于偏见的信号。因为如果我们发现自己在进行这类表达或思考时不加以约束,这就会触发一个反思的时刻来打断我们。这一时刻的突然出现可以提醒我们为什么要煞费苦心地罗列一份表明潜在决策陷阱迹象的清单。

脏话罐是尤利西斯合约的一个简单例子:我们在未来的决策制定中考虑到危险,并为此设计一个行动计划,或者至少承诺自己会花一点时间来确认我们正在偏离求真务实。更好地预先承诺合约源于我们对未来的更好预期、我们希望避免的决策类型,以及我们想要提倡的决策,这需要经过深思熟虑的侦查。

侦察:规划未来

霸王行动(Operation Overlord)是盟军部队从诺曼底出发夺回被德国侵占的法国的一次军事行动,这是世界军事历史上最大的海上入侵行动,它涉及规模空前的战略部署和后勤管理。如果部队行动在一开始就被恶劣天气耽搁了怎么办?如果因为地形影响空降部队无法进行无线电通信怎么办?如果大量的伞兵在降落后偏离目标地点怎么办?如果海潮干扰了部队从海滩登陆怎么办?如果从不同海滩登陆的部队无法会师怎么办?其中牵扯到无数环节,任何一处都有可能出错,成千上万的生命经受着死亡的威胁,这就是战争的潜在后果。

对赌：
信息不足时如何做出高明决策

以上提及的所有方面的确都出现了问题，而且在登陆日（D-Day）及其后立即遇到了许多其他挑战。然而，由于盟军的统帅们预先为尽可能多的潜在场景进行了大量的准备，诺曼底登陆仍然取得了成功。自从马匹被应用于战争，情报侦察就成为预先军事计划的重要组成部分。当然，现代军队早已从派遣骑兵进行情报刺探发展到利用飞机、无人机、卫星和其他高科技设备来收集战争情报了。

捕获并击毙奥萨马·本·拉登的海豹突击队不会在对墙内状况一无所知的情况下贸然进入院落。院子里都有什么建筑？其布局和作用分别是什么？如果选择在不同的天气状况下或同一天的不同时间内进行突袭会有什么不同？哪些人会有可能在场，这些人会对突击行动构成什么威胁？如果本·拉登本人不在院落内他们会怎么做？根据对以上情况（当然还有其他许多情况）的了解，突击队试图达到何种目的？正如突击队员们需要依靠情报侦察来计划行动一样，在对任何决策可能会导致的结果范围以及可能会发生的概率事件进行细致的研究之前，我们不应该对自己的未来进行规划。

为了做出更好的决策，我们需要对未来进行侦察。如果某个决策是基于我们的信念对一个特定的未来进行下注，那么在下注之前，我们应该仔细考虑和预期未来的具体情形。任何决定都可能会导致一系列不同的结果。

赌某种未来

信念→下注→（一系列结果）

考虑这些结果中包含了哪些未来（我们用一种新的方式来体现可能出现的结果）有助于我们弄清楚要做出什么决策。

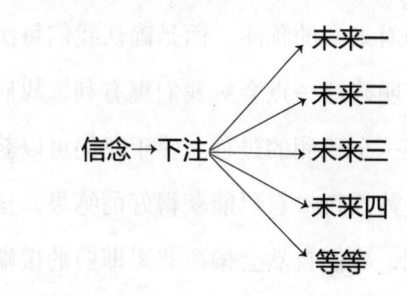

```
                    ┌─→ 未来一
                    ├─→ 未来二
    信念→下注 ──────┼─→ 未来三
                    ├─→ 未来四
                    └─→ 等等
```

先弄清楚可能性，然后再做尝试。首先，我们想象一下潜在未来的范围。这也被称为情景规划。从获得最佳战略应用的角度对数据进行编译和解读的内特·西尔弗经常采用情景规划方法。他有时会采用对那些具备数据支持的所有情景进行讨论的方法，而不是使用数据来得出特定的结论。他在2017年2月初对情景规划的优点进行了描述："当面临高度不确定的情况时，军事单位和大型企业有时会采用一种叫作情景规划的实践。其目标是考虑未来将会以何种方式展现各种可能性以帮助指导长期规划和准备。"

在尽可能多地判断可能出现的结果之后，我们需要努力地猜测每一项未来事件的发生概率。当我向企业提供与建立决策树和确定未来事件的发生概率相关的咨询时，人们经常因为必须对未来事件的发生概率进行猜测而产生抵触，这主要是因为他们觉得自己无法确定任何情景的发生概率。但这就是我让他们尝试猜测之所以重要的原因。

我们进行侦察是因为我们不确定。我们不（也许无法）知道事情发展成为某种精确结果的概率有多大。重要的不是从完美的角度来接近我们对未来的预测，而是确认我们每次做出决策都是在预测未来，明确这一点会对我们更有利。我们对猜测结果的担心本身就是一个猜测的过程。鉴于我们可以获得的各种选项，我们猜测决策执行最有可能获得好的结果。至少通过尝试对概率进行分配，我们自然会偏离非黑即白的极端肯定思维。与放弃任何尝试的态度相比较，任何让我们得以摆脱这些极端情况的做法都将是更加理性的评估。即使我们的评估结果范围很广，比如特定情景的发生概率在 20%～80% 之间，这仍然要强于放弃猜测。

这种对未来进行侦察的做法是经验丰富的扑克玩家们非常熟悉的手段。在下注之前，扑克玩家会考虑每个对手的可能反应（弃牌、跟注、加注），以及每种反应的可能性和可取性，（如果部分或全部对手不选择弃牌）他们还会考虑自己将如何做出回应。即使你对扑克知之甚少，也很容易理解为什么玩家们应该在下注之前考虑这些事情。越老练的玩家越是会进行长远的决策规划。在决定下注之前，老练的玩家就会预测自己将要如何应对各种局面，以及此刻采取的行动会如何影响自己在这手牌中将要做出的决策。最优秀的玩家们会跳出当前一手牌来考虑问题：此刻的行为会如何影响自己以及对手们在下一手牌中的决策？扑克玩家确实生活在一个这样的概率世界中："未来有哪些可能性？那些可能性的发生概率有多大？"他们已经非常习惯于面对自己无法肯定的事实，因为他们无法看到对手玩家们的牌面。

大多数战略性思考都是如此。无论是涉及销售策略、商业策略还是法庭策略，最优秀的战略家都会更加全面地考虑各种可能性，预测和分析每一种情况下的战略反应，并以这种方式深入决策树。

这种情景规划是我们可以自己进行的一种心理时间旅行。如果我们将其作为情景规划团体活动的一部分，它的作用会更加显著，特别是在一些对异议和不同观点持开放态度的团体中。不同的观点允许我们深入决策树中去识别更多种类的场景，并且对它们的概率进行更好的预估。事实上，如果团体中有两名成员对某一结果的发生概率存在着很大的估计偏差，那么这正是让他们调换立场为对方观点进行辩护的好时机。一般来说，最终结果位于两种对立观点中间的某个地方，而两名成员都会以调整各自的立场而结束沟通。但有时一方成员会想到另一方没有想到的关键影响因素，该信息只有在能够容纳异议的情况下才会被发现。

除了提高决策质量，对各种未来可能性进行侦查还有许多额外的益处。首先，情景规划提醒着我们未来在本质上是不确定的。通过在决策过程中对这一点进行明确，我们对世界的看法会变得更加客观。其次，这会为应对可能由我们的初步决策而产生的不同结果做出更好的准备。我们可以预测积极或消极的情况并制定应对战略，而不是仅仅被动地做出反应。能够应对不断变化的未来是一件好事，对变化的未来感到措手不及绝非好事。情景规划使我们更加敏捷灵活，因为我们已经为应对各种未来可能出现的情况进行了充分考虑并做好了相应准备。如果我们通过侦察发现自己容易受到非理性的影响，我们可以尝试采用尤利西斯合约来约束我们的行动力。第三，对结果的范围进行预测也会使我们在某些未来情况发生时不会感到毫无意义的遗憾（或过度的兴奋）。最后，通过对未来的可能性和结果发生的概率进行预测，我们就不太可能成为以结果为导向或事后偏见的牺牲品（这些偏见使我们对没有发生的未来加以掩饰，并将发生的结果视为不可避免），因为我们已经对可能发生的所有情况进行了分析。

情景规划的实践

几年前，我为一家名叫"课外全明星"的全国性非营利组织提供咨询服务，与他们进行协作，将情景规划纳入组织预算。[1] 由阿诺德·施瓦辛格（Arnold Schwarzenegger）于1992

---

[1] 我于2009年加入"课外全明星"理事会，提供咨询是我作为理事会成员的工作内容之一。

年创立的"课外全明星"在美国的 18 个城市为 70 000 多名低收入家庭的学生提供日均 3 小时的课外全面教育计划。该机构在很大程度上依赖于政府拨款以维持运营,而且鉴于拨款审批过程中的不确定性,他们当时正在艰难地进行预算规划。为了帮助他们进行规划,我要求他们列出所有的拨款申请以及每笔拨款的价值。他们向我提供了所有未付拨款的申请表以及申请资金数额。我告诉他们,在他们提供的信息中我没有看到每笔拨款的价值,他们却让我看申请数额那一栏的内容。那时我才意识到,我们对于如何判定价值有着不同的理解。误解来自每笔拨款的预期价值与他们实际可能获得的拨款数额之间的认知脱节。①

　　确定每一项拨款的预期价值涉及一种简单形式的情景规划:想象一下申请拨款可能会出现的两种结果(批准或拒绝),以及每一种结果的可能性。例如,如果他们申请一笔 100 000 美元经费的成功概率是 25%,那么该项拨款的预期价值应为 25 000 美元(100 000 美元 ×0.25)。如果他们只有四分之一的概率可以获得该数额,那么它的价值就不是 100 000 美元,而是 100 000 美元的四分之一。如果申请 200 000 美元的成功概率为 10%,那么预期价值就是 20 000 美元;如果申请 50 000 美元的成功概率为 70%,则预期价值为 35 000 美元。如果没有经

---

① 我让他们计算每一笔拨款的预期值,即通过将每个可能结果的概率乘以每个结果发生的可能性并取其总和而得出的平均长期值。

223

过这种概率性的思考，就无法确定一笔拨款的价值——这将导致人们错误地认为（以上述内容为例）200 000美元的数额最大，而实际上最有价值的却是50 000美元的拨款。"课外全明星"组织意识到不确定性造成了麻烦（以至于他们在做预算时有被奴役的感觉），但他们没有将不确定性纳入规划或资源分配的过程中。他们完全是在依靠直觉盲目行事。

在我与他们的全国办事处合作之后，"课外全明星"将预估获得每一项拨款的概率纳入了预算规划。他们从情景规划中获得了立竿见影的好处。

- 他们创建了一个更高效，更多产的工作栈。在进行这项实践之前，他们自然会优先考虑寻求更高金额的申请并首先执行这些操作。他们将更多高级职员投入其中，并且很有可能会聘请外部人员来进行拨款申请文书的编撰。通过考虑获得每一笔拨款的成功概率，他们现在能够根据拨款对于组织的实际价值，在决策制定过程中更加合理地对其进行安排。此后，不再仅仅是一些预期数额较大的申请，那些具有较高价值的经费也得到了很高的重视。
- 他们可以更好地结合实际情况进行预算。他们在预估可以获得的资金数额方面更有信心。
- 由于确定预期价值需要对获得拨款的概率进行估算，他们越来越注重提高估算的准确性。这促使他们与审批机构接触以确认申请结果。之前在审批未能通过后他们也曾与审批机构联系跟进。因为专注于概率的核验和校准，他们将这种做法扩展到了已经获批的拨款上。总体而言，他们在结果后期评估中侧重于了解哪些做法有效，哪些无效，哪些结果是因为运气以及如何才能做得更好，同时也侧重于提高他们的概率估计和拨款申请质量。

- 他们可以设法提升获得拨款的概率以及致力于相关实践。
- 由于事先对能否成功获得拨款进行了分析和考虑，他们不太可能成为事后偏见的牺牲品。
- 由于事先对能否成功获得拨款的决策过程进行了评估，他们不太可能成为以结果为导向的牺牲品。
- 最后，由于"课外全明星"通过将场景规划纳入预算和拨款申请而获得了好处，他们将此类场景规划的实施扩展至其他部门，使之成为其决策文化的组成部分。

拨款预期与销售预期类似，这种流程可以在任何销售团队中实施。分配成交或不成交的概率可以使公司更好地确定销售优先级、规划预算和分配资源、对预测的准确性进行评估和调整，并保护自己免受以结果为导向和事后偏见的危害。

当可能的未来数量增加并且/或者当我们进一步深入决策树时，会出现一个版本更加复杂的情景规划，来应对我们下一步如何对事情的结果做出回应以及该决策将会产生哪些结果等问题。

回顾一下海鹰队主教练皮特·卡罗尔的那次饱受指责的战术决定所涉及的情景规划：在比赛最后20秒，海鹰队落后4分的情况下，二次10码进攻正要冲过新英格兰爱国者队的1码线上的一次暂停中。当时卡罗尔有两个常规选择，冲锋或抛传，任一选择都会导致多种场景。

如果卡罗尔下令冲锋，会导致以下可能的结果：（1）触地得分（立即获胜）；（2）丢球–漏接（立即失败）；（3）未达到球门线；（4）进攻犯规；（5）防守犯规。结果（3）~（5）又可细分为其他情况。显然，最可能的失败情况是跑垒员在到达终点区域之前被拦截。海鹰队可以在最后时刻要求一次暂停，但如果他们再次控球冲锋未能得分，比赛就会以他们的失败告终。

如果卡罗尔示意抛传，可能会出现的结果有：（1）触地得分（立即获胜）；（2）丢球–截获（立即失败）；（3）抛传不完整；（4）遭遇抱摔；（5）进攻犯规；（6）防守犯规。同样，前两种结果基本上结束了游戏，而其他结果又将引起进一步的战术口令并导致其他结果。

抛传和冲锋之间的主要区别在于，卡罗尔的抛传决策可以给海鹰队制造三次战术机会，而如果下令冲锋，则只有两次机会。一次失败的冲锋导致海鹰队必须使用他们最后一次的暂停机会来停止计时，以便他们可以进行下一次进攻。一个不完整的抛传可以给海鹰队一次暂停机会连同另外两次进攻机会。而

第六章
心理时间旅行历险

遭遇截获则会断绝第二次或第三次进攻的可能性,这种情况在场上的概率仅有 2%~3%,因此卡罗尔做出了选择三次而非两次得分机会的决策是完全合乎情理的。(由于进攻中的漏接导致的失球概率为 1%~2%。)[1]

需要注意的是,如果没有这种对未来可能性的侦察,额外进攻机会的选项就不会显现。即使在结果发生以后,在有足够的时间来分析的情况下,也很少有评论员看到该决策的优势。

重要的是,当我们对所有这些未来进行侦察并根据不同未来的可能性和可取性进行决策时,我们会获得更好的结果。"课外全明星"无法保证它的每一项拨款申请都会获得批准,但它可以通过良好的方法在优先处理部分申请以及在所有申请的预期价值方面做出更好的决策。尽管遭受了强烈指责,但我还是认为皮特·卡罗尔应该会在下令威尔逊抛传的决策上感到心安

---

[1] 国家橄榄球联盟的参赛球队都具有精准分析的优势,但一名具有基础比赛常识的球迷也可以估算出大致的概率。(其中不包括新英格兰爱国者队的防守调整或针对短码数情况的数据。)威尔逊进行抛传可以导致的各种结果的发生概率分别为:遭遇抱摔约 8%(严重丢失码数,使用最后一次暂停机会)、抛传成功 55%(触地得分)、不完整传球 35%(停止计时以便展开两次额外的进攻,其中可能包括由于剩余时间不足而无法完成的冲锋),以及投掷被截获 2%。

如果威尔逊将球递传给马肖恩·林奇,他要么推进一个码数并得分,要么在球门前被截住,要么丢球。林奇的丢球率为 1%~2%。在这之后,就有必要采用精准分析了(并且可能基于小样本),但我们可以进行猜测。林奇在 4 次 10 码进攻(假定为短码数情况)的 13 次尝试中有 2 次达阵和 7 次首发。关于其职业生涯,在撰写本文时,他在第三、第四和近距离冲锋中有过 121 次尝试,其中 11 次达阵和 70 次首发。

理得。

对未来的可能性进行侦察可以显著提高决策质量并降低对结果的被动反应。我们已经谈到了对未来的样子进行设想。但事实证明，更好的决策树和更有效的情景规划都来自逆向思维而非前瞻思维。

反向回顾：从一个积极的未来开始逆向思考

对未来进行想象的方法并非只有一种。中国有一句谚语叫作"千里之行，始于足下"。事实证明，如果我们要计划如何完成 1 000 英里（约 1 609 千米）的徒步旅行，最好的做法是想象自己从目的地的位置来回顾我们是如何一步步地走到终点的。就预见性思维而言，站在终点向后看比从起点向前看更加有效。

当我们从现在展现未来时，得到的扭曲观点类似于《纽约客》杂志曾经在其封面上嘲笑过的曼哈顿居民那种陈旧的世界观。杂志封面是以一个纽约人的视角绘制的一幅地图，该地图的一半为纽约都市街区。虽然你可以看到第九大道上的所有建筑物，甚至是车辆和行人，但哈德孙河连同新泽西州一起却仅显示为狭窄的横向条状物。整个美国占据的空间与第九和第十大道之间的距离相同。在太平洋条状物之外有三小块位置，分别被标注为"中国"、"日本"和"俄罗斯"。

在预测未来时，我们会面临类似的失真的风险。从我们所

第六章
心理时间旅行历险

处的位置来看,眼前和即将要发生的事会显得更为重要。除此之外的任何事情都会失去焦点。

想象未来与回忆过去需要调动相同的脑神经通路。事实证明,记住未来是一种更好的计划方式。以目前的观点为依据,我们很难看到下一步之后的情况,因此我们最终针对当前遇到的问题进行了过度的规划。这种方法隐含的假设是条件将保持不变、事实不会改变而且范式也将保持稳定。世界变化过于迅速,所以不能假设该方法在通常情况下都是有效的。塞缪尔·阿贝斯曼的《事实的半衰期》用一整本书的篇幅讨论了将未来想象成与现在一样的危险。

正如优秀的扑克玩家和象棋选手(以及任何领域的专家)可以比其他人更好地对未来做出进一步的规划,当我们能够更加生动地想象未来而不受现状扭曲时,我们的决策质量就能得到改善。通过从目标开始逆向思考,由于是从终点入手,我们可以更加深入地对决策树进行规划。

研究表明,我们在确定目标并开始逆向思考以试图"回忆"起我们是如何到达终点时表现得更好。决策科学家加里·克莱恩(Gary Klein)在《哈佛商业评论》的一篇文章中总结了由黛博拉·米切尔(Deborah Mitchell)、J. 爱德华·拉索(J. Edward Russo)和南希·彭宁顿(Nancy Pennington)在1989年进行的实验的结果。他们"发现预期的后见之明——想象事件已经发生——会使人们在准确识别导致未来结果方面的能力提升30%"。

庞大的城市规划项目需要大量的资金、材料、责任以及从未来目标开始逆向工作的愿景。例如，当弗雷德里克·劳·奥姆斯特德（Frederick Law Olmsted）开始设计中央公园时就设想到，公园的魅力以及人们从中获得的乐趣都需要经过数十年时间的景观变化和成熟之后才能得到完整的体现。在1858年公园向公众开放时，人们穿过公园会经过很多荒芜的土地。即使到了1873年，建筑工程基本完成时，公园内仍有大量未长成型的植物。树木、灌木和其他植物显然是近些年才移植过去的。当时的那些游客一定不会认出今天的中央公园，但是奥姆斯特德会认得出，因为他的设计构想始于今日的结果。

通过从预期目标进行逆向思考来规划未来的形式被称为反向回顾。在反向回顾中，我们想象自己已经获得了某种积极成果，手持一份报纸，大标题显示为"我们成功了！"然后我们再思考目标实现的过程。

假设一家企业打算制订一项3年战略计划，将市场份额从5%提高到10%。参与进行计划制订的每个人都想象自己拿着一份头条标题为"X公司在过去3年中市场份额翻倍"的报纸。然后团队负责人询问，是什么原因使他们实现了目标，过程中发生了哪些事件，做出了哪些决策，哪些有利条件促成了企业获得如此规模的市场份额。这种实践不仅使公司能够更好地确定为实现目标而需要实施的策略、战术和行动，还有助于发现什么时候需要对目标进行调整。反向回顾使我们可以辨别那些实现目标所必须发生的低概率事件，这可以促使战略发展以增加这类事件的发生概率或者有助于决策者认识到目标过于远大。该公司还可以对通过反向回顾来制订的计划做出预先承诺，包括如何应对可能会干扰目标实现的问题，以及在未来应如何辨别重新评估计划的转折点。

在接手新案件后制定审判策略时，审判律师可以设想一下庭审获胜后的报纸头条。庭审过程中有哪些有利于该律师的裁决？最有利的证词是如何发挥作用的？法官允许或否决什么样的证据？陪审团针对哪些问题做出了回应？

如果我们的目标是在 6 个月内减掉 20 磅（约 9 千克），那么，可以通过设想自己已经在预定时间内完成了减肥目标来计划如何实现这一目标。为了减肥我们付出了哪些努力？我们是如何避免食用垃圾食品的？我们是如何增加运动量的？我们是如何恪守养生之道的？

设想一个成功的未来并从那里进行反向回顾是一项有用的时间旅行实践，有助于我们确定实现目标所必需的步骤。如果我们为自己设想一个不乐观的未来，逆向思考将会产生更大的作用。

预先检查：从一个负面的未来开始逆向思考

如果你对医学名词有所了解，或者喜爱观看法医及犯罪类剧集,那你应该会对一个名词感到熟悉——验尸(postmortem):法医通过检验尸身来确定死因的方法。而事前验尸或预先检查(premortem)是对一些糟糕事件进行的调查,区别是这种调查是在事件发生之前进行的。我们都希望对未来持有乐观的态度。我们通常偏向于高估好事发生的概率。通过玫瑰色眼镜(指乐观态度)来看待世界给人自然且良好的感觉,但是稍许的反对意见对于决策制定也是非常有益的。预先检查是对我们的积极态度进行的立即检验,以及我们对自己未能实现目标的设想。

反向回顾和预先检查互为补充。反向回顾设想一个积极的未来,预先检查假定一个消极的未来。如果没有同时表示正面空间和负面空间,我们就无法创建完整的画面。反向回顾揭示了积极空间,预先检查揭示了消极空间。反向回顾是啦啦队队长,预先检查是观众中的起哄者。

设想一个写着"我们失败了"的标题会促使我们思考一些可能会出错的方面,这会有助于我们在自己(乐观的、团队合作的)的决策中提防这些问题。如果那家计划在3年内市场份额翻倍的公司见报的头条标题为"公司未能实现提升市场份额目标,增长再次停滞",那么规划团队的成员们就可以设想到一系列导致失败的原因:新产品的延迟上市、关键管理(或销售、市场、技术)人员的流失、竞争对手发布新产品、不利的经济发展环境、导致客户终止产品需求的模式转变,或依靠未上市或未投入使用的替代品等。

第六章
心理时间旅行历险

正在审理案件的律师认为有利的证据遭到否定而尚未呈堂的证据可能对案件极为不利，同时描绘了无情的法官连同对主要证人无好感或不信任的陪审团。

如果我们设定了一个减肥目标并制订计划来实现该目标，预先检查的方法可以揭示这样一些情况：在他人的生日宴会上自己有吃蛋糕的义务，在会议室里抵抗百吉饼和饼干的诱惑是多么艰难，抽时间去健身房是多么困难或者找借口拖延健身是如此容易。目前市面上已有大量关于如何通过想象成功的情景来实现目标的著述，这种方法已成为自助策略中的一个共同元素，因此（带有负面情景的）预先检查看似并非一种有效的成功方式。

尽管人们普遍认为成功是通过积极的情景设想来实现的，但事实证明，结合消极的情景设想会提升我们实现目标的概率。纽约大学心理学教授、《对积极思维的反思：透视新的动机科学》（*Rethinking Positive Thinking : Inside the New Science of Motivation*）一书的作者加布里埃尔·厄廷根（Gabriele Oettingen）在20多年的研究中不断发现，那些在追求目标过程中想象障碍的人更有可能取得成功。这种策略被她称为"心理对照"（mental contrasting）。她的第一项研究涉及了参加减肥计划的女性，结果显示，那些对减肥有着强烈的积极设想的受试者比那些持有负面想象的受试者少减掉24磅（约11千克）。梦想着目标的实现显然并没有帮助她们实现减肥目标，不仅如此，反而还阻碍了成功。此项研究中的那些过分乐观的梦想家们在

233

实际行动中却表现出较低的减肥积极性。

厄廷根在不同的环境下重复验证了这些结果。她招募了一些声称自己正处于暗恋状态的大学生并将他们分为两个小组。然后她安排一个小组对发起感情关系进行积极的情景设想，而要求另一个小组对此进行消极的情景设想。最终出现了与减肥研究类似的结果：五个月后，沉迷于积极情景设想的受试者们成功发展关系的概率较小。在针对求职者、期中考试前的学生和进行髋关节置换手术的患者的研究中她也得出了相同的结果。

厄廷根意识到我们需要有积极的目标，但通过对未来进行负面的情景设想可以使我们更好地实现这些目标。通过想象为什么我们未能实现目标来开始一次预先检查：我们的公司没能提升其市场份额，我们未能成功减肥，陪审团的结论偏向另一方，我们没有达到预期销售目标。然后我们再想象出现这些结果的原因。所有这些原因都会使我们对潜在的障碍有所防备，并有助于提升我们的成功概率。

预先检查是默顿规范中有条理的怀疑性的实践，它改变了游戏规则以允许异议的存在。一名参与预先检查实践的成员并不是要成为最热情的啦啦队队长，而是要做最有影响力的起哄者。"获胜"并不在于大家都能因为自己的（连同团体的）乐观陈述被认可而感觉良好。预先检查是从一个不利的未来或未能实现的目标开始进行的逆向思考，因此想要争取认同或想要通过贡献来感觉良好就在于是否能提出最具创造性、相关性和可操作性的理由来说明事情未能成功的原因。

预先检查实践的成功关键在于每个人都可以自由地寻找这些理由，并且他们有动力去进行一些搜索——个人经历、公司经历、历史先例、好莱坞女孩剧集、体育类比赛，等等——来提出决策或计划可能会导致的坏结果，以便团体可以对它们进行预测和说明。

进行预先检查为我们创造了一次充当自己的"红色突击队"的机会。一旦我们将操作设定为"是的，我们失败了。我们为什么会失败？"这会让每个人都能够自由地发现他们在其他情况下可能看不到，或者因为害怕被视为反对者而不敢提出的潜在失败原因。人们可以自由表达各自的保留意见而不会显得他们是在指责行动计划的错误。有鉴于此，包含预先检查的计划流程会创建一个更加健康的组织，因为这意味着异议者在该计划中占有一席之地，所以他们不会觉得自己遭到排挤或自己的意见得不到应有的重视。现在每个人的声音都有着更大的价值。该组织不太可能会阻止不同意见，因为那样便无法获得有价值的意见。如果事情没有成功，那些持有保留意见的人也不太可能会产生怨恨或后悔，因为在战略计划中同样也有代表他们的声音。

将这种负面空间的想象结合到一个求真团体中可以强化一种新的习惯来预见和预测未来的障碍。与之前一样，当我们参与的团体加强了这种思维时，我们个人也会更加倾向于思考决策过程中的负面因素。

想象积极的和消极的两种未来有助于我们建立一个更加现实的未来愿景，使我们能够对更广泛的挑战做出计划和准备，而不仅仅是依靠反向回顾。一旦事先认识到可能会出现的问题，我们就可以对不利结果进行预防、制订行动计划、对多样化的未来发展做出灵活的反应，并提前消除负面作用，这样我们就不会对负面结果的出现感到惊讶或束手无措。如此一来，我们会更有可能实现目标。

当然，在反向回顾中想象进展顺利的事情时，如果某个环节出现异样我们就会找出问题所在。因此，反向回顾主要是过度表现了正面空间，同时也并未忽视负面空间。想象一个成功的未来体现了我们乐观的本性（而且也自然而然地会出现在反向回顾中）。如果不采用预先检查的方法，就看不到很多我们未能实现未来目标的原因。预先检查迫使我们去扩建决策树中事情进展不利的一面。在此过程中，我们可能会发现这是决策树中相当有益的组成部分。

请记住，正面和负面未来的发生概率相加必须达到100%。反向回顾的正面空间和预先检查的负面空间仍然必须融入一个有限的空间之中。我们可以根据自己看到的负面空间体量来将正面空间压缩到可以更加准确地反映现实而非我们乐观本性的程度。

当我们将过去、现在和将来版本的自己聚集一处时，我们就能够做出更好的、令自己满意的决策。这不仅有助于我们调整自己的乐观程度，还可以使我们对目标进行相应的调整，并且积极地实施计划以减少坏结果，以及增加好结果的发生概率。这样我们就不太可能会因为坏结果的出现而感到措手不及，并且可以更好地准备应急计划。

在规划过程中将关注重点放在消极空间上可能会给人不太愉悦的感觉。然而，从长远来看，更加客观地看待世界并做出更好的决策要比对负面情景视而不见更加令人感到愉悦。在某种程度上，没有预先检查的反向回顾是时间贴现的一种形式：想象一个积极的未来会让我们在此刻感觉良好，但放弃这种即时的满足感，我们可以通过更准确地看待世界、做出更好的初步决策以及灵活应对未来的不确定性来获得更多的好处。

一旦我们做出某个决策而且发生了某种可能的结果，就不能放弃所有的努力，即使（或者尤其）其中包括了未能实现的预期目标。忘记未能实现的目标可能会对良好的决策制定产生不利影响。

树木学和事后偏见（或者，让电锯歇一歇）

心理时间旅行的目标之一是全面、客观地看待问题。要理解这种观点的主要风险，我们可以把时间看作一棵树。这棵树的组成部分有树干、顶部树枝以及枝干连接处。树干代表过去。一棵树只有一个成长中的树干，正如我们只有一段不断积累的过去。树枝就是潜在的各种未来，较粗的树枝相当于可能性较大的未来，而较细的树枝代表着可能性较小的未来。树干上部与树枝交汇处是现在。未来有很多种，但只有一个过去；树有很多树枝，但只有一个树干。

随着未来不断成为过去，所有这些树枝又会怎么样？不断前进的现在就像是一把电锯。当其中一个树枝得出了某种结果之后，树枝变成过去时，现在的我们锯掉并清除了所有未能得出结果的树枝。当我们回顾过去只看到那件已发生的事情时，它似乎就给人一种不可避免的感觉。为什么从这个有利位置看，它不应该给人无可避免的感觉呢？即使是最小的树枝，也就是最不可能发生的未来——比如拉塞尔·威尔逊的抛球被拦截的概率仅为2%～3%——在成为强大树干的一部分时也会扩大。事后看来，当时的2%～3%变成了100%，所有其他树枝，无论多么粗壮，也都会被忽略掉。

这就是事后偏见，概率思维的死敌。

美国权威法学家、第七巡回上诉法院法官弗兰克·伊斯特布鲁克（Frank Easterbrook）曾经就某种潜在可能发生之后法律系统的概率评估中存在的危险性进行了警告。简茨诉康尼格拉食品公司（Jentz v. ConAgra Foods）的案件涉及的当事双方为康尼格拉公司旗下的一处"热"粮仓，以及其聘请的负责调查和处理粮仓燃烧气味、烟雾和温度升高原因的一家名为西侧（West Side）的公司。由于未能解决问题，西侧的工头让康尼格拉公司

第六章
心理时间旅行历险

打电话给消防部门求助。然后，为了避免影响消防人员的进出，工头让自己的工人们将工具从通往仓库的一条隧道中移出。

当工人们进入隧道时，粮仓发生了爆炸。几名被严重炸伤的西侧工人同时起诉了康尼格拉和西侧两家公司。陪审团判定伤者应得伤害赔偿和惩罚性赔偿金共计1.8亿美元。在处理西侧的惩罚性赔偿问题时，伊斯特布鲁克法官为法院撰写文章指出，伊利诺伊州法律规定的惩罚性赔偿针对的是"严重偏离"防护标准的行为。没有任何证据或记录显示在工头命令工人从隧道中移出工具时有任何发生爆炸的潜在威胁，他总结道，"判决似乎是事后偏见的结果——人们倾向于相信已经发生的事情是必然会发生的，而且每个人对此都应该是明确的。如果（工头）事先认为有发生爆炸的可能性，那么他就是一个凶残的魔鬼；但是并没有此类证据。事后偏见不足以支持一项判决结果"。

一旦我们知道发生了爆炸，很难想象将爆炸当作几种可能后果之一的各方将会如何反应。陪审团成员中存在利益冲突。当他们听到工人进入隧道找回工具的故事时，他们就已经猜到了结果。鉴于粮仓中已经发生的情况，陪审团砍掉了树上的其他树枝——所有其他有可能会发生的结果。事后看来，他们所能看到的只是一系列情况的交汇并在最后发生了不可避免的悲剧。

想象一下，如果现实生活中有更多类似伊斯特布鲁克法官一样的人，那么本书中出现的众多主人公会得到怎样不同的结果。

当年整个球场的小熊球迷如果都持有伊斯特布鲁克法官那

种观点，史蒂夫·巴特曼的命运就会有所不同。他们本可以认识到，小熊队输掉比赛的结果仅仅是多种可能性的其中一种。在巴特曼和他周围的球迷们伸手去接界外球的那一刻，史蒂夫·巴特曼的触球行为只是未来的一个小树枝，而在那之后小熊队的失败是最细小的树枝，这一结果的产生涉及了一系列小概率的场上变化（比如第一投手放弃连续击球以及游击手在最后双杀中出现罕见的失误）。正如工头命令工人进入隧道不会引起爆炸一样，巴特曼的触球也没有导致小熊的输球。他仅仅是在那颗界外球碰到他的手之后可能会发生的一系列自己无法控制的可能性中遭遇了一个不幸的结果。

皮特·卡罗尔和那些"马后炮"如果可以听取法官的提醒就好了，我们倾向于认为一旦发生了某些事情，那就是必然的结果。如果我们在某件事情发生之前没有将所有潜在的可能性考虑在内，那么我们几乎无法在事发后对决策或概率进行理性的评估。

这就是那位 CEO 在解雇总经理之后面临的主要问题。虽然他最初认为这是他最糟糕的决策之一，但当我们通过捡起树枝重新与树干连接来重建这棵树时会清晰地发现他和他的公司做出了一系列仔细、慎重的决策。然而，由于这些决策导致了负面结果，CEO 一直感到后悔。当回顾他的决策时，他看不到所有这些树枝代表的各种可能性。他只能看到树干所代表的过去——已经发生的坏结果。

第六章
心理时间旅行历险

CEO用电锯锯下了所有其他树枝然后把它们塞进碎木机。树枝消失了，而他也表现得好像它们从未存在过一样。这就是所谓的事后偏见，一旦我们得到某种结果，就会拿上电锯到树林里去胡乱砍伐。一旦发生了某些事情，我们就不再将其视为具有概率性——或者不再认为此事曾经存在过概率性。正是在这种心态下，我们才会说出"我应该早就知道"或"我告诉过你"类似的话。无济于事的后悔就是如此产生的。

对可能发生的情况（而非后见之明的版本）进行准确的设想，并记录我们在良好计划过程中创建的情景规划和决策树，会使我们在将来的决策过程中成为更好的校准者。通过认识并适应世界的不确定性，我们也会感到更加幸福。我们可以在不确定的环境中通过尽力而为，以及致力于改善我们的经历来获得满足，而不是以极端的方式生活。

对2016年大选的反应为我们从树干上砍伐树枝的结果提供了另一个强有力的证明。538博客的数据显示，希拉里·克林顿在选举中更受青睐，根据民意调查的结果，她获胜的概率介于60%～70%之间。所以当唐纳德·特朗普获胜后，民意调查人员遭遇了类似皮特·卡罗尔的命运，也许没有人比538博客的创始人内特·西尔弗和另一位深思熟虑的民意调查数据分析师遭受了更多的责难（"内特·西尔弗弄错了""民意调查人员失误了""就像英国脱欧一样，博彩公司搞砸了"等）。尽管特朗普的树枝不是仅仅只有30%～40%成功概率的细小树枝，新闻界仍将此歪曲为克林顿的某种胜利。大选后的第二天，克林顿的树枝被锯掉，只剩下特朗普的树枝。民意调查人员和调查过程怎么会如此盲目？

扑克能够教给我们的另一点是，我们必须满足于对决策可能产生的不同结果进行的概率评估，以及对我们认为最有利的牌局进行的下注。随着不确定条件下一连串决策和结果的发生，你会习惯于面对失败。在某种程度上，我们都是期待结果的"瘾君子"，从这种寄托中解脱出来的程度越大，就会感到越幸福。任何人都无法保证能获得有利的结果，每个人都会经历许多不利的结果，但我们总有获胜的机会。即使在失败的情况下，我们通常也会获得第二次机会，因为我们可以从中学到经验并期待下次做得更好。

与扑克相似的是，生活也是一场漫长的比赛。即做出了最好的投注决策，也有可能会面临很多失败的结果。如果开始认识到我们永远无法保证一个确切的未来，我们将会做得更好，也会变得更加快乐。这会将我们的任务从试图每一次都做出正确的决策（这是一项不可能的工作）转变为通过校准信念来引导我们在不确定的情况下逐步地、更加准确地和客观地认识世界。凭借战略性的预见和广阔的视角，这是可以实现的计划。通过不断学习和校准，我们甚至可以成为行家能手。

致　谢

本书的完成有赖于很多人的帮助和支持，如果逐一列出，将会是一份很长的名单。当然，这一切都始于我的家人——父亲理查德（Richard）和已故的母亲狄迪（Deedy），是他们激发了我对博弈的热爱、对教学的热爱，以及对写作的热爱——这为酝酿本书的创作提供了优越的条件。我的哥哥霍华德是一位伟大的哥哥，感谢他在我的扑克生涯，以及视决策艺术为一门科学（反之亦然）的追求中产生了显著的影响——本书中的许多想法都源于与他的谈话。还有我的妹妹凯蒂（Katy），感谢她对我的大力支持和自始至终的鼓励，以及她对本书的仔细阅读和精心编辑。她是一位鼓舞人心的作家和诗人，我盼望本书能够获得来自她的哪怕是稍许的认同。

莱文·格林伯格·罗斯坦（Levine Greenberg Rostan）和Portfolio出版社合作完成了本书的出版业务。他们为了让我能够参与这个项目付出了很多，为了让我完成本书的创作付出得更多。此外，对上述两家公司旗下帮助我提升本书最终质量的优秀人士表示感谢。

吉姆·莱文（Jim Levine），我的经纪人和亲密战友，他帮助我完成了提案撰写，并且自始至终都很支持我。从一开始吉姆就对这个项目有着坚定的信心，他通过许多不同的方式来帮助我进行材料的准备，并耐心地指导我完成提案的多次修改。他对本书的热情从未有过动摇，甚至在我产生自我怀疑时帮助我恢复信心。还有吉姆的助手马修·赫夫（Matthew Huff），自第一次会面以来他一直在帮助我，并在提案撰写过程中提供了宝贵的支持。

妮基·帕帕佐普洛斯（Niki Papadopoulos），本书的总编辑和我的理疗师，她使这本书在很多方面得到了大幅度的提升，其中之一是建议采用一种格式，这激发了大量我无法通过其他方式获得的灵感，对此我深表感激。利亚·特劳夫博斯特（Leah Trouwborst），她与妮基一同给我鼓励，为我提供编辑指导和偶尔的理疗。薇薇安·罗伯森（Vivian Roberson），感谢她为本书的如期出版所付出的努力。

本篇致谢中的每一位（以及许多其他人）都鼓励我写这本书。特别感谢在这方面做出了特殊贡献的丹·艾瑞里，是他向我介绍了吉姆·莱文，以及查尔斯·都希格，他很友好地分享了《习惯的力量》一书的图书提案，这为我自己的提案撰写提供了非常重要的参考指南。丹和查尔斯二位自本项目起步之初就扮演着重要的角色，慷慨地付出了宝贵的时间和精力，并使我坚信扑克中的对赌思维能为决策制定提供助力。

格伦·克拉克森（Glen Clarkson）也为我的创作提供了极

大的鼓舞。他一直都在鼓励我写这本书。原本我是坚持要写扑克策略的,是这个"令人头疼"的家伙使我调整了计划,而事实证明他是正确的。

非常感谢以下几位在接受教育的经历中给我启发的师长。

莱拉·格莱特曼,我在宾夕法尼亚大学的导师;她激发了我对认知学习的研究热情,是我从事科学探索的榜样;她勇敢、有趣、聪明、富有洞察力并对工作充满热情;她教会了我像科学家一样思考,而且在她88岁高龄的今天,仍然是我所认识的最善于鼓舞人心的人。作为导师她一直对我非常慷慨和包容,特别是考虑到我在获得博士学位之前就放弃了学业。她为我的选择和自己创造的生活感到高兴,从未让我因为放弃学业而感到难过。同时也纪念她的丈夫亨利,也是我的导师,一位实验设计大师,他对我的思维发展产生了无法估量的影响力。

芭芭拉·兰多(Barbara Landau),她使我在哥伦比亚大学求学期间对心理学产生兴趣并因此感到兴奋。我很感激能有机会在本科的4年学习中担任她的研究助理。她还激励我前往宾夕法尼亚大学继续深造,她曾在那里学习,师从莱拉和亨利·格莱特曼。

乔恩·巴伦(Jon Baron),他教授了我参与的第一个决策研讨班;鲍勃·瑞斯克拉(Bob Rescorla),他分享自己对条件制约的痴迷并指导我在认知方面的深入学习;以及哥伦比亚大学和宾夕法尼亚大学所有教过我,并培养我在科学、心理学、行为、认知和决策领域拥有探索兴趣和好奇心的教授们。

即使在利用休假去玩扑克之后——一玩就是20年——我也从未离开过那些令人着迷的学科：如何学习，以及如何利用学习成果。我对在扑克职业生涯中遇到的很多人都心存感激。我很感激职业扑克界能够欢迎一个年轻女子的参与，并帮助我找到导师、结交朋友，以及接触一些丰富牌桌时光的难忘角色。我也很感激扑克游戏本身，它提供了一些让我充满激情的东西，在我发现其复杂性时给我奖励，同时还提醒我，在探索过程中揭掉的每一层面纱之下总是还有另外一层。

我对扑克的感激绝对不能缺少对埃里克·赛德尔的着重感谢，要对他表达感谢的原因有很多，其中包括使我懂得真正努力成为理性思考者的意义。

特别感谢大卫·格雷，他向我分享了关于大鲸鱼伊拉的故事；菲尔·赫尔穆特，他发表了扑克历史上最传奇的言论之一；还有约翰·汉尼根，他分享了自己打赌搬到得梅因的故事。这些顶级玩家和许多其他玩家在传授他们专业知识的同时也分享了友谊，这是一份美妙的礼物。我很幸运能有机会观看另外一些杰出玩家打牌并从中学习，这其中包括克里斯·弗格森（Chris Ferguson）、道尔·布朗森（Doyle Brunson）、齐普·里斯（Chip Reese）、格斯·汉森（Gus Hansen）、哈寇贝利·西德（Huckleberry Seed）、泰德·福利斯特（Ted Forrest）、安迪·布洛赫（Andy Bloch）、莫里·艾斯甘达尼（Mori Eskandani）、菲尔·艾维、鲍比·巴克勒（Bobby Buckler）、艾伦·卡宁汉姆（Allen Cunningham）、丹尼·罗宾逊（Danny Robison）和蒋超（Chau Giang）。（这些人和我多年来遇到的其他许多优秀玩家一样，他们并非仅仅在扑克技巧方面出类拔萃：他们在现实生活中针对类似目标做出各种正确决策时也都表现得非常出色。）

如果没有从多年来雇用我从事咨询服务的所有公司、会议、专业团体和高管们那里得到的意见和反馈，这本书就不会存在。他们让我有机会通过主题演讲、务虚会、咨询和指导来对我的想法进行研究总结。首先是罗杰·劳（Roger Lowe），他勇敢地尝试着邀请一名扑克玩家与期权交易员讨论打扑克如何有助于决策制定。如果没有他在2002年那一次开创性的邀请，这本书可能永远不会出现。正是我在那次务虚会上提出的一些新观点，并随着时间的推移不断丰富这些观点，才有了本书的问世。

在撰写本书的过程中，无数来自出版、学术和商业领域的朋友向我分享了他们的专业技能、知识和热情，让我参与讨论、为我解答问题并向我提供更多信息。

科林·凯莫勒，感谢他愿意抽出时间与我这个陌生人交谈。

斯图亚特·法尔斯坦，他在我犹豫是否要写这本书时提醒我，不确定性是一个有趣的令人兴奋的话题。他是我的灵感来源，也是我的好朋友。他的快乐和热情，即便无法被复制，也是极具感染力的。

奥利维娅·福克斯·卡巴恩（Olivia Fox Cabane），她鼓励我并满腔热情地确信不确定性是一个有趣的、值得分享的话题。

维多利亚·格雷（Victoria Gray），她通过"心灵历险"（Adventures of the Mind）项目向我介绍了众多优秀的学者［包括乔治·戴森（George Dyson）和斯图亚特·法尔斯坦］，而且她本人也成了我的好朋友。

乔纳森·海特，我第一次见到他是在宾夕法尼亚大学读研究生的时候，感谢他在2016年大选后的绝望时刻抽时间与我通电话并提醒我去重新研究约翰·斯图亚特·穆勒的著述。

玛丽亚·康尼科娃（Maria Konnikova）帮助我完成了本书的编写，并向我展示了扑克如何激发灵感的新视角。我们俩都痴迷于埃里克·赛德尔的才智。

戴夫·莱诺卫茨（Dave Lenowitz），感谢他的求知欲并乐意向我分享。

罗伯特·麦考恩，感谢他就结果导向问题与我进行的几次精彩的谈话。

加里·马库斯，他与我进行了一些有助于形成本书思想的长篇对话。我们的第一次见面是在读研究生时，当时我是莱拉的学生，而他是史蒂文·平克（Steven Pinker）的学生。几年后，在我开始编写本书时我们重新取得了联系。我很幸运能够与他进行一些关于记忆和时间的珍贵谈话。

加布埃里尔·厄廷根和她的丈夫彼得·戈尔维策（Peter Gollwitzer），这两位纽约大学的心理学教授非常友好地与我共进午餐。餐桌上我们用了很长时间来谈论心理对照，这为本书提供了珍贵的参考资料。

格里·奥斯特朗姆（Gerry Ohrstrom），感谢他将我再次介绍给加里·马库斯，后者又将我介绍给加布埃里尔·厄廷根和彼得·戈尔维策伉俪。

约瑟夫·斯威尼（Joseph Sweeney），他学习和吸收本领域知识的热情促成了多次午餐长谈，这些对话为本书提供了有益的信息并在很多方面使其变得更好。

菲利普·泰洛克，感谢他与我进行的那次谈话，那是我生命中接收信息量最大的三个小时；他还鼓励我重新认识了罗伯特·默顿的科学规范。

约瑟夫·科布（Joseph Kable），感谢他与我共进午餐并谈论了在想象未来时调动的大脑回路。

感谢"如何做决策"网（www.howidecide.org）的所有朋友和同事，这是一个我参与创立的非营利教育基金会，致力于培育年轻人养成更好的决策制定和批判性思维能力。感谢所有辛苦敬业的同事们，执行理事戴夫·莱诺卫茨和所有员工：丹·唐纳森（Dan Donaldson）、迪伦·戈登（Dylan Gordon）、吉丽安·哈德格罗夫（Jillian Hardgrove）、阿德里安娜·马萨拉（Adriana Massara）、拉明·穆哈杰（Ramin Mohajer）和约瑟夫·斯威尼。也感谢理事会和顾问委员会的所有成员们。这些优秀人士除了对本书有着诸多个人贡献外，他们的辛勤工作和奉献精神一直鼓舞着我在理解和教授决策技巧方面再接再厉。

感谢以下对本书早期材料和草稿进行审读并提出意见的人士：吉姆·道恩（Jim Doughan）、保罗·休梅克（Paul Schoemaker）、T. C. 斯科尔纳瓦基（T. C. Scornavacchi）、托德·西姆金（Todd Simkin）和约瑟夫·斯威尼。

特别感谢迈克尔·克雷格（Michael Craig），他给了我非同一般的帮助。没有他就不会有这本书的面世。感谢他的专业帮助和美好的友谊。

非常感激珍妮弗·萨维尔（Jenifer Sarver）的帮助，她实际上保持了我职业生涯一切事宜的正常运行；如果没有她，我就会崩溃。也非常感谢露兹·斯特布尔（Luz Stable）在我撰写本书时帮助我兼顾了我所担负的企业责任。

感谢我的朋友们在本书编写的过程中慷慨地容忍我的情绪黑洞并耐心地等待我恢复信心。我取消计划的次数连自己都无法数清，他们对我的理解和包容我会永远铭记。

如果没有埃里克（Eric），这本书真的不会出现。他在我的写作和其他任何方面都包容我并激励着我。感谢我的继子女，他们让我的生活变得更加充实，并且始终保持耐心和理解。

父母和兄妹给我提供的基础和持续帮助使我获益匪浅，但对我影响最大的仍然是我异常优秀的孩子们。他们包容着我，也包容了这本书。教育他们一直是我生活的目标，但我甚至无暇仔细考虑他们教给我的所有东西。他们很了不起，每天都激励着我。

注 释

前言：为什么这不是一本关于打扑克的书

P005. 在本书中有多处涉及扑克锦标赛结果的内容。除了现金比赛，扑克还可以以锦标赛形式进行。在锦标赛中，选手需要支付入场费来获得参赛筹码，筹码仅限本场比赛使用。选手们在指定牌桌上按预先设定的赌注升级方案进行比赛，并在输完所有筹码时淘汰出局。最终获胜者将得到所有筹码，但奖金是根据完成顺序来颁发的。本书中涉及的锦标赛名次和奖金信息来源于亨顿·玛布数据库（Hendon Mob Database；pokerdb.thehendonmob.com），该数据库收录了自1970年第一届世界扑克系列赛至今的超过30万项赛事结果。

第一章：生活是扑克，不是象棋

P001. **皮特·卡罗尔和事后诸葛亮：**整本书中反复提到了皮特·卡罗尔在超级碗最后时刻的战术决策。本章内容中涉及的各大负面新闻头条分别出自：克里斯·蔡斯（Chris Chase）的"究竟为什么西雅图要采用国家橄榄球联盟历史上最糟糕的战术决策？"——《今日美国》2015年2月1日，原文链接：https://ftw.usatoday.com/2015/02/-seattle-seahawks-last-play-interception-marshawn-lynch-super-bowl-malcolm-butler-play-clal-pete-carroll；马克·马斯克（Mark Maske）的"'超级碗历史

251

上最糟糕的战术决策'将永远刷新人们对海鹰和爱国者的认知"——《华盛顿邮报》2015年2月2日，原文链接：https://www.washingtonpost.com/news/sports/wp/2015/02/02/worst-play-call-in-super-bowl-history-will-forever-alter-perception-of-seahawks-patriots；亚历克斯·马维兹（Alex Marvez）的"超级碗历史上最愚蠢的决策可能预示着西雅图海鹰队的末日"——《福克斯体育网》2015年2月2日，原文链接：http://www.foxsports.com/nfl/story/-super-bowl-seattle-seahawks-pete-carroll-darrell-bevell-russell-wilson-dumbest-call-ever-020215；杰瑞·布鲁尔（Jerry Brewer）的"超级碗历史上最糟糕的决策导致海鹰队饮恨败北"——《西雅图时报》2015年2月1日，原文链接：http: //old.seattletimes.com/html/seahawks/2025601887_brewer02xml.html；和尼古拉斯·达维多夫（Nicholas Dawidoff）的"一名教练在超级碗中的惨烈失误"——《纽约客》，2015年2月2日，原文链接：http://www.newyorker.com/news/sporting-scene/pete-carroll-terrible-super-bowl-mistake。

认为该决策是合乎情理的相关叙述出自布莱恩·伯克（Brian Burke）的"艰难决策：为什么皮特·卡罗尔的抛传口令并不像看起来那样愚蠢"——《斯莱特》电子杂志2015年2月2日，原文链接：http://www.slate.com/articles/sports/sports_nut/2015/02/why_pete_carroll_s_decision_to_pass_wasn_t_the_worst_play_call_ever.html和本杰明·莫里斯的"一位主教练搞砸了超级碗，不应针对皮特·卡罗尔"——538博客，2015年2月2日，原文链接：https://fivethirtyeight.com/features/a-head-coach-botched-the-end-of-the-super-bowl-and-it-wasnt-pete-carroll。关于皮特·卡罗尔在《今日秀》节目中的相关叙述出自克里斯·维斯林（Chris Wesseling）的"皮特·卡罗尔承认这是有史以来最糟糕的结果"——美国国家橄榄球联盟官方网站（NFL.com）2015年2月5日，原文链接：http://www.nfl.com/news/story/0ap3000000469003/article/pete-carroll-concedes-worst-result-of-a-call-ever。

比赛信息和统计数据来自职业橄榄球参考网（Pro-Football-Reference.com），其中许多内容也出现在比赛报道和赛事分析中。

P008. "**快速或死亡：人类大脑不是为理性而构造的**"：为了对我们处理数据的问题——包括将事物的任何相关性都认为是因果关系或者采用单方论证来确认我们偏爱的说法——进行一个很好的概述，请参考2014年4月6日《纽约时报》评论版加里·马库斯和欧内斯特·戴维斯（Ernest Davis）的《八个（不，九个！）大数据问题》["Eight (No, Nine!) Problems with Big Data"]。

除了本节中提到的内容出处以及"参考书目和推荐阅读"中引用的其他材料,科林·凯莫勒还抽出两个小时在电话里耐心地与我讨论这个话题。我强烈推荐他出色的 TED 演讲"神经科学、博弈论、猴子",其中包括一个关于黑猩猩如何比人类更善于博弈的有趣观点。

P016. **奇爱博士**:我在一次名为"心灵历险"的青少年辅导会议中遇到了历史学家乔治·戴森(弗里曼·戴森的儿子)。会议在普林斯顿高等研究院举行。在演讲中,我提到——正如我几乎在每一次演讲中都会提到——约翰·冯·诺依曼并告诉学生们这个地点对我来说非常神圣,因为这是冯·诺依曼曾经工作的地方。乔治在听到我这番话之后通过电子邮件给我发了一份冯·诺依曼的赌场信用额度扫描件。

关于冯·诺依曼的信息,除了本节中提到的出处(详见"参考书目和推荐阅读")之外,还有以下来源:波士顿公共图书馆,"本世纪最有影响力的 100 本书籍"——"最佳图书榜"(TheGreatestBooks.org);蒂姆·哈特福德(Tim Hartford),《一个美丽的理论》——《福布斯》(Forbes)杂志,2006 年 12 月 10 日;高等研究院(Institute for Advanced Study),"约翰·冯·诺依曼的遗产"(John von Neumann's Legacy)——高等研究院官方网站;亚历山大·里奇(Alexander Leitch),"冯·诺依曼,约翰"("von Neumann, John")——《普林斯顿大学指南》(1978 年);罗伯特·伦纳德(Robert Leonard),"从室内游戏到社会科学:冯·诺依曼、莫根施特恩以及博弈论的创造 1928–1944"——《经济文献杂志》(Journal of Economic Literature)(1995 年)。

引用的评论出自哈罗德·W.库恩(Harold W. Kuhn)为《博弈论》六十周年纪念版写的前言。

影响电影《奇爱博士》剧名角色塑造的因素要么是具有诱惑性的含糊不清,要么就会因叙述者(或猜测者)不同而有所不同。约翰·冯·诺依曼与影片角色有一些相同的物理特征,因此通常被认为是影响了角色塑造。其他被认为具有类似影响的人物包括沃纳·冯·布劳恩(Wernher von Braun)、赫曼·卡恩(Herman Kahn)、爱德华·泰勒(Edward Teller)和亨利·基辛格(Henry Kissinger)。除了基辛格在电影制作时还只是一名不太引人注目的哈佛教授,另外几位都是很容易被联想到的人物原型。

约翰·冯·诺依曼对博弈论和现代经济学博弈论的影响是毋庸置疑的。至少有十一位诺贝尔经济学奖获得者的著述因其与博弈论相关或受博弈论的影响而被引用。按年份、领域和贡献来划分,诺贝尔奖官方网站(NobelPrize.org)引用了以下十一位经济科学奖获得者的著述:(1)约翰·C.海萨尼（John C. Harsanyi）；（2）约翰·F.纳什（John F. Nash）；（3）莱因哈德·泽尔滕（Reinhard Selten）（1994年，博弈论，"因在非合作博弈理论中对均衡的开拓性分析"）；（4）罗伯特·J.奥曼（Robert J. Aumann）；（5）托马斯·C.谢林（Thomas C. Schelling，2005年，博弈论，"因通过博弈论分析增强了我们对冲突与合作的理解"）；（6）里奥尼德·赫维克兹（Leonid Hurwicz）；（7）埃里克·S.马斯金（Eric S. Maskin）；（8）罗杰·B.迈尔森（Roger B. Myerson）（2007年，微观经济学，"因奠定了机制设计理论的基础"）；（9）阿尔文·E.罗斯（Alvin E. Roth）；（10）劳埃德·S.沙普利（Lloyd S. Shapley）（2012，应用博弈论，"因稳定分配理论和市场设计实践"）；（11）让·梯若尔（Jean Tirole，2014年，工业组织，微观经济学，"因对市场力量和监管的分析"）。

P018. 扑克与象棋：我的哥哥霍华德具有职业国际象棋背景，但一名玩家从象棋转到扑克的情况较为罕见。在我看来，扑克中存在的庞大不确定性和象棋中缺乏的不确定性是玩家从一种游戏转换到另一种游戏的障碍。相比之下，在我的扑克时期却是大量的双陆棋和扑克的交叉进行。很多最顶级扑克玩家同时也是最好的双陆棋玩家：齐普·里斯、哈寇贝利、西德、杰森·莱斯特（Jason Lester）、格斯·汉森（Gus Hansen）、保罗·马格瑞尔（Paul Magriel）、丹·哈灵顿（Dan Harrington）和埃里克·赛德尔。与双陆棋的更多交叉可能来自双陆棋和扑克共有的更为突出的不确定因素。扑克玩家必须在发牌过程中掌控运气，而双陆棋玩家必须在掷骰子时驾驭运气。

P022. 一场致命的智斗：电影《公主新娘》中维斯特雷和维齐尼之间的决斗场景给几代影迷留下了深刻的印象。决斗中的台词实际上是出自同名小说，但两种形式中的场景几乎完全一样。唯一明显的区别是身为作家兼编剧的威廉·高德曼和导演罗伯·雷纳巧妙地将维齐尼的过度自信安置于适当的媒介中。在向黑衣人介绍自己难以用语言形容的智慧时，电影版维齐尼直接切入主题——先是列举了众多古代最伟大的思想家，然后通过言简意赅的比较得出结论："都是白痴！"而在小说中，高德曼笔下的维齐尼发表了一通自命不凡，夸夸其谈的演讲，完整内容如下："没有任何言语可以概括我的全部智慧。我无比狡猾、诡诈而且精明；我有用之不尽的机巧、手段和阴谋；我极其无赖、敏锐、机警并精于计算；我十分恶毒、奸诈、阴险而且不可信赖……嗯，我已经告诉过你还没有任何语言能够形容我的智慧，但姑且这么说吧：这个世界有几百万年的历史，有几十亿人曾经或正在经过，但我敢以最坦率最谦逊的态度告诉你，我——西西里人维齐尼，是迄今为止最灵活、最圆滑、最狡诈并且最诡计多端的家伙。"

在谈论四次和一万次掷币的对比时，我指的是相对情况。实际上在关于需要掷币多少次才能检验硬币是否公平这方面已经有了很多实践。有兴趣的读者可以参考维基百科条目"检查硬币是否公平"的释义，访问时间 2017 年 6 月 1 日，https://en.wikipedia.org/wiki/Checking_whether_a_coin_is_fair。

P030. **重新定义错误**：关于博彩公司如何在英国脱欧投票之前"错误"地设置了赔率，请参考乔恩·辛朱（Jon Sindreu）的"伦敦大投注中博彩业'脱欧'赔率失衡"（"Big London Bets Tilted Bookmakers 'Brexit' Odds"）——华尔街日报 2016 年 6 月 26 日，https://www.wsj.com/articles/big-london-bets-tilted-bookmakers-brexit-odds-1466976156 和艾伦·德肖维茨的"为什么此次选举结果无法预测"（"Why It's Impossible to Predict This Election"）——波士顿环球报（Boston Globe）2016 年 9 月 13 日，https://www.bostonglobe.com/opinion/2016/09/13/why-impossible-predict-this-election/Y7B4N39FqasHzuiO81sWEO/story.html。如果读者对有关宣称某人"正确"或"错误"之后产生的混淆及更多细节感兴趣，可以参考我在英国脱欧公投之后和美国总统大选之前写的《脱欧中的博彩公司与银行家：现在谁在赌》（Bookies vs. Bankers on Brexit: Who's Gambling Now）——赫芬顿邮报官方网站（HuffingtonPost.com）2016 年 7 月 13 日，http://www.huffingtonpost.com/entry/bookies-vs-bankers-on-brexit-whos-gambling-now_us_57866312e4b0cbf01e9ef902 和《当不被看好的一方获胜时，连德肖维茨都把概率当作错误》（Even Dershowitz? Mistaking Odds for Wrong When the Underdog Wins）——《赫芬顿邮报》2016 年 9 月 21 日，http://www.huffingtonpost.com/annie-duke/even-dershowitz-mistaking_b_12120592.html。

在 2016 年总统大选后，内特·西尔弗和他的网站 538 博客首先为民调和预测人士承担了严厉的指责。西尔弗的网站实时更新了选举投票和结果预测数据，并且预测（根据日期）希拉里·克林顿的胜算约为 60%~70%。如果你进行谷歌搜索"内特·西尔弗选举预测失败"（"Nate Silver got it wrong election"）会出现 465 000 个结果。2016 年 11 月 9 日《政治家》杂志大标题为"为什么每个人都猜错了"（How Did Everyone Get It So Wrong），http://www.politico.com/story/2016/11/how-did-everyone-get-2016-wrong-presidential-election-231036。吉兹摩多，科技博客（Gizmodo.com）早在选举前就开始大肆抨击西尔弗，并于 11 月 4 日发布了马特·诺瓦克（Matt Novak）的一篇文章《内特·西尔弗关于唐纳德·特朗普的离谱预测很恐怖》（Nate Silver's Very Very Wrong Predictions About Donald Trump Are Terrifying），https://

paleofuture.gizmodo.com/nate-silvers-very-very-wrong-predictions-about-donald-t-1788583912，文中明确表示，"西尔弗他懂个 **。"

第二章：赌一把？

P050. 所听即所得：关于秃头的引用来自苏珊·斯古迪（Susan Scutti）的《秃头不是你母亲的过错；母体遗传学不应该遭到责备》（*Going Bald Isn't Your Mother's Fault ; Maternal Genetics Are Not to Blame*）——《每日医疗日报》2015 年 5 月 18 日，http://www.medicaldaily.com/going-bald-isnt-your-mothers-fault-maternal-genetics-are-not-blame-333668。有许许多多常见的错误观念列表，例如艾玛·格兰菲尔德（Emma Glanfield）的"咖啡不是由豆子制成的；在太空中看不到中国的万里长城；珠穆朗玛并不是世界最高山峰：五十个成为'事实'的最常见错误观念"，《每日邮报》（*Daily Mail*）2015 年 4 月 22 日，http://www.dailymail.co.uk/news/article-3050941/Coffee-isn-t-beans-t-Great-Wall-China-space-Everest-ISN-T-worlds-tallest-mountain-Experts-unveil-life-s-50-misconceptions-modern-day-facts.html；维基百科条目"常见错误观念列表"（List of Common Misconceptions），访问时间 2017 年 6 月 27 日，https://en.wikipedia.org/wiki/List_of_common_misconceptions。

P057. 他们观看了一场比赛：引文出自校报，与哈斯托夫和坎特里尔论文中的相关内容一致。

P070. 重新定义信心：当你向一些熟悉这种沟通方式的人表达不确定性时，能获得一种像开灯一样直接的相互认可。在刚开始写这本书的时候，有一次我和斯图尔特·法尔斯坦共进午餐。我们刚刚简单寒暄两句，服务员就走过来准备点单。这名服务员的母语不是英语，而我却有很多即便是英语母语者也不容易完全听明白的饮食限制。当服务员走开时，我说，"嗯，73% 吧"。斯图尔特开始大笑，因为他当时就明白了我的意思。"我认为会更低，"他说，"他给你点餐的准确概率大概在 40%。"我表达出的不确定性引起了一段关于能否准确点餐的讨论。这似乎是一件小事，但当以这种方式表达的不确定性可以邀请听者参与更重要话题讨论。

第三章　在对赌中学习：应对不确定的未来

P087. "回溯分析的困难：健康甜点现象"：在讨论经典的刺激－反应（stimulus-response）实验时，我指的是 B. F. 斯金纳（B. F. Skinner）进行的著名实验。"参考书目和推荐阅读"中引用了他的一项重要实验以及心理学家奥格登·林斯里（Ogden Lindsley）的一篇描述斯金纳研究工作的文章。

P092. **如果不是因为运气，每一次我都会赢**：高等研究院官方网站介绍约翰·冯·诺伊曼遗产的网页提及了路边树木以 60 英里时速掠过他以及其中一棵树如何挡住去路的说法。威廉·庞德斯通在《囚徒困境》一书中讲述了冯·诺依曼的几个故事，也提到了他的驾驶习惯。

2016 年 1 月 28 日艾奥瓦州共和党总统初选辩论的文本和视频有几个版本，例如修正小组的《第七次共和党辩论记录注解版：谁说了什么和它意味着什么》（7th Republican Debate Transcript, Annotated: Who Said What and What It Meant）——《华盛顿邮报》2016 年 1 月 28 日，https://www.washingtonpost.com/news/the-fix/wp/2016/01/28/7th-republican-debate-transcript-annotated-who-said-what-and-what-it-meant。

P100. **人们在观察**：约吉·贝拉以发表太多种言论而著称，以至于人们有理由怀疑那些所谓的约吉语录是否全部出自他口。他以"精明的观察结果"为标题写了一本书，因此我觉得基本上可以认为他是引用或至少是采用了经过加工的外部材料。请注意约吉与戴夫·卡普兰（Dave Kaplan）于 2008 合著的图书：《通过观察你会有很多发现：我从洋基队和生活中学到的团队合作知识》（You Can Observe a Lot by Watching: What I've Learned about Teamwork from the Yankees and Life）。

关于"巴特曼事件"及其后果的信息资料非常丰富，该场比赛和事件过程可通过优兔（YouTube）视频网站观看。瑞格利球场球迷的行为和言论可参考亚历克斯·吉布尼的 2014 年 ESPN纪录片《捕捉地狱》。

P107. **从他人的结果中看自己**：道金斯撰写的关于基因表型中的竞争推动了自然选择的相关内容请参阅"参考书目和推荐阅读"中引用的《社会生物学中的当前问题》（Current Problems in Sociobiology）和《地球上最伟大的表演》（The Greatest Show on Earth）。

为了调查人们会选择在 1900 年还是在 2010 年赚取 70 000 美元，请参阅（并收听）《你愿意做 1900 年的富翁还是今天的中产阶级》（Would You Rather Be Rich in 1900, or Middle-Class Now）——美国国家公共电台官方网站（NPR.org）2010 年 10 月 12 日，http://www.npr.org/sections/money/2010/10/12/130512149/the-tuesday-podcast-would-you-rather-be-middle-class-now-or-rich-in-1900。

P110. **重塑习惯**：伊万·巴甫洛夫的研究广为人知并在各种形式的媒体中都有过总结。我在"参考书目和推荐阅读"中列出了丹尼尔·托德斯（Daniel Todes）的《巴甫洛夫的生理学工厂：实验，解释，实验室企业》一书——可以用来进一步了解巴甫洛夫的普遍存在的实验。

对于不在电视上收看高尔夫球赛的读者，高尔夫分析师、前职业高尔夫巡回赛明星约翰·马吉恩斯（John Maginnes）描述了那种"责怪绿地"的眼神，详见《轻击区的马吉恩斯》（*Maginnes On Tap*）——高尔夫球杆舞动网站（Golf.SwingBySwing.com）2013 年 2 月 13 日，http://golf.swingbyswing.com/article/maginnes-on-tapgolfers-in-hollywood。曾与菲尔·米克尔森（Phil Mickelson）共事的传奇高尔夫教练大卫·佩尔兹（David Pelz）描述了米克尔森连续 100 次 3 英尺（约 0.9 米）推杆入洞的击球练习：《大卫·佩尔兹和 3 英尺推球圈》（*Dave Pelz and the 3 Foot Putting Circle*）——高尔夫人生网站（GolfLife.com）2016 年 6 月 13 日，http://www.golflife.com/dave-pelz-3-foot-putting-circle。

第四章：结伴制

P124. **也许问题在于你自己，想过没有**：读者可以通过优兔视频网来观看 2008 年 10 月 27 日《大卫·莱特曼晚间秀》中大卫·莱特曼对劳伦·康拉德的不愉快采访。对该采访的网络评论参见：瑞安·泰特（Ryan Tate）的《大卫·莱特曼对劳伦·康拉德：也许问题在于你自己》（*David Letterman to Lauren Conrad: 'Maybe You're the Problem'*）——高客娱乐新闻博客（Gawker.com）2008 年 10 月 28 日，http://gawker.com/5069699/david-letterman-to-lauren-conrad-maybe-youre-the-problem；艾曼的《大卫·莱特曼晚间秀上的劳伦·康拉德》（*Lauren Conrad on David Letterman*）——潮流猎人网（Trendhunter.com）2008 年 10 月 30 日，https://www.trendhunter.com/trends/lauren-conrad-interview-david-letterman；以及《莱特曼取笑劳伦·康拉德和"好莱坞女孩"演员》视频——星脉网（Starpulse.com）2008 年 10 月 29 日，http://www.starpulse.com/video-letterman-makes-fun-of-lauren-conrad-the-hills-cast-1847865350.html。（请注意：某些网站对其早期文字或视频内容可能已经停止运营或托管。）

P133. **团体生而不同**：书中涉及了匿名戒酒会是为了通过创始人比尔·威尔逊和鲍勃博士等事例来说明参与帮助团体明显是一种应对顽固恶习的好方法。我对匿名戒酒会的细节了解是借助了日常的公共资源，包括戒酒会官方网站，其内容包括"匿名戒酒会大全集"（Big Book）、"十二步法则"（Twelve Steps）、其档案和历史，以及电子图书馆。

注 释

我第一次见到埃里克·赛德尔是去纽约读大学的时候。当时霍华德参与了纽约一家优秀的扑克玩家研究团体，成员包括埃里克·赛德尔、丹·哈灵顿、史蒂夫·左洛托（Steve Zolotow）和杰森·莱斯特。这些玩家随后都走上了成功的扑克职业生涯，其成就包括7条世界扑克大赛手链以及总数近1 800万美元的锦标赛奖金——就这还不包括赛德尔的8条手链和3 200万美元奖金；这是一个卓越的学习小组。我去梅菲尔俱乐部（Mayfair Club）看望霍华德时遇见了这些选手。先是双陆棋，然后是扑克，这是他们一起成长为优秀扑克玩家的地方。

P144. **团体让我们接触到各种各样的观点**：异议渠道已被编入国务院外交事务手册：2 FAM 071-075.1，原文链接：https://fam.state.gov/fam/02fam/02fam0070.html。异议渠道的历史和起源在奥巴马和特朗普政府时期对使用该渠道的新闻报道中有所描述。详见约瑟夫·卡西迪（Joseph Cassidy）的《叙利亚异议渠道消息说明了该系统的作用》(The Syria Dissent Channel Message Means the System Is Working)——外交政策，2016年6月19日；杰弗里·盖特曼（Jeffrey Gettleman）的《千人签署了反对特朗普禁令的国务院异议电报》(State Dept. Dissent Cable on Trump's Ban Draws 1 000 Signatures)——《纽约时报》2017年1月31日；斯蒂芬·戈德史密斯（Stephen Goldsmith）的《为什么异议有助于提升效率》(Why Dissenting Viewpoints Are Good for Efficiency)——《政府技术》(Government Technology)期刊2016年7月26日；尼尔·凯泰尔的《华盛顿需要更多异议渠道》(Washington Needs More Dissent Channels)——《纽约时报》2016年7月1日；乔西·罗金（Josh Rogin）的《国务院异议备忘录："该禁令有损政府形象"》(State Department Dissent Memo: "We Are Better Than This Ban")——《华盛顿邮报》2017年1月30日。有关建设性异议的四个奖项列表，请参阅《建设性异议奖》(Constructive Dissent Awards)——美国外交人员协会官方网站（AFSA），http://www.afsa.org/constructive-dissent-awards。

上述尼尔·凯泰尔的《纽约时报》专栏文章中也提到了中央情报局承认在袭击奥萨马·本·拉登行动中采用了"红色突击队"方式。

P148. **"联邦法官：主观倾向并不稀奇"**：最高法院法官议事厅内日益同质化的叙述出自亚当·利普塔克（Adam Liptak）发表于2010年9月6日《纽约时报》的一篇文章《法庭极化的标志：职员的选择》(A Sign of the Court's Polarization: Choice of Clerks)。此文也描述了托马斯法官的招聘习惯。关于他与其

259

他法官的意识形态差距衡量可以参考奥利佛·罗德尔（Oliver Roeder）2017年1月30日的538博客文章《特朗普提名的人选将如何改变最高法院》（*How Trump's Nominee Will Alter the Supreme Court*）。通过罗德尔的文章我找到了李·爱泼斯坦及其同事在一篇《法律、经济和体制杂志》（*Journal of Law, Economics, and Organization*）论文中涉及的相关数据。很多媒体报道了托马斯法官对自己招聘习惯的评论以及他如何改编了马克·吐温教猪唱歌的著名言论，包括出现在大卫·萨维奇（David Savage）的介绍中——"克拉伦斯·托马斯不受他人左右"——《洛杉矶时报》（Los Angeles Times）2011年7月3日。

P156. **"赌一把（科学的）？"**：关于涉及被研究公司及从事市场预测企业的相关预测研究，请参考考吉尔、沃尔夫斯和齐泽维茨（Cowgill, Wolfers, and Zitzewitz，）的《利用预测市场来追踪信息流》（*Using Prediction Markets to Track Information Flows*）。一些研究还匿名提及了一些公司。有关两者同时进行的研究例子，请参阅考吉尔和齐泽维茨的《企业预测市场，来自谷歌、福特和X公司的证据》（*Corporate Prediction Markets, Evidence from Google, Ford, and Firm X*）。读者可以在"参考书目和推荐阅读"中找到上述两篇引文。

第五章：为了更好地决策而提出异议

P159. **向一位魔术师致敬**：我多么希望能有足够的篇幅或理由与读者进一步分享罗伯特·默顿（Robert Merton）那卓越不凡的一生。相关故事请参考：杰森·霍兰德（Jason Hollander）的《哥伦比亚大学著名社会学家和国家科学奖章获得者罗伯特·K. 默顿逝世，享年92岁》（*Renowned Columbia Sociologist and National Medal of Science Winner Robert K. Merton Dies at 92*）——《哥伦比亚大学新闻》（*Columbia News*）2003年2月25日，http://www.columbia.edu/cu/news/03/02/robertKMerton.html；和迈克尔·考夫曼（Michael Kaufman）的《多才多艺的社会学家和焦点团体之父罗伯特·K. 默顿逝世，终年92岁》（*Robert K. Merton, Versatile Sociologist and Father of the Focus Group, Dies at 92*）——《纽约时报》2003年2月24日，http://www.nytimes.com/2003/02/24/nyregion/robert-k-merton-versatile-sociologist-and-father-of-the-focus-group-dies-at-92.html。

P162. **"默顿式共有性：多多益善"**：关于约翰·马登参加文斯·隆巴迪就一种进攻战术展开的八小时研讨会详情，请参阅丹·奥斯瓦德（Dan Oswald）的人力资源达人（HR Hero）博客文章"从隆巴迪的八小时讲座中的重要课程"，2014年3月10日。

由国家橄榄球联盟影业（NFL Films）和家庭票房（HBO）联合制作的纪录片《隆巴迪》(*Lombardi*)于2010年12月11日在HBO首播。

P179. **与团体之外的世界进行沟通**："是的，而且……"的表达对于团体即兴创作来说是如此至关重要，以至于列出不符合此规则的即兴文本要比明确其适用性容易得多。如果你手头没有任何即兴文本，请参考缇娜·菲（Tina Fey）的自传《管家婆》(*Bossypants*)来了解这一表达的重要性。

第六章：心理时间旅行历险

P189. **夜猫子杰瑞**：通过与宾夕法尼亚大学心理学教授、凯布尔实验室主要研究员乔·凯布尔的对话，我学到了很多关于脑神经通路在想象未来和回忆过去时的作用。引用了乔的一项研究，但这应该仅仅是其研究主体的一个介绍。除此之外，我还在"参考书目和推荐阅读"中向对此感兴趣的读者们推荐一部优秀的概述——沙克特及其同事发表在《神经元》(*Neuron*)上的论文。

关于我们的集体退休金储蓄缺口的相关报道有很多。关于退休计划中涉及的行为问题以及缺口规模的一些优秀概述，请参阅戴尔·格里芬（Dale Griffin）的《规划未来：关于延长生命的行为经济学》(*Planning for the Future: On the Behavioral Economics of Living Longer*)——《斯莱特》电子杂志2013年8月，http://www.slate.com/articles/health_and_science/prudential/2013/08/_planning_for_the_future_is_scary_but_why_is_that.html；玛丽·约瑟夫斯（Mary Josephs）的《如何解决美国的退休储蓄危机》(*How to Solve America's Retirement Savings Crisis*)——《福布斯》2017年2月6日，https://www.forbes.com/sites/maryjosephs/2017/02/06/how-to-solve-americas-retirement-savings-crisis/#163d6e9015ae；以及姬莉安·怀特（Gillian White）的《向未来的自己借钱的危险》(*The Danger of Borrowing Money from Your Future Self*)，《大西洋》(*Atlantic*)2015年4月21日，https://www.theatlantic.com/business/archive/2015/04/the-danger-of-borrowing-money-from-your-future-self/391077。

有关"美林优势"应用程序的描述，请参阅美国银行2014年2月26日新闻稿"新发布的美林优势移动应用程序使用了3D技术让您掌握自己的退休计划"("New Merrill Edge Mobile App Uses 3D Technology to Put Retirement Planning in Your Hands")，http://newsroom.bankofamerica.com/press-releases/consumer-banking/new-merrill-edge-mobile-app-uses-3dtechnology-put-retirement-planni。

P198. **爆胎、行情指标和变焦镜头**：关于霍华德教授的采访，包括他对爆胎故事的喜爱，请参阅他与萨米克·拉哈（Somik Raha）的谈话《与罗恩·霍华德教授的对话：醒来》(*A Conversation with Professor Ron Howard: Waking Up*)——对话网（Conversations.org）2013年10月17日。

有关沃伦·巴菲特（Warren Buffett）的市场实力和伯克希尔·哈撒韦公司股票在过去50年的表现情况，请参阅安迪·基尔兹（Andy Kiersz）的《沃伦·巴菲特打击下的市场惨状》(*Here's How Badly Warren Buffett Has Beaten the Market*)，《商业内幕》(*Business Insider*) 2016年2月26日。伯克希尔长期股价与标准普尔500指数对照图表中数据来自雅虎财经（Yahoo! Finance），以及迈尔·斯塔特曼（Meir Statman）和乔纳森·沙依德（Jonathan Scheid）在《金融分析师期刊》(*Financial Analysts Journal*) 上发表的一篇研究报告"巴菲特在远见和后见之明"(Buffett in Foresight and Hindsight)。

P206. **倾斜**：下列两个网站提供了冲浪运动的常用术语：http://www.surfing-waves.com/surf_talk.htm 和 https://www.swimoutlet.com/guides/different-wave-types-for-surfing。有关所有不同类型的钉子，可以去任何一家五金店进行了解或查阅 http://www.diynetwork.com/how-to/skills-and-know-how/tools/all-about-the-different-types-of-nails。关于脑肿瘤类型的数量，请参考 http://braintumor.org/brain-tumor-information/understanding-brain-tumors/tumor-types。

P217. **"侦察：规划未来"**：讲述诺曼底登陆日入侵计划和行动执行的资料很多，因此读者们很容易对这一伟大情景规划的实践进行深入的了解。该主题的相关介绍，推荐海军历史学家克雷格·西蒙兹（Craig Symonds）在2014年发布相关著作时刊于《野兽日报》(*Daily Beast*) 的一次访谈。请参考马可·沃特曼（Marc Wortman）的《登陆日历史学家谈论人类军事史上最庞大的入侵行动》(*D-Day Historian Craig Symonds Talks about History's Most Amazing Invasion*)——野兽日报网（TheDailyBeast.com）2014年6月5日，当然还有西蒙兹的著作《海王星动：联军入欧以及诺曼底登陆》(*Neptune: Allied Invasion of Europe and the D-Day Landings*)。

另外，请参阅内特·西尔弗的《特朗普总统任期的十四个版本，从"让美国再次伟大"到弹劾》(*14 Versions of Trump's Presidency, from #MAGA to Impeachment*)——538博客，2017年2月3日。

P228."反向回顾：从一个积极的未来开始逆向思考"：有关描述奥姆斯特德对中央公园的天才设计及其使用反向回顾的故事，请参阅大卫·艾伦（David Allan）的《向未来的反向回顾》（*Backcasting to the Future*）——有线电视新闻网（CNN.com）2015年12月16日，以及纳撒尼尔·里奇（Nathaniel Rich）的《公园激进时》（*When Parks Were Radical*）——《大西洋》杂志，2016年9月，https://www.theatlantic.com/magazine/archive/2016/09/better-than-nature/492716。

P231."预先检查：从一个负面的未来开始逆向思考"：除了加布埃尔·厄廷根的书籍以及她与丈夫彼得·戈尔维策的合作出版物（详见"参考书目和推荐阅读"），建议读者们访问她的基于一项心理对照应用程序的网站——WOOP（为Wish、Outcome、Obstacle、Plan四个词的首字母缩写），网址为：WoopMyLife.org。该网站提供了许多实现心理对照的实用方法。

参考书目和推荐阅读

Allan, David. "Backcasting to the Future." CNN.com, December 16, 2015. http://www.cnn.com/2015/10/22/health/backcasting-to-the-future.

Arbesman, Samuel. *The Half-Life of Facts: Why Everything We Know Has an Expiration Date*. New York: Current, 2012.

Ariely, Dan. *Predictably Irrational: The Hidden Forces That Shape Our Decisions*. Rev. exp. ed. New York: Harper Collins, 2009.

Babcock, Linda, and George Loewenstein. "Explaining Bargaining Impasse: The Role of Self-Serving Biases." *Journal of Economic Perspectives* 11, no. 1 (Winter 1997): 109–26.

Bailenson, Jeremy, and Laura Carstensen. "Connecting to the Future Self: Using Web-Based Virtual Reality to Increase Retirement Saving." Stanford Freeman Spogli Institute for International Studies, 2009–2011. http://fsi.stanford.edu/research/connecting_to_the_future_self_using_webbased_virtual_reality_to_increase_retirement_saving.

Baumeister, Roy, Jennifer Campbell, Joachim Krueger, and Kathleen Vohs. "Does High Self-Esteem Cause Better Performance, Interpersonal Success, Happiness, or Healthier Lifestyles?" *Psychological Science in the Public Interest* 4, no. 1 (May 2003): 1–44.

Berra, Yogi, and David Kaplan. *You Can Observe a Lot by Watching: What I've Learned about Teamwork from the Yankees and Life*. Hoboken, NJ: Wiley, 2008.

Bi, Chongzeng, and Daphna Oyserman. "Left Behind or Moving Forward? Effects of Possible Selves and Strategies to Attain Them among Rural Chinese Children." *Journal of Adolescence* 44 (2015): 245–58.

Boston Public Library. "The 100 Most Influential Books of the Century." TheGreatestBooks.org. http://thegreatestbooks.org/lists/42.

Boyer, Pascal. "Evolutionary Economics of Mental Time Travel?" *Trends in Cognitive Sciences* 12, no. 6 (June 30, 2008): 219–24.

Brockman, John, ed. *Thinking: The New Science of Decision-Making, Problem-Solving, and Prediction.* New York: Harper Perennial, 2013.

Bronowski, Jacob. *The Ascent of Man.* London: British Broadcasting Corporation, 1973.

Cabane, Olivia Fox. *The Charisma Myth: How Anyone Can Master the Art and Science of Personal Magnetism.* New York: Portfolio/Penguin, 2012.

Cabane, Olivia Fox, and Judah Pollack. *The Net and the Butterfly: The Art and Practice of Breakthrough Thinking.* New York: Portfolio/Penguin, 2017.

Cain, Susan. *Quiet: The Power of Introverts in a World That Can't Stop Talking.* New York: Crown, 2012.

Camerer, Colin. "Neuroscience, Game Theory, Monkeys." Filmed January 2013, posted on TED.com. https://www.ted.com/talks/colin_camerer_neuroscience_game_theory_monkeys#t-1912.

Campbell, W. Keith, and Constantine Sedikides. "Self-Threat Magnifies the Self-Serving Bias: A Meta-Analytic Integration." *Review of General Psychology* 3, no. 1 (1999): 23–43.

Cassidy, Joseph. "The Syria Dissent Channel Message Means the System Is Working." *Foreign Policy*, June 19, 2016. http://foreignpolicy.com/2016/06/19/syria-obama-assad-state-department.

Cavagnaro, Daniel, Gabriel Aranovich, Samuel McClure, Mark Pitt, and Jay Myung. "On the Functional Form of Temporal Discounting: An Optimized Adaptive Test." *Journal of Risk and Uncertainty* 52, no. 3 (June 2016): 233–54.

Chen, M. Keith, Venkat Vakshminarayanan, and Laurie Santos. "How Basic Are Behavioral Biases: Evidence from Capuchin Monkey Trading Behavior." *Journal of Political Economy* 114, no. 3 (June 2006): 517–37.

Cherones, Tom, dir. *Seinfeld.* Season 5, Episode 3, "The Glasses." Written by Larry David, Jerry Seinfeld, Tom Gammill, and Max Pross. Aired September 30, 1993, on NBC.

Cialdini, Robert. *Influence: The Psychology of Persuasion.* Rev. ed. New York: HarperCollins, 2009.

Cowgill, Bo, Justin Wolfers, and Eric Zitzewitz. "Using Prediction Markets to Track Information Flows: Evidence from Google," January 2009. http://users.nber.org/~jwolfers/papers/GooglePredictionMarketPaper.pdf.

Cowgill, Bo, and Eric Zitzewitz. "Corporate Prediction Markets: Evidence from Google, Ford, and Firm X." *Review of Economic Studies* 82, no. 4 (April 2, 2015): 1309–41.

Dalio, Ray. *Principles: Life and Work.* New York: Simon & Schuster, 2017.

Dawkins, Richard. *The Greatest Show on Earth: The Evidence for Evolution.* New York: Free Press, 2010.

Dawkins, Richard, "Replicators and Vehicles." In *Current Problems in Sociobiology,* edited by King's College Sociobiology Group, 45–64. Cambridge: Cambridge University Press, 1982.

Dawkins, Richard. *The Selfish Gene.* 40th anniv. ed. Oxford: Oxford Landmark Science, 2016. First published 1976 by Oxford University Press (Oxford).

Ditto, Peter, Brittany Liu, Cory Clark, Sean Wojcik, Eric Chen, Rebecca Grady, and Joanne Zinger. "At Least Bias Is Bipartisan: A Meta-Analytic Comparison of Partisan Bias in Liberals and Conservatives." April 13, 2017. Available at SSRN: https://ssrn.com/abstract=2952510.

Dreber, Anna, Thomas Pfeiffer, Johan Almenberg, Siri Isaksson, Brad Wilson, Yiling Chen, Brian Nosek, and Magnus Johannesson. "Using Prediction Markets to Estimate the Reproducibility of Scientific Research." *Proceedings of the National Academy of Sciences* 112, no. 50 (December 2015): 15343–47.

Duarte, Jose, Jarret Crawford, Charlotta Stern, Jonathan Haidt, Lee Jussim, and Philip Tetlock. "Political Diversity Will Improve Social Psychological Science." *Behavioral and Brain Sciences* 38 (January 2015): 1–58.

Duhigg, Charles. *The Power of Habit: Why We Do What We Do in Life and Business.* Ed. with new afterword. New York: Random House, 2014.

Duhigg, Charles. *Smarter Faster Better: The Secrets of Being Productive in Life and Business.* New York: Random House, 2016.

Dyson, George. *Turing's Cathedral: The Origins of the Digital Universe.* New York: Pantheon, 2012.

Easterbook, Frank, Circuit Judge. *Jentz v. ConAgra Foods, Inc.,* 767 F.3d 688 (7th Cir. 2014).

Ellenberg, Jordan. *How Not to Be Wrong: The Power of Mathematical Thinking.* New York: Penguin, 2014.

Epstein, Lee, Andrew Martin, Jeffrey Segal, and Chad Westerland. "The Judicial Common Space." *Journal of Law, Economics, & Organization* 23, no. 2 (May 2007): 303–25.

Ersner-Hershfield, Hal, G. Elliott Wimmer, and Brian Knutson. "Saving for the Future Self: Neural Measures of Future Self-Continuity Predict Temporal Discounting." *Social Cognitive and Affective Neuroscience* 4, no. 1 (2009): 85–92.

Fey, Tina. *Bossypants.* New York: Reagan Arthur Books, 2011.

Feynman, Richard. "Cargo Cult Science." *Engineering and Science* 37, no. 7 (June 1974): 10–13.

Feynman, Richard. *The Pleasure of Finding Things Out: The Best Short Works of Richard P. Feynman.* New York: Perseus Publishing, 1999.

Firestein, Stuart. *Ignorance: How It Drives Science*. New York: Oxford University Press, 2012.

Firestein, Stuart. "The Pursuit of Ignorance." Filmed February 2013, posted on TED.com. https://www.ted.com/talks/stuart_firestein_the_pursuit_of_ignorance/transcript.

Fischhoff, Baruch. "Hindsight ≠ Foresight: The Effect of Outcome Knowledge on Judgment under Uncertainty." *Journal of Experimental Psychology: Human Perception and Performance* 1, no. 3 (August 1975): 288–99.

Frederick, Shane, George Loewenstein, and Ted O'Donoghue. "Time Discounting and Time Preference: A Critical Review." *Journal of Economic Literature* 40, no. 2 (June 2002): 351–401.

Gibney, Alex, dir. *Catching Hell*. Written by Alex Gibney, produced by Alison Ellwood, Libby Geist, and Matt McDonald. Aired on February 20, 2014, on ESPN. http://www.espn.com/video/clip?id=13883887.

Gilbert, Daniel. "How Mental Systems Believe." *American Psychologist* 46, no. 2 (February 1991): 107–19.

Gilbert, Daniel. *Stumbling on Happiness*. New York: Alfred A. Knopf, 2006.

Gilbert, Daniel, Romin Tafarodi, and Patrick Malone. "You Can't Not Believe Everything You Read." *Journal of Personality and Social Psychology* 65, no. 2 (August 1993): 221–33.

Gino, Francesca. "What We Miss When We Judge a Decision by the Outcome." *Harvard Business Review*, September 2, 2016. https://hbr.org/2016/09/what-we-miss-when-we-judge-a-decision-by-the-outcome.

Gladwell, Malcolm. *Outliers: The Story of Success*. New York: Little, Brown, 2008.

Goldman, William. *Adventures in the Screen Trade: A Personal View of Hollywood and Screenwriting*. New York: Warner Books, 1983.

Goldman, William. *The Princess Bride: S. Morgenstern's Classic Tale of True Love and High Adventure—The Good Parts*. Boston: Houghton Mifflin Harcourt, 1973.

Goldsmith, Stephen. "Why Dissenting Viewpoints Are Good for Efficiency." *Government Technology*, July 26, 2016. http://www.govtech.com/opinion/why-dissenting-viewpoints-are-good-for-efficiency.html.

Golman, Russell, David Hagmann, and George Loewenstein. "Information Avoidance." *Journal of Economic Literature* 55, no. 1 (March 2017): 96–135.

Haidt, Jonathan. *The Happiness Hypothesis: Finding Modern Truth in Ancient Wisdom*. New York: Basic Books, 2006.

Haidt, Jonathan. *The Righteous Mind: Why Good People are Divided by Politics and Religion*. New York: Pantheon Books, 2012.

Harford, Tim. "A Beautiful Theory." *Forbes*, December 10, 2006. http://www.forbes.com/2006/12/10/business-game-theory-tech-cx_th_games06_1212harford.html.

Hastorf, Albert, and Hadley Cantril. "They Saw a Game: A Case Study." *Journal of Abnormal and Social Psychology* 49, no. 1 (January 1954): 129–34.

Haynes, Tara, Raymond Perry, Robert Stupnisky, and Lia Daniels. "A Review of Attributional Retraining Treatments: Fostering Engagement and Persistence in Vulnerable College Students." In *Higher Education: Handbook of Theory and Research* 24, edited by John Smart, 227–72, Springer Netherlands, 2009.

Heider, Fritz. *The Psychology of Interpersonal Relations*. Hillsdale, NJ: Lawrence Erlbaum Assocs., 1958.

Hershfield, Hal. "You Make Better Decisions If You 'See' Your Senior Self." *Harvard Business Review*, June 2013, 30–31.

Hershfield, Hal, Daniel Goldstein, William Sharpe, Jesse Fox, Leo Yeykelis, Laura Carstensen, and Jeremy Bailenson. "Increasing Saving Behavior Through Age-Progressed Renderings of the Future Self." *Journal of Marketing Research* 48 (November 2011): S23–S37.

Holmes, Jamie. *Nonsense: The Power of Not Knowing*. New York: Crown, 2015.

Institute for Advanced Study. "John von Neumann's Legacy." https://www.ias.edu/people/vonneumann/legacy.

Jiang, Wei, Hualin Wan, and Shan Zhao. "Reputation Concerns of Independent Directors: Evidence from Individual Director Voting." *Review of Financial Studies* 29, no. 3 (December 2015): 655–96.

Johnson, Hollyn, and Colleen Seifert. "Sources of the Continued Influence Effect: When Misinformation in Memory Affects Later Inferences." *Journal of Experimental Psychology: Learning, Memory, and Cognition* 20, no. 6 (November 1994): 1420–36.

Johnson-Laird, Philip. "Mental Models and Probabilistic Thinking." *Cognition* 50, no. 1 (June 1994): 189–209.

Kable, Joseph, and Paul Glimcher. "The Neural Correlates of Subjective Value During Intertemporal Choice." *Nature Neuroscience* 10, no. 12 (December 2007): 1625–33.

Kahan, Dan, David Hoffman, Donald Braman, Daniel Evans, and Jeffrey Rachlinsky. "'They Saw a Protest': Cognitive Illiberalism and the Speech-Conduct Distinction." *Stanford Law Review* 64 (2012): 851–906.

Kahan, Dan, Ellen Peters, Erica Dawson, and Paul Slovic. "Motivated Numeracy and Enlightened Self-Government." *Behavioural Public Policy* 1, no. 1 (May 2017): 54–86.

Kahneman, Daniel. *Thinking, Fast and Slow*. New York: Farrar, Straus and Giroux, 2011.

Kahneman, Daniel, and Amos Tversky. "Prospect Theory: An Analysis of Decision Under Risk." *Econometrica: Journal of the Econometric Society* 47, no. 2 (March 1979): 263–91.

Katyal, Neil. "Washington Needs More Dissent Channels." *New York Times*, July 1, 2016. https://www.nytimes.com/2016/07/02/opinion/washington-needs-more-dissent-channels.html.

Katz, David, and Stephanie Meller. "Can We Say What Diet Is Best for Health?" *Annual Review of Public Health* 35 (March 2014): 83–103.

Kearns, Cristin, Laura Schmidt, and Stanton Glantz. "Sugar Industry and Coronary Heart Disease Research: A Historical Analysis of Internal Industry Documents." *JAMA Internal Medicine* 176, no. 11 (November 1, 2016): 1680–85.

Kestemont, Jenny, Ning Ma, Kris Baetens, Nikki Clément, Frank Van Overwalle, and Marie Vandekerckhove. "Neural Correlates of Attributing Causes to the Self, Another Person and the Situation." *Social Cognitive and Affective Neuroscience* 10, no. 1 (March 2014): 114–21.

Kiersz, Andy. "Here's How Badly Warren Buffett Has Beaten the Market." *Business Insider*, February 26, 2016. http://www.businessinsider.com/warren-buffett-berkshire-hathaway-vs-sp-500-2016-2.

Kirwan, C. Brock, Stefania Ashby, and Michelle Nash. "Remembering and Imagining Differentially Engage the Hippocampus: A Multivariate fMRI Investigation." *Cognitive Neuroscience* 5, no. 3–4 (October 2014): 177–85.

Klein, Gary. "Performing a Project Premortem." *Harvard Business Review*, September 2007, 18–19.

Konnikova, Maria. *The Confidence Game: Why We Fall for It . . . Every Time*. New York: Penguin, 2016.

Konnikova, Maria. *Mastermind: How to Think Like Sherlock Holmes*. New York: Penguin, 2013.

Kriss, Peter, George Loewenstein, Xianghong Wang, and Roberto Weber. "Behind the Veil of Ignorance: Self-Serving Bias in Climate Change Negotiations." *Judgment and Decision Making* 6, no. 7 (October 2011): 602–15.

Krusemark, Elizabeth, W. Keith Campbell, and Brett Clementz. "Attributions, Deception, and Event Related Potentials: An Investigation of the Self-Serving Bias." *Psychophysiology* 45, no. 4 (July 2008): 511–15.

Kuhn, Harold, Introduction to *Theory of Games and Economic Behavior*. 60th anniv. ed. Princeton, NJ: Princeton University Press, 2004.

Kuhn, Manford. "The Reference Group Reconsidered." *Sociological Quarterly* 5, no. 1 (January 1964): 5–19.

Lederer, Richard. *Anguished English*. Rev. exp. upd. ed. Layton, UT: Wyrick & Co., 2006. First published in 1987.

Leitch, Alexander. *A Princeton Companion*. Princeton, NJ: Princeton University Press, 1978. http://etcweb.princeton.edu/CampusWWW/Companion/von_neumann_john.html.

Leonard, Robert. "From Parlor Games to Social Science: Von Neumann, Morgenstern, and the Creation of Game Theory 1928–1944." *Journal of Economic Literature* 33 (June 1994): 730–61.

Lerner, Jennifer, and Philip Tetlock. "Accounting for the Effects of Accountability." *Psychological Bulletin* 125, no. 2 (March 1999): 255–75.

Lerner, Jennifer, and Philip Tetlock. "Bridging Individual, Interpersonal, and Institutional Approaches to Judgment and Decision Making: The Impact of Accountability on Cognitive Bias." In *Emerging Perspectives on Judgment and Decision Research*, edited by Sandra Schneider and James Shanteau, 431–57. Cambridge: Cambridge University Press, 2003.

Letterman, David. *The Late Show with David Letterman*. Season 16, Episode 30. Produced by Eric Stangel and Justin Stangel. Aired October 27, 2008, on CBS.

Levitin, Daniel. *A Field Guide to Lies: Critical Thinking in the Information Age*. New York: Dutton, 2016.

Levitt, Steven, and Stephen Dubner. *Freakonomics: A Rogue Economist Explores the Hidden Side of Everything*. Rev. ed. New York: Harper Collins, 2006.

Libby, Robert, and Kristina Rennekamp. "Self-Serving Attribution Bias, Overconfidence, and the Issuance of Management Forecasts." *Journal of Accounting Research* 50, no. 1 (March 2012): 197–231.

Lillard, Lee, and Robert Willis. "Cognition and Wealth: The Importance of Probabilistic Thinking." Unversity of Michigan Retirement Research Center, Working Paper WP 2001-007, 2001. https://deepblue.lib.umich.edu/bitstream/handle/2027.42/50613/wp007.

Lindsley, Ogden. "Precision Teaching's Unique Legacy from B. F. Skinner." *Journal of Behavioral Education* 1, no. 2 (June 1991): 253–66.

Liptak, Adam. "A Sign of the Court's Polarization: Choice of Clerks." *New York Times*, Politics, September 6, 2010. http://www.nytimes.com/2010/09/07/us/politics/07clerks.html.

Loewenstein, George, Samuel Issacharoff, Colin Camerer, and Linda Babcock. "Self-Serving Assessments of Fairness and Pretrial Bargaining." *Journal of Legal Studies* 22, no. 1 (January 1993): 135–59.

Loewenstein, George, Daniel Read, and Roy Baumeister, eds. *Time and Decision: Economic and Psychological Perspectives on Intertemporal Choice*. New York: Russell Sage Foundation, 2003.

Ludwig, David. "Lowering the Bar on the Low-Fat Diet." *Journal of the American Medical Association* 316, no. 20 (November 22, 2016): 2087–88.

Lyubomirsky, Sonja. *The How of Happiness: A Scientific Approach to Getting the Life You Want*. New York: Penguin, 2007.

———*The Myths of Happiness: What Should Make You Happy, but Doesn't, What Shouldn't Make You Happy, but Does*. New York: Penguin, 2013.

———. "Why are Some People Happier Than Others? The Role of Cognitive and Motivational Processes in Well-Being." *American Psychologist* 56, no. 3 (March 2001): 239–49.

MacCoun, Robert. "Blaming Others to a Fault?" *Chance* 6, no. 4 (September 1993): 31–34.

MacCoun, Robert, and Saul Perlmutter. "Blind Analysis as a Correction for Confirmatory Bias in Physics and in Psychology." In *Psychological Science Under Scrutiny: Recent Challenges and Proposed Solutions*, edited by Scott Lilienfeld and Irwin Waldman, chap. 15. Oxford: Wiley Blackwell, 2017.

———. "Hide Results to Seek the Truth: More Fields Should, Like Particle Physics, Adopt Blind Analysis to Thwart Bias." *Nature* 52 (October 8, 2015): 187–90.

Marcus, Gary. *Kluge: The Haphazard Evolution of the Human Mind.* Boston: Houghton Mifflin, 2008.

Marcus, Gary, and Ernest Davis. "Eight (No, Nine!) Problems with Big Data," *New York Times*, April 6, 2014. https://www.nytimes.com/2014/04/07/opinion/eight-no-nine-problems-with-big-data.html.

Mauboussin, Michael. *The Success Equation: Untangling Skill and Luck in Business, Sports, and Investing.* Boston: Harvard Business Review Press, 2012.

McGandy, Robert, D. Mark Hegsted, and Fredrick Stare. "Dietary Fats, Carbohydrates and Atherosclerotic Vascular Disease." *New England Journal of Medicine* 277, no. 4 (1967): 186–92, 245–47.

Merton, Robert K., "The Normative Structure of Science." 1942. Reprinted in *The Sociology of Science: Theoretical and Empirical Investigations*, edited by Norman Storer, 267–78. Chicago: University of Chicago Press, 1973.

Mezulis, Amy, Lyn Abramson, Janet Hyde, and Benjamin Hankin. "Is There a Universal Positivity Bias in Attributions? A Meta-Analytic Review of Individual, Developmental, and Cultural Differences in the Self-Serving Attributional Bias." *Psychological Bulletin* 130, no. 5 (September 2004): 711–47.

Mill, John Stuart, *On Liberty*. London: Walter Scott Publishing, 1859. Released on Project Gutenberg, 2011. https://www.gutenberg.org/files/34901/34901-h/34901-h.htm.

Miller, Dale, and Michael Ross. "Self-Serving Biases in the Attribution of Causality: Fact or Fiction." *Psychological Bulletin* 82, no. 2 (March 1975): 213–25.

Mischel, Walter. *The Marshmallow Test: Why Self Control Is the Engine of Success.* New York: Little, Brown, 2014.

Mitchell, Deborah, J. Edward Russo, and Nancy Pennington. "Back to the Future: Temporal Perspective in the Explanation of Events." *Journal of Behavioral Decision Making* 2, no. 1 (January 1989): 25–38.

Morewedge, Carey, Lisa Shu, Daniel Gilbert, and Timothy Wilson. "Bad Riddance or Good Rubbish? Ownership and Not Loss Aversion Causes the Endowment Effect." *Journal of Experimental Social Psychology* 45, no. 4 (July 2009): 947–51.

Mullally, Sinead, and Eleanor Maguire. "Memory, Imagination, and Predicting the Future: A Common Brain Mechanism?" *The Neuroscientist* 20, no. 3 (June 2014): 220–34.

Munnell, Alice, Wenliang Hou, and Anthony Webb. "NRRI Update Shows Half Still Falling Short." *Center for Retirement Research at Boston College*, no. 14-20, December 2014. http://crr.bc.edu/briefs/nrri-update-shows-half-still-falling-short.

Murray, Bridget. "What Makes Mental Time Travel Possible?" *APA Monitor on Psychology* 34, no. 9 (October 2003): 62.

Myerson, Roger. *Game Theory: Analysis of Conflict*. Cambridge, MA: Harvard University Press, 1991.

Neiss, Michelle, Constantine Sedikides, and Jim Stevenson. "Self-Esteem: A Behavioural Genetic Perspective." *European Journal of Personality* 16, no. 5 (September 2002): 351–67.

Nisbett, Richard. *Mindware: Tools for Smart Thinking*. New York: Farrar, Straus and Giroux, 2015.

NobelPrize.org. "Economic Sciences Laureates: Fields." https://www.nobelprize.org/nobel_prizes/economic-sciences/fields.html.

Nyberg, Lars, Alice Kim, Reza Habib, Brian Levine, and Endel Tulving. "Consciousness of Subjective Time in the Brain." *Proceedings of the National Academy of Sciences* 107, no. 51 (December 21, 2010): 22356–59.

Oettingen, Gabriele. *Rethinking Positive Thinking: Inside the New Science of Motivation*. New York: Current, 2014.

Oettingen, Gabriele, and Peter Gollwitzer. "Strategies of Setting and Implementing Goals." In *Social Psychological Foundations of Clinical Psychology*, edited by James Maddox and June Price Tangney, 114–35. New York: Guilford Press, 2010.

Open Science Collaboration. "Estimating the Reproducibility of Psychological Science." *Science* 349, no. 6251 (August 28, 2015): 943 and aac4716-1–8.

Oswald, Dan. "Learn Important Lessons from Lombardi's Eight-Hour Session." *HR Hero* (blog), March 10, 2014. http://blogs.hrhero.com/oswaldletters/2014/03/10/learn-important-lessons-from-lombardis-eight-hour-session.

Oyserman, Daphna, Deborah Bybee, Kathy Terry, and Tamara Hart-Johnson. "Possible Selves as Roadmaps." *Journal of Research in Personality* 38, no. 2 (April 2004): 130–49.

Oyserman, Daphna, Mesmin Destin, and Sheida Novin. "The Context-Sensitive Future Self: Possible Selves Motivate in Context, Not Otherwise." *Self and Identity* 14, no. 2 (March 2015): 173–88.

Pariser, Eli. *The Filter Bubble: What the Internet Is Hiding from You.* New York: Penguin, 2011.

Paulos, John. *Innumeracy: Mathematical Illiteracy and Its Consequences.* New York: Hill & Wang, 1989.

Pollan, Michael. *In Defense of Food: An Eater's Manifesto.* New York: Penguin, 2008.

Pollan, Michael, "History of Nutritionism" in "Michael Pollan and 'In Defense of Food: The Omnivore's Solution,'" Otis Lecture at Bates College, Lewiston, Maine, October 27, 2008. http://www.bates.edu/food/foods-importance/omnivores-solution/history-of-nutritionism.

Pollan, Michael. *The Omnivore's Dilemma: A Natural History in Four Meals.* New York: Penguin, 2006.

Poundstone, William. *Prisoner's Dilemma.* New York: Anchor, 1993.

Raha, Somik. "A Conversation with Professor Ron Howard: Waking Up." Conversations.org, October 17, 2013. http://www.conversations.org/story.php?sid=373.

Rees, Tim, David Ingledew, and Lew Hardy. "Attribution in Sport Psychology: Seeking Congruence Between Theory, Research and Practice." *Psychology of Sport and Exercise* 6 (2005): 189–204.

Reiner, Rob, dir. *The Princess Bride.* Written by William Goldman, produced by Andrew Scheinman and Rob Reiner. 1987.

Rhee, Nari. "The Retirement Savings Crisis: Is It Worse Than We Think?" Washington, DC: National Institute on Retirement Security, June 2013. http://www.nirsonline.org/storage/nirs/documents/Retirement%20Savings%20Crisis/retirementsavingscrisis_final.pdf.

Rich, Nathaniel. "When Parks Were Radical." *Atlantic,* September 2016. https://www.theatlantic.com/magazine/archive/2016/09/better-than-nature/492716.

Roeder, Oliver. "How Trump's Nominee Will Alter the Supreme Court." FiveThirtyEight.com, January 30, 2017. https://fivethirtyeight.com/features/how-trumps-nominee-will-alter-the-supreme-court.

Rosati, Alexandra, Jeffrey Stevens, Brian Hare, and Marc Hauser. "The Evolutionary Origins of Human Patience: Temporal Preferences in Chimpanzees, Bonobos, and Human Adults." *Current Biology* 17, no. 19 (October 2007): 1663–68.

Ross, H. Laurence. "Drinking and Driving: Beyond the Criminal Approach." *Alcohol Health & Research World* 14, no. 1 (January 1990): 58–63.

Ross, Lee, and Richard Nisbett. *The Person and the Situation: Perspectives of Social Psychology*. New York: McGraw-Hill, 1991; London: Pinter & Martin, 2011.

Ross, Michael, and Fiore Sicoly. "Egocentric Biases in Availability and Attribution." *Journal of Personality and Social Psychology* 37, no. 3 (March 1979): 322–36.

Santos, Laurie, and Alexandra Rosati. "The Evolutionary Roots of Human Decision Making." *Annual Review of Psychology* 66 (January 2015): 321–47.

Savage, David. "Clarence Thomas Is His Own Man." *Los Angeles Times*, Nation, July 3, 2011. http://articles.latimes.com/2011/jul/03/nation/la-na-clarence-thomas-20110703/2.

Schacter, Daniel, Donna Addis, Demis Hassabis, Victoria Martin, R. Nathan Spreng, and Karl Szpunar. "The Future of Memory: Remembering, Imagining, and the Brain." *Neuron* 76, no. 4 (November 21, 2012): 677–94.

Schessler-Jandreau, Imke. "Fat America: A Historical Consideration of Diet and Weight Loss in the US." *21st ICC 2008* (2009): 88–93.

Schoemaker, Paul, and Philip Tetlock. "Superforecasting: How to Upgrade Your Company's Judgment." *Harvard Business Review*, May 2016, 72–78.

Sedikides, Constantine, W. Keith Campbell, Glenn Reeder, and Andrew Elliot. "The Self-Serving Bias in Relational Context." *Journal of Personality and Social Psychology* 74, no. 2 (February 1998): 378–86.

Sedikides, Constantine, John Skowronski, and Lowell Gaertner. "Self-Enhancement and Self-Protection Motivation: From the Laboratory to an Evolutionary Context." *Journal of Cultural and Evolutionary Psychology* 2, no. 1–2 (August 2004): 61–79.

Shapiro, Ouisie, writer. *Lombardi*. Produced by Keith Cossrow and Joe Lavine for HBO Sports and NFL Films. Aired December 11, 2010, on HBO. http://www.hbo.com/sports/lombardi.

Shepperd, James, Wendi Malone, and Kate Sweeny. "Exploring Causes of the Self-Serving Bias." *Social and Personality Psychology Compass* 2, no. 2 (March 2008): 895–908.

Shermer, Michael. *The Believing Brain: From Ghosts and Gods to Politics and Conspiracies—How We Construct Beliefs and Reinforce Them as Truths*. New York: Times Books, 2011.

Silver, Nate. "14 Versions of Trump's Presidency, from #MAGA to Impeachment." FiveThirtyEight.com, February 3, 2017. http://fivethirtyeight.com/features/14-versions-of-trumps-presidency-from-maga-to-impeachment.

Silver, Nate. *The Signal and the Noise: Why So Many Predictions Fail—But Some Don't*. New York: Penguin, 2012.

Simmons, Joseph, Leif Nelson, and Uri Simonsohn. "False-Positive Psychology: Undisclosed Flexibility in Data Collection and Analysis Allows

Presenting Anything as Significant." *Psychological Science* 22, no. 11 (November 2011): 1359–66.

Sirois, Fuschia, and Timothy Pychyl. "Procrastination and the Priority of Short-Term Mood Regulation: Consequences for Future Self." *Social and Personality Psychology Compass* 7, no. 2 (February 2013): 115–27.

Skinner, B. F. "A Case History in Scientific Method." *American Psychologist* 11, no. 5 (May 1956): 221–33.

Stanovich, Keith. *What Intelligence Tests Miss: The Psychology of Rational Thought.* New Haven, CT: Yale University Press, 2009.

Statman, Meir, and Jonathan Scheid. "Buffett in Foresight and Hindsight." *Financial Analysts Journal* 58, no. 4 (July 2002): 11–18.

Stephan, Elena, Constantine Sedikides, Daniel Heller, and Daniella Shidlovski. "My Fair Future Self: The Role of Temporal Distance and Self-Enhancement in Prediction." *Social Cognition* 33, no. 2 (April 2015): 149–68.

Stevens, Jeffrey. "Evolutionary Pressures on Primate Intertemporal Choice." *Proceedings of the Royal Society of London, Series B: Biological Sciences* 281, no. 1786 (July 7, 2014): 1–6.

Stroebele, Nanette, John De Castro, Jennifer Stuht, Vicki Catenacci, Holly Wyatt, and James Hill. "A Small-Changes Approach Reduces Energy Intake in Free-Living Humans." *Journal of the American College of Nutrition* 28, no. 1 (February 2009): 63–68.

Suddendorf, Thomas, and Janie Busby. "Making Decisions with the Future in Mind: Developmental and Comparative Identification of Mental Time Travel." *Learning and Motivation* 36, no. 2 (May 2005): 110–25.

Suddendorf, Thomas, and Michael Corballis. "The Evolution of Foresight: What Is Mental Time Travel, and Is It Unique to Humans?" *Behavioral and Brain Sciences* 30, no. 3 (June 2007): 299–351.

Sunstein, Cass, and Reid Hastie. *Wiser: Getting Beyond Groupthink to Make Groups Smarter.* Boston: Harvard Business Review Press, 2015.

Sunstein, Cass, David Schkade, Lisa Ellman, and Andres Sawicki. *Are Judges Political? An Empirical Analysis of the Federal Judiciary.* Washington, DC: Brookings Institution Press, 2006.

Symonds, Craig. *Neptune: Allied Invasion of Europe and the D-Day Landings.* Oxford: Oxford University Press, 2014.

Taleb, Nassim. *Fooled by Randomness: The Hidden Role of Chance in Life and in the Markets.* New York: Random House, 2004.

Tetlock, Philip, and Dan Gardner. *Superforecasting: The Art and Science of Prediction.* New York: Crown, 2015.

Thaler, Richard. *Misbehaving: The Making of Behavioral Economics.* New York: W. W. Norton, 2015.

———. "Some Empirical Evidence on Dynamic Inconsistency." *Economics Letters* 8, no. 3 (January 1981): 201–07.

Thaler, Richard, and Cass Sunstein. *Nudge: Improving Decisions About Health, Wealth, and Happiness.* Upd. ed. New York: Penguin, 2009.

Todes, Daniel. *Pavlov's Physiology Factory: Experiment, Interpretation, Laboratory Enterprise.* Baltimore: Johns Hopkins University Press, 2002.

Tomlin, Damon, David Rand, Elliot Ludvig, and Jonathan Cohen. "The Evolution and Devolution of Cognitive Control: The Costs of Deliberation in a Competitive World." *Scientific Reports* 5 (June 16, 2015).

Tversky, Amos, and Daniel Kahneman. "Loss Aversion in Riskless Choice: A Reference-Dependent Model." *Quarterly Journal of Economics* 106, no. 4 (November 1991): 1039–61.

Von Neumann, John, and Oskar Morgenstern. *Theory of Games and Economic Behavior.* 60th anniv. ed. Princeton, NJ: Princeton University Press, 1944, 2004.

Wachowski, Lana, and Wachowski, Lilly, dirs. *The Matrix.* Written by Lana Wachowski and Lilly Wachowski, produced by Joel Silver. 1999.

Wagenaar, Alexander, and Susan Farrell. "Alcohol Beverage Control Policies: Their Role in Preventing Alcohol-Impaired Driving. In *Surgeon General's Workshop on Drunk Driving: Background Papers,* 1989, 1–14.

Walsh, Jeffrey. "Operant Conditioning: Schedules of Reinforcement." Khan Academy.org. https://www.khanacademy.org/test-prep/mcat/behavior/learning-slug/v/operant-conditioning-schedules-of-reinforcement.

Wansink, Brian, and Jeffery Sobal. "Mindless Eating: The 200 Daily Food Decisions We Overlook." *Environment and Behavior* 39, no. 1 (January 2006): 106–23.

Warner, John, and Saul Pleeter. "The Personal Discount Rate: Evidence from Military Downsizing Programs." *American Economic Review* 91, no. 1 (March 2001): 33–53.

West, Richard, Russell Meserve, and Keith Stanovich. "Cognitive Sophistication Does Not Attenuate the Bias Blind Spot." *Journal of Personality and Social Psychology* 103, no. 3 (September 2002): 506–19.

Welch, Suzy. *10-10-10: A Life-Transforming Idea.* New York: Scribner, 2009.

Wilson, Anne, Roger Buehler, Heather Lawford, Colin Schmidt, and An Gie Yong. "Basking in Projected Glory: The Role of Subjective Temporal Distance in Future Self-Appraisal." *European Journal of Social Psychology* 42, no. 3 (April 2012): 342–53.

Wilson, Timothy, and Patricia Linville. "Improving the Academic Performance of College Freshmen: Attribution Therapy Revisited." *Journal of Personality and Social Psychology* 42, no. 2 (February 1982): 367–76.

Woodward, Bob, and Scott Armstrong. *The Brethren: Inside the Supreme Court.* Reissue ed. New York: Simon & Schuster, 2011.

Wortman, Marc. "D-Day Historian Craig Symonds Talks about History's Most Amazing Invasion." TheDailyBeast.com, June 5, 2014. http://www.thedailybeast.com/d-day-historian-craig-symonds-talks-about-historys-most-amazing-invasion.

Zemeckis, Robert, dir. *Back to the Future: Part II.* Written by Robert Zemeckis and Bob Gale, produced by Neil Canton and Bob Gale. 1989.

Zinberg, Michael, dir. *WKRP in Cincinnati.* Season 1, Episode 7, "Turkeys Away." Written by Bill Dial. Aired October 30, 1978, on CBS.